AᵗV

ALDO KEEL, geb. 1948 in Zürich; Skandinavist, Autor, Übersetzer und Kritiker, u. a. für die »Neue Zürcher Zeitung«; lebte zwei Jahre in Reykjavík und promovierte über Halldór Laxness; arbeitete für den »Norwegischen Forschungsrat« und erhielt für seine Bjørnson-Biographie den »Honnør«-Preis der norwegischen Stiftung »Fritt Ord. The Freedom of Expression Foundation«; Herausgeber von Bjørnsons Briefwechsel mit Deutschen; Verfasser mehrerer Publikationen über Albert Langen und den »Simplicissimus«-Kreis; seit vielen Jahren ein wichtiger Vermittler nordischer Literaturen, u. a. Herausgeber der zweibändigen Anthologie »Skandinavische Erzähler« (Manesse).

Die Weltliteratur hat er mit zwei grandiosen Romanen bereichert, mit »Pelle der Eroberer« und »Ditte Menschenkind«. Was seine Person und sein öffentliches Wirken betrifft, so gleicht die Einschätzung einem Pendelschlag. Einst als Vorkämpfer der internationalen Arbeiterklasse, Kämpfer gegen Faschismus und Krieg, Mitstreiter in der Weltfriedensbewegung eine unanfechtbare Instanz, treten – auch vor dem Hintergrund der spezifisch dänischen Auseinandersetzungen – bisher unterbelichtete Züge seiner Persönlichkeit deutlicher hervor. Oft genug kollidierte in seinem Leben der unbedingte Wille, zu handeln und für die Menschen der »Unterklasse« einzutreten, mit Verpflichtungen, die er als Mitglied der Sozialdemokratischen Partei und später der KP eingegangen war. Er liebte das Bad in der Menge, konnte an öffentlichen Ehrungen nicht genug bekommen, ließ sich von seinem Elan zu pathetischem Prophetengestus verführen. Doch die Menschen strömten ihm zu, in Dänemark wie in Deutschland, weil sie sich von ihm vertreten fühlten. Aldo Keel erzählt all das in einer anschaulichen Sprache, mit Sinn auch für die komischen Pointen dieser Biographie.

Aldo Keel

Martin Andersen Nexø
Der trotzige Däne

Eine Biographie

Aufbau Taschenbuch Verlag

Mit 31 Abbildungen

ISBN 3-7466-2051-1

1. Auflage 2004
© Aufbau Taschenbuch Verlag GmbH, Berlin 2004
Umschlaggestaltung Preuße & Hülpüsch Grafik Design
unter Verwendung eines Fotos von Martin Andersen Nexø (1945),
Stiftung der Akademie der Künste, Berlin,
Martin-Andersen-Nexø-Archiv
Druck und Binden Clausen & Bosse, Leck
Printed in Germany

www.aufbau-taschenbuch.de

Inhalt

Kapitel 1
Wie ein Armeleutekind Schriftsteller wird   7

Kapitel 2
Appetit aufs Leben   40

Kapitel 3
Ein Proletarier als Held   68

Kapitel 4
Vom Sozialdemokraten zum Sozialisten   92

Kapitel 5
Jetzt oder nie 117

Kapitel 6
Fahrt ins Gelobte Land 143

Kapitel 7
In der Weimarer Republik 167

Kapitel 8
Zwischen Hitler und Stalin 199

Kapitel 9
Zweiter Weltkrieg und Exil 236

Kapitel 10
Rastloses Alter 271

ANHANG
Zeittafel 297
Literaturverzeichnis 307
Personenregister 314

Kapitel 1
Wie ein Armeleutekind Schriftsteller wird

Daß er ein bekannter, ja berühmter Schriftsteller werden könnte, lag außerhalb der Vorstellungskraft jener Welt, in die Martin Andersen am 26. Juni 1869 hineingeboren wurde. Der Verfasser des Arbeiterromans »Pelle der Eroberer«, dessen Verfilmung in Hollywood einen Oscar und in Cannes die Goldene Palme gewann, war das vierte von elf Kindern des Steinhauers Hans Jørgen Andersen und dessen Frau Mathilde, ein Armeleutekind aus dem düsteren Kopenhagener Arbeiterviertel Christianshavn. Wer aber damals arm geboren wurde, der starb auch arm.

Und dennoch, eine neue Zeit kündigte sich an: Kopenhagen wuchs, die Stadt platzte aus allen Nähten. 1857 hatte die Obrigkeit die Festungsanlage, den Wall, schleifen lassen. Damit war das Ende des alten Kopenhagen besiegelt, durch das Søren Kierkegaard flaniert war, das Ende der engen, übervölkerten, stinkenden Stadt. 1853 noch hatte die Cholera gewütet, 4700 Menschen waren ihr zum Opfer gefallen, 5 bis 6 % der Einwohner, vor allem Mittellose und Arbeiter. 1870 zählte Kopenhagen 181000 Einwohner, 1890 waren es 313000, weitere sechs Jahre später über 400000. Die Menschen strömten vom Land in die Stadt, die ihnen Arbeit und Brot verhieß. Zur Schar der Zugewanderten gehörte auch Martins Vater, der als junger Mann von der Ostseeinsel Bornholm aufgebrochen war.

Dänemark: ein Land verändert sich

Während Kopenhagen zur Metropole expandierte – 1895 tauchten das erste Auto in der Stadt auf –, wandelte sich das Dänische Reich allmählich zu einem Klein- und Nationalstaat. Bereits zu Beginn des 19. Jahrhunderts war Dänemark von den Engländern gedemütigt worden. 1813 erlitt das Land einen Staatsbankrott. Ein weiteres Jahr später mußte Norwegen an Schweden abgetreten werden. Seit 1849 war das zuvor absolutistisch regierte Land eine konstitutionelle Monarchie. Als Martin geboren wurde, waren gerade fünf Jahre seit dem 1864er Krieg vergangen, in dem die schlecht präparierten und dilettantisch geführten Truppen des Dänenkönigs von den Preußen und Österreichern geschlagen wurden. Die Niederlage markiert eine Zäsur. Im Frieden von Wien verlor Dänemark 900 000 Einwohner sowie ein Drittel des Territoriums, das ihm nach dem Verlust Norwegens noch geblieben war. Der, wie Herman Bang formulierte, an den Hüften amputierte Staat umfaßte gerade noch 39 000 Quadratkilometer und zählte 1,7 Millionen Einwohner.

Nach dem Debakel ergriffen die konservativen Gutsbesitzer die Macht, die ihre eigenen Interessen mit denen des Landes gleichsetzten und die Wahlregeln zu ihren Gunsten änderten, so daß das Landsting (die Erste Kammer) fest in ihren Händen blieb. Auf diese Weise herrschten sie 35 lange Jahre mit Hilfe des Königs und des Gendarmeriekorps, doch unter Mißachtung des Folketing, der nach dem allgemeinen Wahlrecht für Männer (doch ohne Gesinde) bestellten Zweiten Kammer, in der bereits 1882 die liberale »Venstre«-Partei die Mehrheit besaß, was den Großagrarier J. B. S. Estrup freilich wenig beeindruckte. Von 1885 bis 1894 regierte er mit »provisorischen«, vom Folketing nicht gebilligten Staatshaushalten. Als dann

1901 die konservative Vertretung im Folketing auf ganze acht Mandate zusammenschmolz, hielt der König die Zeit für reif, um endlich eine Regierung zu ernennen, die das Vertrauen des Folketing genoß, ein Kabinett der »Venstre«-Partei. Damit hatte in Dänemark der Parlamentarismus gesiegt.

Prägende Persönlichkeit und Motor der kulturellen Szene war der Literat und Großkritiker Georg Brandes. In seiner Vorlesung »Hauptströmungen in der Literatur des 19. Jahrhunderts« richtete er 1871 sein Geschütz auf das christlich-idealistische Biedermeier, er forderte die Sensibilisierung der dänischen Literatur für die brennenden gesellschaftlichen Fragen und attackierte die Kirche, die Autoritäten, die konservative Staatsauffassung. Seine Universitätskarriere hatte man gestoppt. Brandes war die Galionsfigur der Freidenker, der Realisten und der Linken, ehe er sich zum Geistesaristokraten bekehrte und auf den Spuren »großer Männer« wandelte.

Schon in den 1860er Jahren kritisierte der Schriftsteller Meïr Aron Goldschmidt die »angenehme Schlappheit« »unseres Lebens«, in der »kein eigenständiger und kräftiger Charakter« gedeihen könne, die eine Kunst hervorbringe, »aus der das eigentliche Ideal zu verschwinden scheint und die etwas nebensächlich Schönes, etwas Nettes und Hübsches anstrebt. Die Eiche fällt und wird ersetzt durch das Erlengebüsch; statt des Dramas haben wir das Vaudeville.« Mittelpunkt des gesellschaftlichen Lebens war noch immer das Königliche Theater, das in den Jahren 1872–1874 einen prachtvollen Neubau erhielt. Das Kopenhagener Vergnügungsleben blühte auf, zahlreiche Bühnen und Varietés konkurrierten um die Gunst des Publikums. 1883 eröffnete das mit Draperien und Kronleuchtern reich dekorierte Dagmartheater. Herman Bang fing in seinem Theater-, Presse- und Stadt-Roman »Stuck«

(1887) die Atmosphäre ein, das pulsierende Leben, die Faszination der Pracht, die erotischen Untertöne. 1870, im Jahr nach Martin Andersens Geburt, sinnierte der Schriftsteller Erik Bøgh in einem Feuilleton über »die edle Kunst des Flanierens«. Während in Paris der Müßiggang so natürlich sei wie das Atmen und die Verdauung, benötige der Kopenhagener Flaneur noch immer eine mehrjährige Einübung.

Auf die Unterklasse pfiffen sie alle.

Die Andersens wohnten in der ersten Etage eines dreistöckigen Hinterhauses. Ihre Wohnung umfaßte eine Fläche von 40 m², was für eine Arbeiterfamilie als sehr geräumig galt. Die Familie besaß, Nexøs »Erinnerungen« zufolge, ein einziges Bett. Martin, der jüngste, teilte es mit den Eltern. Der Traum vom sozialen Aufstieg vergegenständlichte sich in der »guten Stube« mit Mutters gepolstertem Sofa und der Kommode, auf der ein Porzellanhund und zwei Gipsvasen prangten. Darüber hing das obligate Christusbild. Für Martin war diese Stube »unsere Verbindung zur Lichtseite des Daseins«. Als er zwei Jahre zählte, zog die Familie in eine Siedlung der Ärztevereinigung im Vorort Østerbro. Das bedeutete eine Verbesserung, ein Avancement. Diese Siedlung, die der Überbevölkerung der Armenviertel abhelfen sollte, war Kopenhagens erstes soziales Bauprojekt, eine Antwort auf die Choleraepidemie von 1853.

Die Andersens bezogen eine Zweizimmerwohnung, in der sie gesünder und komfortabler lebten als zuvor. 2000 Menschen, darunter 400 Kinder im schulpflichtigen Alter, wohnten in dieser Siedlung. Ein Inspektor sorgte dafür, daß Hausordnung wie Sittlichkeit eingehalten wurden. Die Miete einer Zweizimmerwohnung betrug 8 bis 12 Kronen, bei dem Monatslohn eines Kopenhagener Arbeiters von 65 Kronen. Die Miete einer vergleichbaren Wohnung in einem neu errichteten Spekulationsobjekt war um 33 bis 50 % teurer. Arbeiterfamilien in Kopenhagen konnten sich selten mehr als eine Einzimmerwohnung leisten, in der durchschnittlich zwei bis drei Personen lebten. Zur Familie Andersen gehörten damals zwei Erwachsene und vier Kinder. Ihre Wohnung bestand aus einer Stube von 10 m², der Schlafkammer von 6 m² sowie der Küche von 3–4 m² mit Holzherd und Ausguß, ohne fließendes Wasser. Zwei Flure teilten sie sich mit Nachbarn. Zur Wohnung gehörte auch ein kleiner Vorgarten. Martins Mutter verdiente mit, sie trug Zeitungen aus und bot auf ihrem Handkarren allerhand Waren feil. Der Vater war von 1873 bis 1877 Mitglied des lokalen Konsumvereins, in dem die Familie für durchschnittlich 39 Kronen im Monat einkaufte.

Das Jahr 1871, in dem die Andersens umzogen, war das Gründungsjahr der dänischen Sozialdemokratie, das Jahr der blutigen Niederschlagung der Pariser Kommune, des ersten Streiks in Dänemark. Seit 1871 hatte das Bürgertum Grund, sich bedroht zu fühlen. Zuvor hatten sich einige wohlmeinende Ärzte, Pastoren und Beamte der Probleme des »Arbeitsmannes« angenommen. Jetzt schlossen sich die Lohnarbeiter, die ihre Zukunft in die eigene Hand nehmen wollten, zusammen. Und der Staat reagierte. Louis Pio, der Gründer der Sozialdemokratischen Partei, der wegen sozialistischer Agitation von 1873 bis 1875 im Gefängnis saß, wanderte 1877 nach Amerika aus. Die Polizei soll ihm die enorme Summe von 20 000 Kronen zugesteckt haben. Im Gegenzug verpflichtete er sich, nicht mehr nach Dänemark zurückzukehren. Pios Abreise oder Flucht wurde in Arbeiterkreisen als Verrat erlebt und traumatisierte die Bewegung für lange Zeit. Am Schluß des 3. »Pelle«-Bandes spielt Nexø auf diese Affäre an. Als der Arbeiterführer Pelle eine letzte Nacht in Freiheit verbringt, bevor er ins Gefängnis geht, bietet sich ein Verbrecher an, bei der Polizei das nötige Geld für die Ausreise zu beschaffen. Doch Pelle bleibt standhaft.

Schwierige Eltern

Viele Bewohner der Siedlung der Ärztevereinigung waren in der Arbeiterbewegung engagiert, im Stadtteil Østerbro liegen die historischen Wurzeln der sozialdemokratischen Wählervereinigung. Mit dem Milieu einer Arbeiterpartei mochten sich die Andersens indessen nicht anfreunden. Martins Vater war ein Einzelgänger und Trotzkopf. Daß Kollegen ihn zu überreden versuchten, der Gewerkschaft beizutreten, bewirkte das pure Gegenteil. Als ihn daraufhin der Arbeitgeber lobte, trat er noch gleichentags der Gewerkschaft bei. So war er, der Vater Andersen, so sah ihn jedenfalls sein Sohn im Rückblick der »Erinnerungen«. Nexø berichtet, sein Vater sei Mitglied der Konservativen, der Partei der Gutsbesitzer, gewesen. Als jedoch der Polizeimeister in Neksø, dem späteren Wohnort der Familie, zu ihm kam und sagte: »Na, Steinhauer Andersen, morgen fahren wir alle Mann hoch nach Aakirkeby und stimmen rechts«, sei Vater Andersen am nächsten Tag voller Empörung nach Aakirkeby gefahren und habe links gewählt.

Steinhauer Andersen hat seinen Platz in der Gesellschaft zeitlebens nicht gefunden. Daß er so unbeherrscht und impulsiv reagierte, wirft ein Schlaglicht auf etwas Grundsätzliches, auf die zwischen Loyalität und Opposition gespaltene Stellung der Arbeiter zu ihrem Arbeitgeber. Wenn sich Nexø später auf ausgesprochen kritiklose Weise zum Kommunismus bekennen wird, mag dies auch als Reaktion auf die väterlichen Ambivalenzen erklärt werden.

Martins Mutter strebte ohnehin nach Höherem. Glücklich und zufrieden wurde sie auch in der Siedlung der Ärztevereinigung nicht. In ihren jungen Jahren hatte sie im Haushalt eines Hofrats gedient. Sie hatte die feine städtische Lebensart kennengelernt, etwa wenn Hofrats zu Tisch luden und das Menü als Abfolge mehrerer Gänge serviert und zelebriert wurde: gekochter Heilbutt, Rinderzunge mit Gemüsebukett, Rehrücken mit Selleriesalat (oder auch, besonders modern, mit Konfitüre), Käse, Eis, Petitfours, Kaffee. Kein Wunder, daß Martins Mutter von etwas Noblerem als der Zweizimmerwohnung der Ärztevereinigung träumte. Sie haderte mit ihrem Schicksal. Wenn bloß ihr Mann, Martins Vater, ein anderer gewesen wäre. Der aber war ein Trinker, der seinen Sohn verprügelte. Zu ihm konnte er kein Vertrauen fassen, vor ihm hatte er Angst.

Der Sohn sehnte sich nach einer Vaterfigur, die er hätte bewundern können. In seine »Erinnerungen« aus den dreißiger Jahren baute Nexø eine Szene ein, in der er den Vater blitzlichtartig in einem anderen, hellen Licht erscheinen läßt. Fast staunend deutet er an, welch ein Kerl in ihm gesteckt hätte, wenn er nur … Nexø erzählt also, wie Martin mit einem Brief zum Vater in die Schenke geschickt wird. Als er dort eintrifft, wirft er einen Blick durchs Fenster. In der Mitte der Stube, unter der Lampe, steht der große runde Tisch, »und dort saß Vater, die Karaffe vor sich […]. Rings um den Tisch saßen sie und hörten ihm gespannt zu, zum Lachen bereit. Vater saß da, den Kopf zurückgeworfen; er hatte die Hand erhoben, und sein Gesicht war so lebendig, wie ich es weder davor noch danach gesehen habe. […] Und hier saß er nun also und brachte alle anderen zum Schweigen und Lauschen, seine Worte schufen Freude. Auch an den kleinen Tischen unterbrachen sie ihr Spiel und hörten ihm zu. Ein junger Arbeiter lehnte sich in den Stuhl zurück und lachte laut auf. Ich fühlte mein Herz schwellen, es füllte sich mit Stolz, mit jenem Stolz, den nur Kinder, und auch nur in ihrem Verhältnis zum Vater, empfinden können.«

Nexøs Erinnerung deckt sich mit den Beobachtungen eines Dritten, des aus Neksø, dem späteren Wohnort der Familie, stammenden Redakteurs Chr. Fr. Mortensen, der 1927 in einem Nachruf auf Martins Mutter den Vater als einen »klugen Kopf« charakterisierte, der sich durch seinen saftigen Humor und eine gute Portion Phantasie hervorgetan habe. Seine barocken Geschichten hätten die Zuhörer eingenommen, seine Erzähl- und Kombinationskunst habe der Sohn geerbt.

Als der Vater aber – und damit kehren wir zu den »Erinnerungen« zurück – den Sohn am Fenster bemerkt, kommt sein Erzählfluß ins Stocken. »Sein Ausdruck veränderte sich, wurde furchteinflößend und unheimlich.« Dieser Mann, liebte er seinen Sohn? Ärgerte er sich über ihn? Weil er dazu verdammt war, ihn großzuziehen, für ihn zu sorgen? Weil er deshalb seine eigenen Lebenschancen verspielt hatte?

Das Gegenbild zum bewunderten Fabulierer ist der gedemütigte Taugenichts in Nexøs Roman »Familie Frank« (1901) – ein Alkoholiker, der von seiner Frau nach allen Regeln der Kunst verprügelt wird. Schließlich stellt sich heraus, daß er impotent ist und gar nicht der leibliche Vater des Roman-Sohnes Thorvald sein kann. Zusammen mit einem Kameraden findet Thorvald den Leichnam dieses Mannes hinter der äußeren Mole:

»Thorvald starrte ein wenig. Dann erklärte er: ›Ich glaube wahrhaftig, es ist mein Vater.‹

›Ja, er ist es‹, bestätigte Lars nach kurzem Gaffen. ›Er ist es wirklich.‹

Da verschwendeten sie keine weiteren Worte daran, sondern legten mit ziemlicher Mühe ein Seil um den Ertrunkenen. Thorvald hielt das Seil, und so ruderten sie in den Hafen ein, während das Boot die Leiche hinter sich herschleppte.

Die stahlblanke Wasseroberfläche wich dem Boot und seiner unheimlichen Last in zwei leuchtenden Streifen aus, die nach beiden Seiten enteilten und an dem Balkenwerk der Molen entschwanden. Doch im Kielwasser der Leiche brodelte es gelblich-weiß und streifig.«

Nein, so wie der Vater, der sein Leben verpraßt und vertan hatte, wollte Martin keinesfalls enden. Auch wollte er sich die Verantwortung für eine Familie nicht aufbürden. Lange noch wird es dauern, bis er sich auf Frauen einläßt und bereit ist, sich zu binden und ans Heiraten zu denken. Der junge Martin entbehrte eine männliche Identifikationsfigur. Später wird er in der Sowjetunion eine väterliche Autorität finden, der er vertraut, die er idealisiert, mit der er sich auf Gedeih und Verderb identifiziert.

Die Ehe der Eltern scheiterte, ohne daß sie formell geschieden wurde. Der gemeinsame Haushalt wurde Ende 1902 aufgelöst. Zwischen dem Vater und Martin scheint es später keine Kontakte mehr gegeben zu haben. Im Februar 1905 – der Vater war inzwischen 66 Jahre alt – erhielt Nexø einen Brief seiner Schwester Hansine. Malermeister Hoffgaard sei Zeuge eines Auflaufs geworden, berichtet sie: »[...] mehrere hundert Menschen eskortierten einen nackten Mann, und als er [Hoffgaard] auf die Straße trat, sah er, daß es unser geliebter Vater war, im Hemd, die Füße in Holzschuhen, sonst nichts. Hoffgaard geleitete ihn in ein Hausportal und hüllte ihn in eine Decke, als eine Droschke kam, die ihn zum Spital brachte, ein Gendarm begleitete ihn, er war nicht blau, er konnte sagen, wo er wohnte und wie er hieß [...]. Wenn er nur nicht wieder rauskommt, das wäre das allerbeste; dort drinnen erhalten sie gerade mal 1/8 Liter pro Tag, wenn sie im Delirium sind, so daß ich nicht glaube, daß er lange durchhält.« Von Februar 1905 bis zu seinem Tod im Jahre 1910 wurde Vater Andersen vom Armenwesen versorgt. Annahme von Armenhilfe bedeutete (bis 1961) den Verlust des Stimmrechts und anderer bürgerlicher Rechte und wurde als Schande betrachtet.

Weil er zum Vater keine Beziehung fand, klammerte sich Martin um so enger an die Mutter. Noch als gestandener 63jähriger, zum drittenmal verheirateter Mann schrieb er: »Sie konnte mich dazu bringen, zu tun, was immer sie wünschte. Mutter hatte das reizendste Lächeln, das ich je an einer Frau bemerkt habe; und wenn sie lächelte, brach mein ganzer Eigenwillen in sich zusammen.« Sie, die Mutter, wird während Nexøs ersten beiden Ehen an der Seite des Sohnes präsent sein, nicht eben zum Vorteil dieser Ehen.

Trotz seiner Probleme stieg Vater Andersen zum Vorarbeiter auf, verlor aber die Stelle, als die Zeiten schlechter wurden. Er ließ sich vom Konsumverein, der auch als eine Art Sparkasse fungierte, das verbliebene Guthaben von 39 Kronen auszahlen und schaffte 1877 vermutlich aus eigener Kraft den Umzug nach Bornholm. Die von Nexø später in den »Erinnerungen« aufgetischte Geschichte, daß sich der Vater bei der Armenfürsorge meldete und die Stadt Kopenhagen dem Arbeitslosen aus der Provinz die Rückkehr in den Heimatort bezahlte, ist – so Henrik Yde, der die Archivalien des Fürsorgewesens ausgewertet hat – frei erfunden. Nexø tendierte in den »Erinnerungen« dazu, die finanziellen Verhältnisse seines Elternhauses düsterer auszumalen, als sie in Wirklichkeit waren.

Das große Bornholmer Haus

Martin war acht Jahre alt, als die Familie nach Neksø um-
zog, Bornholms zweitgrößten Ort (1921: 2100 Einwohner), von dem der Vater einst nach Kopenhagen aufgebrochen war. Die Überfahrt auf der »Erna« der »Ostborn-
holmischen Dampfschiffgesellschaft« dauerte zwanzig
Stunden. Die Mutter und die Kinder wurden in eine Vieh-
box auf dem Zwischendeck gezwängt, der Vater saß oben
im Salon. Die »Erna« beförderte die Familie in ein rück-
ständiges, noch fast feudales Bauernmilieu, eine Welt, in
der jeder jeden kannte. Industriearbeiter wie in Kopenhagen suchte man hier vergeblich. Auf Bornholm war man
Fischer, man betrieb ein Handwerk. Ordentliche Leute besaßen ein eigenes Haus. Die Andersens wohnten am
Strand hinter der alten Färberei zur Miete. Sie verfügten
über zwei kleine Räume und eine Küche.

Martins Mutter empfand den Umzug aufs Land als De-
klassierung. Als der Vater sich aufrappelte und zum Ar-
beitsleiter befördert wurde, baute er ein Haus, das an
Größe und Qualität den Rahmen des in Neksø Üblichen
sprengte. »Na, hier wird ja ein Schloß gebaut«, stichelte
eine Cousine. In Mortensens bereits zitiertem Nachruf auf
Nexøs Mutter ist die Rede von einem »für die Verhältnisse
jener Zeit sehr vornehmen Haus«, das hell und freundlich
war.

1878 hatte der Vater das 520 m² große Grundstück für
138 Kronen und 40 Øre von der Gemeinde erworben.
Beim Bau arbeitete Martin tüchtig mit. 1882 wurden ihm
dafür sowie für seine Tätigkeit als Hirte nicht weniger als
51 Tage Schuldispens gewährt. Die Familie konnte das
Haus, das seit 1990 ein Andersen-Nexø-Museum beher-
bergt, im November 1882 beziehen. Das bebaute Areal
umfaßte 64 m². Im Erdgeschoß befanden sich drei Zimmer,

eine Diele und die Küche, im Obergeschoß ein Boden-
raum und eine Kammer. Auf ein besonderes Gesuch hin
erhielt Vater Andersen die Erlaubnis, ein Giebelfenster
einzubauen.

Das Anwesen war mit zwei Hypotheken der örtlichen
Sparkasse (1882: 1400 Kronen; 1890: 600 Kronen) sowie
einer Hypothek des Arbeitgebers (1883: 600 Kronen) be-
lastet, der zugleich Vorsitzender der »Lutherischen Mis-
sionsvereinigung zur Förderung des Evangeliums in Dänemark« war. Die doppelte Abhängigkeit als Lohnarbeiter
und Schuldner dürfte dem Vater zu schaffen gemacht haben. Andersen arbeitete als Steinhauer in einem Granit-
bruch 3,5 Kilometer nordwestlich von Neksø. Die Arbeitszeit einschließlich Pausen betrug 13 Stunden, der
durchschnittliche Wochenlohn im Jahre 1888 belief sich
auf 11 Kronen. 1883 wies Vater Andersen ein Einkommen
von 500 Kronen aus, wovon er 5,22 Kronen Steuern
zahlte. 1902 mußte das Haus verkauft werden, als der Vater ein weiteres Mal arbeitslos wurde. Der Eigentümer des
Steinwerks war bankrott, die Andersens zogen nach Kopenhagen zurück.

Auch Martin Andersen Nexø wird später in eigenen
Häusern und Villen residieren. Dabei zog er das ländlich-
kleinstädtische Milieu der Anonymität der Großstadt vor,
auch wenn er als Kommunist einiges einzustecken hatte.
Dennoch blieb er ein Pfennigfuchser, einer, der genau
rechnete. Halldór Laxness erzählt, wie er mit dem bereits
Berühmten durch Kopenhagen schlenderte und wie dieser,
als er eine Zeitung kaufte, sein Notizbuch zückte, in das er
fein säuberlich eintrug: »Extrabladet 8 Øre.«

Nun, das große Bornholmer Haus verhalf den Andersens zu keinem besseren Renommee. Wenn der Vater
Schwierigkeiten hatte, etwa am Arbeitsplatz, flüchtete er
in den Alkohol. Dann lebten die verdrängten Aggressio-

nen auf. Er machte sich Feinde, wo er nur konnte, bei den Vorgesetzten und den Kollegen. Stur und unerbittlich führte er seine einsamen Kämpfe gegen arrogante Behörden und andere Widerwärtigkeiten. Mutter Andersen ihrerseits schlug in Bornholm keine Wurzeln, für sie blieben die Einwohner des Städtchens Bauern. Ihre vornehme Attitüde trat zutage, wenn sie Martin zum Landhändler schickte, wo er nach saurem Senf zu fragen hatte, was den Nachbarn ein Lächeln entlockte. »Wir gehören nicht zu den Armen«, betonte sie immer wieder. Doch mußte sie weiterhin ihr Scherflein zum Haushalt beitragen. Auf einem Firmenschild empfahl sie ihre »Französische Wäscherei und Plätterei«. In Mortensens Nachruf wird sie als eine Frau geschildert, die sich von ihrer Umgebung abhob und abheben wollte. Sie sei eine der wenigen gewesen, die Zeitung las, worüber mancher Nachbar den Kopf schüttelte – »hatte sie denn keine Strümpfe zu stopfen?«

Den Kühen den Hintern waschen

Martin war elf, als er, des Vaters überdrüssig, dessen Gejammer, die Kinder würden ihm die Haare vom Kopf fressen, nicht mehr hören konnte. Er besorgte sich eine Anstellung als Hirte. Unter den vielen Hütejungen der Gegend verschaffte er sich Respekt, denn er besaß eine Klaffe, eine vier Meter lange Peitsche, mit der er laut und präzise knallen konnte und die bis zu seinem Tod, wie sich seine Tochter May erinnert, »als Zeichen seines ersten Sieges« in seinem Arbeitszimmer hing. Die Schule schloß er ab, im Fach Religion erhielt er eine bessere Zensur, als er in den »Erinnerungen« zu gestehen wagte. Bei den Vorbereitungen zur Konfirmation imponierte er dem Pfarrer, der ihn zum Studium ermunterte. »Er soll raus und den

Kühen den Hintern waschen‹, antwortete Vater schnell.«
Martin war empört, beugte sich aber dem väterlichen Willen und trat eine Stelle als Dienstmann auf einem Bauern-
hof an. Die Mutter gab ihm den Rat mit auf den Weg, sich
bei den Vorgesetzten stets beliebt zu machen. Hatte er
nicht das abschreckende Beispiel seines Vaters vor Augen,
dessen Widersetzlichkeit nichts, aber auch gar nichts ein-
brachte?

Dänemark war noch immer ein Bauernland. Ja, es war
eine dänische Besonderheit, daß die Modernisierung in der
zweiten Hälfte des 19. Jahrhunderts auf der Landwirtschaft
gründete. In den achtziger Jahren, als die Kornpreise fielen, gelang den dänischen Bauern die Umstellung der Produktion auf tierische Produkte, vor allem Butter, ohne daß
sie das von Gutsbesitzern und Stadtbürgern dominierte
Bankensystem in Anspruch nehmen mußten. Mit Hilfe
ihrer Sparkassen schufen sie in kurzer Zeit 800 Genossenschaftsmolkereien, später auch Genossenschaftsschlachte-
reien. Wenn im Arbeiterroman »Pelle der Eroberer« am
Schluß als Lösung der sozialen Frage das Genossenschafts-
wesen empfohlen wird, liegt hier, bei den Bauern, eine Wurzel dieses Gedankens.

Allerdings profitierten die einfachen Leute von dem
ökonomischen Aufschwung nur wenig, ihre Lage war er-
bärmlich. Krass traten die sozialen Unterschiede und die
ungleiche Verteilung des Besitzes zutage. Ein Großteil der
Landbevölkerung lebte in Armut und Elend. Wie diese
Menschen, zwei Drittel der Bevölkerung, es schafften, zu
überleben, ist noch heute ein Rätsel. 1870 versuchte die
Regierung, eine Einkommensteuer durchzusetzen, doch
ohne großes Glück. Nur ein Drittel der Haushalte zahlte
Steuern. Die anderen erklärten, ihre Einkünfte seien nied-
riger als das steuerpflichtige Minimum. Daraufhin beauftragte die Regierung zwei Ökonomen, die Einkommens-

verhältnisse der Unterklasse zu untersuchen. Die Resultate waren beunruhigend. Verglich man die Löhne mit den Preisen für Miete, Kleidung, Eßwaren und jene Luxusgüter, die in Reichweite der Arbeiterklasse lagen, wie Kaffee, Bier, Schnaps und die Zeitung, so konnte die Rechnung kaum aufgehen. Gerade auf dem Land reichten die Einkünfte nur für das Allernotwendigste. Der Anteil der Lebensmittel am Budget eines Landarbeiters oder eines ungelernten Stadtarbeiters belief sich 1880 auf siebzig bis achtzig Prozent – ein Niveau, das derzeit in armen Entwicklungsländern zu finden ist. Heute gelten in Dänemark Menschen, die mehr als ein Drittel ihrer Einkünfte für das Essen aufwenden müssen, als arm.

Martin begann in der Landwirtschaft ganz unten, als Dienstmann. Er teilte sein Schicksal mit 150 000 anderen Dienstboten. Über ihnen, dem Gesinde, rangierten in der strengen bäuerlichen Hierarchie die Landarbeiter, Tagelöhner, Häusler, Bauern und Gutsbesitzer, zuoberst thronten die Besitzer der Herrenhöfe. Martins Horizont reichte bis zu den Bauern. Dienstboten galten, gemäß dem Gesindegesetz von 1854, nicht als selbständige Personen. Das Wahlrecht erhielten sie erst 1915, zusammen mit den Frauen. Sie waren ihrem Bauern zu unbedingtem Gehorsam verpflichtet. Ohne Erlaubnis durften sie sich nicht vom Hof entfernen. Von geregelter Freizeit konnte keine Rede sein.

Morgens um drei oder halb vier stand der vierzehnjährige Dienstmann Martin auf. In den »Erinnerungen« schildert er den Hof, auf dem er arbeitete, als rückständigen Betrieb. Dreimal täglich mußte das Vieh auf dem Hofplatz getränkt werden, da es in dem Stall keine Wasserleitung gab. Frühmorgens balancierte Martin die Mistkarre auf einem schräg abfallenden Streifen aus Kopfsteinpflaster bis zur Grube, um sie dann auf die Bretter über den morastigen Grund zu bugsieren und den Inhalt in die Tiefe zu kippen. Nicht immer vermochte er sich und die Fuhre auf den Brettern zu halten. Dann versank er im Schlamm und verlor seine Holzschuhe. »Ich tat mir selber leid und weinte lauthals. Meine aufgesprungenen nassen Hände brannten in der Kälte, in meinem Hals kochte die Bronchitis.« Martin war ein Leichtgewicht und konnte beim Kippen den Schwung nicht bremsen, und die Fuhre stürzte in die Grube und hätte ihn um ein Haar mitgerissen. Die Gesindekammer, in der er nächtigte, war hundekalt. Auf dem Lehmfußboden tobten die Ratten. In der Decke aus altem Heu wimmelte es von Mäusen, so daß trockene Blumen und Samen dem Schlafenden aufs Gesicht rieselten, mitunter fiel Martin eine Maus auf den Kopf.

Lehrling im stinkenden Loch

Den einzigen Ausweg aus dieser Misere bot eine Handwerkslehre. Trotz der wütenden Einwände des Vaters folgte Martin seinem Bruder Georg nach Rønne, Bornholms Hauptort, der damals 8000 Einwohner zählte. Am 1. November 1884 begann der Fünfzehnjährige die Lehre bei dem Schuhmachermeister Jeppe Jørgen Kjøller und dessen ledigem, tuberkulösem Sohn Andreas Julius, genannt der »junge Meister«. Früh um 6 begann der Arbeitstag, der bis 8 Uhr abends dauerte. Kjøller, politisch reaktionär, hielt die Zunfttradition hoch. Zwar war der Zunftzwang 1862 mit der Einführung der Gewerbefreiheit abgeschafft worden, doch wurde die Zunft auf freiwilliger Basis weitergeführt. Martin saß auf einem Schusterhocker in einer niederen, finsteren Werkstatt, die nach Norden lag. Durch das Fenster fiel sein Blick auf den Schweinestall und den Abort. Wenn er das Fenster öffnete, stank es nach Urin. Neben seinem

Platz stand der Spucknapf. Hustete der junge Meister, so beugte sich Martin zur Seite. Nach einer gewissen Zeit begann auch er zu husten und zu spucken. Als der junge Meister im April 1888 an Tuberkulose starb, gab Kjøller die Werkstatt auf. Martin wurde von dessen Schwiegersohn, dem Schuhmachermeister J. P. Hansen, übernommen, und ab 1. November 1888 galt er als ausgelernter Schustergeselle. Hansen hatte als Bornholms reichster Schuhmacher 1889 ein steuerpflichtiges Einkommen von 3000 Kronen, verdiente also sechsmal soviel wie Martins Vater im Steinbruch. Auf seinen Beruf war Martin zeitlebens stolz. Doch hatte dieses Handwerk keine Zukunft. Die Schuhproduktion stand an der Schwelle zur maschinellen Fertigung. Bereits in den 1870er Jahren waren in Dänemark deutsche Fabrikschuhe aufgetaucht. Ende der achtziger Jahre nahmen einheimische Schuhfabriken den Betrieb auf.

Nach der Lehre lebte Martin zunächst recht kümmerlich von Gelegenheitsarbeiten. Eine feste Stelle schlug er aus. Die Kameraden betrachteten ihn als Sonderling. Er war mager und bei schlechter Gesundheit. Im Frühling 1889 zog er mit einem Wanderschuster im nördlichen Bornholm von Hof zu Hof. Was aber sollte aus dem mittlerweile Zwanzigjährigen werden? Vor Liebeleien schien er sich zu hüten, und der tuberkulöse junge Meister pflichtete ihm, bevor er das Zeitliche segnete, bei: »Liebe – nein, welch ein Elend.«

Trotzdem, es tat weh, nicht dabeizusein, in einer Mansarde zu hocken und zu lesen, wenn die andern ausgingen. In den »Erinnerungen« vergleicht er sich mit einem streunenden Hund. »Ich rannte bald hierhin, bald dorthin, von den phantastischsten Trieben gejagt.« Da lockt ihn eines Tages ein Kumpan in Rønnes Vergnügungs-Eldorado »Sommerlust«. Martin ist schockiert von den wirbelnden

Armen und Beinen, den aufgedunsenen roten Gesichtern, der krächzenden Tanzmusik, den Brunstschreien und dem heiseren Gebrüll – »und in panischer Angst rannte ich über die Wiesen davon«. In seiner Mansarde stärkte er sich mit Zeitungslektüre. Schlagzeilen machte wieder einmal Bjørnstjerne Bjørnson. Diesmal war es der Vortrag »Monogamie und Polygamie«, mit dem der norwegische Schriftsteller durch die Lande zog, um wissenschaftlich zu beweisen, daß sexuelle Abstinenz weder der Gesundheit schade noch seelische Störungen hervorrufe. Vielmehr stähle ein sittlich reines Jugendleben Körper und Geist und festige den Charakter und das Verantwortungsgefühl. Bjørnson sprach Martin aus der Seele. Kein Wunder, daß ihm Schuhmachermeister Drejer eine Zukunft im religiösen Leben des Städtchens prophezeite. Martin erwog sogar, in Amerika als Pfarrer zu wirken, was er freilich in seinen »Erinnerungen« verschweigt.

Der Sprung ins Glück

Mit einigen Kameraden schlenderte er wieder einmal durch die Stadt. Da passierte es! Was ihm widerfuhr, stellte er in den »Erinnerungen« als ein Werk der Vorsehung dar, die mit ihm einen besonderen Plan verfolgte. Martin bummelte zum Ostfriedhof, wo die Mädels auf die Jungs warteten. Werkzeug der Vorsehung wurde eine junge Näherin. »Heiße Blutwellen durchströmten mich. Ich schlug meine Arme heftig um sie, aber meine Hände fanden keinen warmen, weichen Leib, sondern stießen auf etwas Hartes – einen Buckel. Sie suchte mich mit ihrem Mund, als wollte sie Abbitte tun. Da sprang ich von ihr weg, ich sprang zur Seite wie vor einer gewaltigen Explosion. Mein Herz glich einem Clown, der durch die Manege Saltos schlägt. Im

Zickzack rannte ich zwischen den Bäumen weg und setzte schließlich mit einem Sprung über die Steinmauer, die den alten Friedhof umgab.«

Und siehe: Martin landete in einer anderen Welt, im Garten des Heims der Volkshochschulvereinigung, wo gerade ein Fest im Gange war. Er floh die sexuelle Lust und rettete sich vor der trostlosen Existenz eines jungverheirateten Handwerksgesellen. Der Mauersprung wurde für ihn zum Sprung in ein neues Leben. Er markiert den Beginn des langen Marsches, den der perspektivlose Schustergeselle antrat, um schließlich ein Geistesarbeiter und Schriftsteller zu werden.

Von nun an besuchte er die Veranstaltungen der Volkshochschulvereinigung. Das Programm war bunt und abwechslungsreich. Da gab das städtische Orchester ein Konzert mit anschließendem Tanz, da veranstaltete die Sozialdemokratische Vereinigung einen Abend über die Frage: »Dürfen humane Arbeitgeber bestreikt werden?« Da stieg das Jahresfest der Abstinenzlervereinigung mit drei Vorträgen nebst einem Konzert, und der Schützenkreis, aber auch der Verein zum Schutz des Grundgesetzes hielten ihre Generalversammlungen ab. Und ein Prediger der Inneren Mission trat auf, allerdings laut Inserat unter dem Vorbehalt, »falls Gott es will«. Einige Tage später gastierte ein Physikus mit einem Vortrag über »Das Auge«. Es folgte ein Konzert des Chors der Hochschulvereinigung, während einige junge Männer schwedische Gymnastik vorführten, »unter starkem und verdientem Beifall«, wie das lokale Blatt hervorhob.

Martin kam auf den Geschmack, und er wollte mehr. Er wollte auf eine richtige Volkshochschule, als ordentlicher Schüler, und ins Internat. Die Leiterin des Hochschulvereins schaffte es, ihn in Bornholms Volkshochschule unterzubringen. Das Handwerk ließ er sausen, was im Städtchen für Gesprächsstoff sorgte. Was würde der Sohn des versoffenen Andersen schon werden können? In Neksø runzelte man die Stirn. Bei seiner Mutter jedoch fand Martin Verständnis, sie freute sich über den strebsamen Filius. Nicht so der Vater, und zum erstenmal setzte sich Martin gegen ihn zur Wehr. »Na, willst du jetzt losziehen und ein großes Licht werden?« herrschte ihn der Vater an. Abgeschuftet habe er sich, um dem Sohn die Schusterlehre zu ermöglichen. Martin: »Gesoffen hast du und uns uns selber überlassen!« Da packte der Vater einen Hammer und ging auf seinen Sohn los. Der ergriff einen Eisenbolzen: »›Komm nur ran!‹ schrie ich. ›Ich schlag dich zu Boden!‹ Das Blut kochte in mir, ich mußte mir Gewalt antun, um mich nicht auf ihn zu stürzen. Ich brannte darauf, daß er mich angriff, damit ich mit ihm abrechnen konnte wegen all seiner Tyrannei. Aber Vater drehte sich um, ging in den Schuppen und warf die Tür hinter sich zu.« So und nicht anders wollte Nexø, Jahrzehnte später, sein Verhältnis zum Vater überliefert wissen. Zeugen der Konfrontation gab es nicht.

Der Vater konnte sich mit der Wahl des Sohnes nicht abfinden und verbrannte eines von Martins Hochschulbüchern: Bjørnsons Schauspiel »Ein Handschuh« (1883). Diese »Schweinerei« wollte er in seinem Haus nicht dulden. Das Stück war die Bibel der Zölibatäre. Bjørnson forderte darin voreheliche sexuelle Abstinenz nicht nur von der Frau, worüber ohnehin Konsens bestand, sondern auch vom Mann. In der Sprache der Zeit war Martin ein »Handschuhmann«. Seine Sympathie für die Volkshochschule und für Bjørnsons Sittlichkeitslehre mußten auf den Vater, der elf Kinder gezeugt hatte, weltfremd und verschroben wirken.

»Erst Mensch, dann Christ!«

Was war nun aber eine Volkshochschule? Die dänische Volkshochschule hat mit der Institution, die wir heute in Deutschland als Volkshochschule bezeichnen, herzlich wenig gemein. Initiator der Bewegung war der Dichterpfarrer N. F. S. Grundtvig (1783–1872). Auf seinen Schriften baute der Grundtvigianismus auf, eine kirchliche Strömung und zugleich eine volkstümlich-nationale Kulturbewegung, die in Dänemark, zumal in ländlichen Gegenden, jahrzehntelang einen prägenden Einfluß hatte. Das »Dänische Kirchengesangbuch« (»Danske Salmebog«) beispielsweise enthielt noch bis vor kurzem über ein Drittel Originaltexte und Bearbeitungen aus Grundtvigs Feder.

Grundtvigs Volkshochschule, oft auch als Bauernhochschule bezeichnet, war ein ländlicher Gegenpol zur bürgerlichen Kultur der Hauptstadt. Sie sollte das Lateingymnasium – in Grundtvigs Sicht »die schwarze Schule« – und das Bildungsmonopol des Bürgertums unterlaufen. Ziel war eine volkhafte (folkelig) Bildung auf der Grundlage des Christentums, das mit der nordischen Mythologie verwandt sei. Die zentralen Begriffe »folkelig« und »folkelighed« sind mit »volkstümlich« und »Volkstümlichkeit« nur behelfsmäßig übersetzt. Nexø sprach viel später, in der Zwischenkriegszeit, in einem deutsch abgefaßten Vortragsmanuskript, von »den sociale folkelighed«: »Grundtvig führt die Kultur zurück und fundiert sie im Volke.« Nur im eigenen Kulturboden, in Sprache und Volkslied, in Sprichwörtern und im Märchenschatz, könne ein Volk Wurzeln schlagen. In Grundtvigs von Herder beeinflußter Geschichtsphilosophie kommt ein romantisches Verständnis vom Bauern als dem angeblich gesunden Kern des Volkes zum Ausdruck.

Die Dänen hätten, schreibt Nexø in seinem Vortragsmanuskript, seit dem Komödiendichter Ludvig Holberg (1684–1754) den Klassizismus abgelehnt. Die Schullehrer versorgten das Land mit einer Literatur, die sich mit den Sorgen und Nöten des Alltagslebens beschäftigte »und die Helden nicht aus Troja, sondern aus den eigenen Reihen des Volkes holte«. Auf allen wichtigen Gebieten seien Personen mit akademischer Ausbildung in der Minderheit, »unter den Politikern im Parlament, im Verwaltung der Städte. Die besten und geriebensten Politiker liefern heute die Bauern, in der sozialen Fürsorge haben wir Arbeiterfrauen, die hervorragendes leisten.« Die Universität als Institution spiele keine Rolle mehr, »das Wort Professor, losgerissen von einer bestimmten Persönlichkeit, ruft keine Ehrfurcht, höchstens ein feines Lächeln hervor«.

Zu Martins Zeiten verbrachten die Schüler und Schülerinnen, die aus dem ländlichen Milieu stammten, einige Monate oder auch ein oder zwei Winter freiwillig und ohne Examenszwänge an einer Volkshochschule. »Erst Mensch, dann Christ«, war eine der Parolen. Grundtvig war gegen pietistische Erziehung, er propagierte ein »frohes Christentum«. Die Volkshochschule war keine Paukanstalt, wie Nexø die Grundschule erlebt hatte, wo der Schulmeister die Zöglinge mit der Trillerpfeife dirigierte. Vielmehr war es die Kunst der freien Rede, die gepflegt wurde, die Erzählung, das Gespräch – »das lebende Wort«. Heute sind, nach einer Reihe von Schließungen, noch 82 Volkshochschulen übriggeblieben (»Berlingske Tidende«, 4. 8. 2003). Die Zeitung »Politiken« (6. 1. 2003) empfiehlt deshalb die Abkehr von der grundtvigianischen Allgemeinbildung und die stärkere Hinwendung zu Ausbildungsgängen mit vorweisbaren Abschlußzeugnissen.

Noch 1983, zu seinem 200. Geburtstag, wurde Grundtvig als nationale Ikone gefeiert. Heute, nur zwanzig Jahre später, sieht man seinen Antiintellektualismus kritischer.

Einst galt er als Volksaufklärer, heute wird er auch als national-religiöser Volksverführer betrachtet. Es artikulieren sich Stimmen, welche die in jüngster Zeit auch in Dänemark grassierende Fremdenfeindlichkeit in einem gewissen Maße auf ihn zurückführen. Man spricht von »folkeligheds-Kitsch« und verhält sich skeptischer zu Grundtvigs christlichem Nationalismus mit den Dänen als »Gottes auserwähltem Herzensvolk«. Erinnert wird an seinen Rassismus und Antisemitismus, an die Debatte von 1849, als er dem Schriftsteller Meïr Aron Goldschmidt das Recht absprach, »folkeligt« als Däne mitzureden, da er ein Jude war (Olaf Vind, »I Grundtvigs fædreland«, »Politiken«, 8. 9. 2002).

Bewußt wird heute aber auch, daß nationale Identität, »folkelighed«, nicht in einer fernen Vorzeit gründet, sondern im 19. Jahrhundert geschaffen wurde. Im alten dänischen Gesamtstaat, der auch Norwegen, Island, die Färöer und die Herzogtümer Schleswig und Holstein umfaßte, bestand weithin Mehrsprachigkeit. Um 1700 betrug der deutschsprachige Anteil an Kopenhagens Bevölkerung zwanzig Prozent. Herder pries 1769 Kopenhagen als »das dänische Ende Deutschlands«. Bis ins ausgehende 18. Jahrhundert war Deutsch die Muttersprache der Könige. Erst 1773 wurde Dänisch zur Kommandosprache der Armee. Der »Hof- und Staatskalender« erschien auf deutsch und erst ab 1801 parallel auf dänisch.

In der Volkshochschule

In Bornholms Volkshochschule rangierte Martin auf der Schülerskala am unteren sozialen Ende. In den »Erinnerungen« erwähnt er den Standesdünkel der Bornholmer Bauernsöhne. Doch stammte nur ein Schüler von einem großen Hof mit über 50 ha. Fünf oder sechs Kameraden kamen von Gehöften zwischen 10 und 50 ha, die anderen von Katen und aus Landarbeiterhaushalten. Fünf oder sechs Handwerkersöhne waren unter den Schülern. Martin eignete sich den Wissensstoff, der geboten wurde, begierig an. Auch war er sich jetzt im klaren, was er werden wollte, nämlich Lehrer, und er sah sich darin von Alfred Foverskov bestärkt, dem Leiter der Schule, der für ihn zu einer Vaterfigur wurde. Die Schule, damals Foverskovs Privateigentum, wurde von »Bornholms Hochschulgesellschaft« finanziell unterstützt. Das monatliche Schulgeld betrug 30 Kronen. Martin erhielt für Januar bis März 1890 75 Kronen aus der Kasse der Hochschulgesellschaft. Im Winter 1890/91 kam er in den Genuß eines Stipendiums des Bezirkes von 80 Kronen. Zudem hatte er, was er damals nicht wußte, einen Mäzen in dem reichsten Mann des Städtchens Rønne, dem Kapitalisten und Idealisten Anders Pedersen Brodersen, der vier Semester lang mitzahlte.

Martin wurde vom geistigen Milieu der Volkshochschule aufgesogen. »Versuchen wir, die Menschen gut zu machen«, dozierte sein Mentor Foverskov, »dann ordnet sich alles andere von allein.« Mit den Mitteln des Herzens müsse Grundtvigs Traum von einer Welt verwirklicht werden, »in der wenige Menschen zuviel und noch weniger Menschen zuwenig besitzen«. Derart gerüstet, suchte Martin die nahe Schenke auf und belehrte die über Streik debattierenden Arbeiter: »Ihr predigt Haß und Streit, doch sollen wir einander lieben. Dann gibt es keine Not und Armut.« In den »Erinnerungen« bezweifelt Nexø freilich, ob der naive Weg des Herzens wirklich erfolgreich sein könne. Dennoch, der einfache, oder wie er es ausdrückte, »der nackte Mensch« blieb für ihn auch ein guter Mensch.

Nach zwei Jahren empfahl Foverskov seinen Meisterschüler an die Volkshochschule in Askov, für deren Besuch er ein Stipendium des Kultusministeriums von 100 Kronen erhielt. Mehrere private Gönner spendeten, wie Martins Rechnungsbuch ausweist, 1891 und 1892 respektable Summen, so Brodersen 200 Kronen. Unterstützt wurde Martin auch von Rønnes Hochschulvereinigung. 1891/92 wurde ihm die Hälfte, 1892/93 das ganze Schulgeld erlassen. Gleichwohl verschuldete er sich bei einem Schneider und einem Schuster. Askov war die bekannteste, größte und traditionsreichste Volkshochschule, das Flaggschiff der Bewegung. 1844 in Rødding gegründet, wurde sie nach dem 1864er Krieg in das Dorf Askov an der Kongeå (Königsau) verlegt, dem Fluß, der von 1864 bis 1920 die Grenze zu Deutschland bildete. Insofern war sie auch ein Grenzposten des Dänentums. Für Grundtvig war Dänemark nicht etwa die Brücke zwischen Skandinavien und dem Süden, sondern das nordische Bollwerk. Allerdings verfingen bei Nexø die deutschfeindlichen Ideen nicht. Er eignete sich im Selbststudium und dank eifriger Lektüre von Reclam-Heften ein gutes Deutsch an. Der Vorsteher des Instituts, Ludvig Schrøder, der als Student in Grundtvigs Heim verkehrt hatte, war damals der führende Kopf der Hochschulbewegung.

Am 3. November 1891 traf Martin in Askov ein, wo 73 Schüler und 47 Schülerinnen eingeschrieben waren. Koedukation war seit 1885 Programm. Die Mädchen seien ihm unbefangen begegnet, erzählt Nexø in den »Erinnerungen«. Wenn im Turnsaal zum Tanz aufgespielt wurde, forderten sie ihn auf, oft bildeten sie »regelrechte Verschwörungen« und eilten »scharenweise« auf ihn zu, so daß er nacheinander mit vier, ja fünf tanzte, »und ich habe es im Grunde nicht ungern getan«. Die Schüler stammten aus gesicherten Verhältnissen, doch gab es auch eine Gruppe, deren Eltern besitzlos und unterprivilegiert waren. Neben 41 Bauernsöhnen waren 13 Häuslersöhne,

12 Handwerker- und Arbeitersöhne sowie sieben Söhne von Beamten und Kaufleuten eingeschrieben.

In den »Erinnerungen« präsentiert sich Nexø als Askovs einziger Stadtproletarier. Seine Kameraden freilich sahen ihn nicht eben in dieser Rolle. Vielmehr karikierte ihn die Schülerzeitung »Luftskipperen« (»Der Luftschiffer«) als »konservativen Gänserich«, der über der Ostsee Wogen nach Askov gekommen sei: »Hier will ich sehen, ob ich mich dank meiner großen Begabung [...] in eine selbständige Stellung emporarbeiten kann«, habe er sich überlegt. »Ihr wißt ja, ich habe immer für das Feine geschwärmt.« »Haltet euch in meinem Fahrwasser«, laute die Botschaft des Gänserichs, »dann werdet ihr gebildet.« In die einschlägige Schülerstatistik setzte Martin statt seines Schuhmacherberufs ein Fragezeichen.

Die Volkshochschule in Askov bildete eine imposante Anlage. Um das Hauptgebäude mit dem achteckigen Bibliotheksturm gruppierten sich Schülerwohnungen, Laboratorien, Hörsäle, zudem eine Badeanstalt und eine Versuchswindmühle. Im Garten befand sich das Wohnhaus der Schülerinnen, etwas weiter entfernt die Wohnungen der Lehrer. Hier beabsichtigte Martin zwei Winter lang zu leben und zu lernen, um danach selbst als Lehrer zu wirken, am liebsten natürlich an einer Volkshochschule. Askov stellte keine Diplome aus, doch rekrutierten andere Volkshochschulen ihre Lehrer bevorzugt aus dem Kreis der Askov-Abgänger. Auf dem Lehrplan standen Geschichte, mathematisch-naturwissenschaftliche und landwirtschaftliche Fächer. Mit einer Stunde Gymnastik begann der Tag. Das war ein anderes Erwachen als auf dem Hof von ehedem, als Martin vor Tau und Tag die Mistkarre zur Jauchengrube balancierte; ein anderes Beginnen als in der nach Urin stinkenden Schuhmacherwerkstatt neben dem Spucknapf des tuberkulösen jungen Meisters. Der

Unterricht dauerte von 8 bis 12 und von 13.30 bis 19 Uhr. Lektionen für alle wechselten sich mit Kursen für kleine Gruppen und Gesprächsrunden ab. Der Schulvorsteher Schrøder etwa hielt einen Vortrag über die Weltgeschichte, worunter auch das Neue Testament und die nordischen Mythen fielen. Er dozierte über »Statistik (Dänemarks Hilfsquellen und Erwerbszweige)« und über »Dänemarks Staatsverfassung und Staatsverwaltung«. Poul la Cour, ein anderer berühmter Lehrer, sprach über »historische Physik« und »historische Mathematik«, über den »Menschenkörper« und über die »Grenzen der Wissenschaft und deren fehlende Berechtigung zu Übergriffen gegen den Glauben«. Auch renommierte Gäste hielten Vorträge, so die schwedische Schriftstellerin Selma Lagerlöf. In der Mittagspause gab es ab und an freiwilligen Chorgesang. Gesungen wurde gern und oft. Vier besonders eifrige Sänger gründeten ein Quartett. Eine Schülerin erzählt ihren Eltern in einem Brief von einer gelungenen Abendunterhaltung: »M[artin]s Stimme dominierte fast zu sehr, oder besser gesagt, die Stimmen der andern waren im Verhältnis zu dünn.«

Frau Molbechs Knusperhäuschen

Nun ist von der 51jährigen Dichterwitwe Mathilde Molbech zu berichten. In ihrer Villa »Spatzennest«, einem 1880 erbauten, efeubewachsenen Haus am westlichen Rand des Ortes, bezog Martin in seinem zweiten Askov-Jahr Logis. Er wohnte hier gratis, und Frau Molbech nahm den jungen Mann unter ihre Fittiche. Bis zu seiner Heirat 1898 war Haus »Spatzennest« Martins Zuflucht. Die Hausherrin war die Witwe des spätromantischen Dichters Chr. K. F. Molbech (1821–1888), der auch als Zensor am Königlichen Theater gewirkt hatte. Nach dessen Tod zog

Frau Mathilde mit ihrer 19jährigen Tochter – auch sie eine Mathilde – nach Askov. Spannende Geschöpfe waren die beiden Damen für den keuschen Volkshochschüler allemal. Aus einer anderen, ihm fremden und verschlossenen Welt ins ländliche Askov gekommen, waren sie Städter großbürgerlicher Herkunft und als solche exotische Wesen im Umkreis der Volkshochschule.

Frau Molbech hatte zu Kopenhagens literarischer Sozietät gehört, deren Mittelpunkt das Königliche Theater bildete – einer Welt und Lebensart, die Grundtvig als frivol und oberflächlich verteufelte. Vermutlich hatte er das Königliche Theater ein Leben lang nie betreten. In seinen Kreisen kursierte das abschätzige Wort von der »Kopenhagenerei«. Frau Mathilde hatte nach dem Tod ihres Mannes Askov als Wohnort gewählt, weil sie seit ihren Jugendtagen mit Charlotte Schrøder, der Frau des Hochschulleiters, befreundet war. Sie vermietete Zimmer und erteilte privaten Sprachunterricht. Martin staunte, und wie er staunte – die »kleine verwunschene Welt« im »Spatzennest« faszinierte und verwirrte ihn zugleich. Der schüchterne und ehrgeizige junge Mann spürte die kulturelle Kluft, die ihn von den beiden Frauen im Hexenhäuschen trennte. Er bestaunte die Gemälde, die Radierungen und die alten Mahagoni-Möbel. »Hinter den grünen Vorhängen der Bücherschränke verbargen sich die Werke der großen dänischen Romantiker und träumten.« Er lernte Menschen kennen, »die Generationen hindurch hohe Kultur genossen hatten«.

Ihm dämmerte, daß er eine reelle Chance hatte, daß er nicht zwangsläufig so enden mußte wie sein Vater. Frau Molbech war es, die ihm den Dichter-Traum ins Herz träufelte. Sie korrigierte seine Sprache, brachte ihm Manieren bei und lehrte ihn, sich elegant zu kleiden. Aus dem gehemmten Schustergesellen wurde ein gewandter junger

Mann. In Frau Molbechs Knusperhäuschen erlebte Martin auch seine Éducation sentimentale. Doch davon später mehr. In den »Erinnerungen« preist Nexø Frau Molbech als »den am wenigsten snobistischen Menschen, den ich gekannt habe, gleichermaßen höflich und rücksichtsvoll gegenüber allen«.

In Askov schloß das Schuljahr Ende April 1893. Die Mutter riet Martin, in einen guten Hof einzuheiraten, was ihm mitnichten behagte. Sein Dänisch-Lehrer Holger Begtrup fand für ihn einen Lehrerposten an einer privaten Grundschule in Odense. Diese Schule war von grundtvigianischen Eltern gegründet worden, die ihre Kinder nicht in die autoritäre Staatsschule schicken wollten. »Ein Meilenstein war erreicht: ich konnte mein Brot mit geistiger Arbeit verdienen!« Er unterrichtete naturkundliche Fächer und Geographie sowie Dänisch. Die Freizeit verbrachte er oft allein, die Möglichkeiten der großen Stadt nutzte er kaum.

24 Jahre zählte er, die Herzen der Mädchen flogen ihm zu. Eine Kollegin streute Gerüchte, die von einem Verhältnis wissen wollten, das er mit einer 12jährigen Schülerin eingegangen sei. Das Poesiealbum der Kollegin enthält einige Gedichte Martins, darunter auch ein erotisches, in dem zwei Pflanzen sich in ihrer Umarmung erdrosseln. Kurz danach tauchte eine Witwe Petersen auf, eine Näherin mit zwei Töchtern, mit der er eine Tändelei gehabt haben soll. Wer diese Frau war, ist bis heute ungeklärt, so daß sie – wie Jørgen Haugan ausführt – durchaus eine literarische Erfindung sein könnte, Symbol für jene Verantwortung, die Martin hätte übernehmen müssen, wenn er seinen Lüsten nachgegeben hätte. Ein Tuberkulose-Anfall bewahrte ihn vor weiterem.

Dichter werden

Erst als ihn Frau Molbech im April 1894 nach Askov holte, besserte sich seine Verfassung. »Aber Martin, daß du daran denken konntest, dich so fürs Leben zu binden!« läßt er in den »Erinnerungen« seine Beschützerin seufzen. Ihr überläßt er es, den Abschiedsbrief an die Witwe Petersen zu schreiben. Er seinerseits verfaßt seine ersten Gedichte.

Dichter! In Odense behandelte ihn ein Arzt, ein »amüsanter alter Grobian«, der stocktaub war, »und wenn er meine Lunge abhorchen sollte, mußte ich, damit er überhaupt etwas hörte, husten und schreien«. Als der Doktor, ein Morphinist, auf der Bettdecke ein kleines Gedicht findet, rät er dem jungen Mann, das Dichten bleibenzulassen: »Alle Dichter sind tuberkulös«, sagt er. »Leben Sie animalisch, fressen und saufen Sie, und halten Sie sich das Geistige vom Leib, denn das ist alles ohne Ausnahme Krankheit.« Dichtung entstehe durch das Abwürgen der Triebe, durch Sublimation: Unterdrückung der Sexualität, um Erotik in Phantasie zu verwandeln, sei gefährlich und könne zu Tuberkulose führen. Martin freilich hatte einen eisernen Willen. Wenn sich der Husten meldete, schloß er den Mund und hielt sich die Nase zu, so daß er nicht mehr nach Luft schnappen konnte. Dann machte er Atemübungen. Er lernte, tief und langsam zu atmen, indem er zählte, zählte, zählte.

Blicken wir zurück: In kurzer Zeit hatte Martin Andersen eine ungewöhnliche, geradezu atemberaubende Karriere durchlaufen. Der Sohn des Steinhauers und Trinkers begann das Berufsleben ganz unten, als rechtloser Dienstmann eines Bauern. Dann absolvierte er, dem Vater zum Trotz und zur Freude der Mutter, eine Handwerkslehre und wagte schließlich den Sprung ins Glück der Volkshochschule. Er bildete sich am renommiertesten Institut aus, wiederum gegen den Willen des Vaters, doch mit dem Segen der Mutter. Aus Martin ist ein Geistesarbeiter und Lehrer geworden, der sich jetzt ein noch weit ehrgeizigeres Ziel steckte, er will ein Dichter werden.

Bereits im März 1892 schrieb er an einen finnischen Kollegen, der Askov verlassen hatte, er sei jetzt Redakteur der Schüler-Zeitschrift »Luftskipperen«, jedoch: »mir ist so schwer, so schwer, ich bin seit längerer Zeit nicht froh gewesen. [...] Vielleicht ist es falsch, daß ich meine Freude mit anderen teile und meine Sorgen allein trage; aber hier ist niemand, der mich versteht. Manchmal, in solchen Augenblicken, ist es mir, als müßte ich anfangen zu dichten. Es bebt und wogt in mir, wie die Strömungen eines großen Seelendramas, aber nur ahnungsweise, und an die Stelle der Worte tritt das Schweigen.« Rettung nahte zwei Jahre später in der Person Frau Mathildes, die wußte, was zu tun war, und ihren Schützling zum alten Lehnstuhl des Dichters Molbech führte: »›in dem sollst du sitzen, wenn du schreibst‹, sagte Frau Molbech, ›dann kommt es vielleicht schneller. Denn das ist ein richtiger Dichterstuhl!‹« So vollzog sich Nexøs Inauguration – als Gegenbild zum morphinistischen Doktor, der das Dichten als lebensbedrohlich verteufelt hatte. In Frau Molbechs (oder auch nur Nexøs) Inszenierung lebte die romantische Idee vom Musenkuß, der Inspiration als plötzlicher Eingebung.

Für einen Menschen von Nexøs Herkunft war der Künstlerberuf etwas Außergewöhnliches. Jetzt, am Anfang des literarischen Probierens, war sein Zungenschlag noch keineswegs gesellschaftskritisch. Nexø deutet später in den »Erinnerungen« seine literarischen Anfänge in sozialistischem Sinne um, wenn er berichtet, das erste, was er geschrieben habe, sei die proletarische Alkoholiker-Erzählung »Der Lotterieschwede« gewesen. Immerhin gibt er zu, daß ihm die Prosa nicht leichtgefallen sei, daß seine

Sprache »diesen einfachen Menschen« und ihren »Sorgen« und »Nöten« nicht entsprochen habe. »Nebenher« habe er »eine Menge lyrische Gedichte geschrieben, deren Inhalt eigentlich nur mir etwas zu sagen hatte«. Die neuere Forschung zeigt, daß Nexø seine Schriftstellerei nicht als sozialer Erzähler, sondern als romantischer Poet begann. Zwischen 1893 und 1896 erlebte er einen lyrischen Raptus. Im Nexø-Archiv liegen viele unveröffentlichte Gedichte und ein »Digte I« (Gedichte I) betiteltes Skizzenbuch, dessen Inhaltsverzeichnis 79 Gedichte aufführt.

Nexøs erstes bekanntes Gedicht findet sich im Poesiealbum eines Askov-Lehrers und datiert vom 12. April 1893, zwei Wochen bevor er die Schule abschloß. Anders als in den »Erinnerungen« übte er in diesen Gedichten keinerlei Kritik an der Volkshochschule als Klasseninstitution. Die Verse feiern das Askov-Erlebnis und die beseelende Begegnung mit dem romantischen Volksgeist. Im Gedicht »Askov« bittet das lyrische Ich, von Gott zum klingenden Instrument seines Geistes gemacht zu werden. Damit stellte sich Nexø in die romantische Tradition eines Johannes Ewald (1743–1881), der hundert Jahre zuvor die Idee lanciert hatte, des auserwählten Skalden Beruf sei es, den Menschen göttliche Einsichten zu vermitteln. Bei Georg Brandes steht der Intellektuelle, der die Wahrheiten enthüllt, nicht mehr im Kontakt mit Gott, sondern mit den Gesetzen der Natur. Aufgabe der Kunst sei es, in die schummrigen Winkel zu leuchten und die von Menschen geschaffenen Interpretationen des Lebens zu überprüfen. In Nexøs Poesie jedoch ist mehr von Ewald als von Brandes zu spüren.

In dem Gedicht zum Tod von Ernst Trier, einem Vorkämpfer der Bewegung, vergleicht Nexø im Dezember 1893 die Pioniere der Volkshochschule mit mächtigen Eichbäumen und fragt besorgt, wie es weitergehen werde, wenn die starken Stämme den Sprößlingen keinen Schutz mehr bieten. Das im »Højskolebladet« (»Hochschulblatt«) am 6. Juli 1894 veröffentlichte Gedicht »Schwanengesang« bedient sich folgender Allegorie: Wie der Schwan im Augenblick des Todes singt, schmettert der vom Tod gezeichnete Dichter seinen Abschiedsgesang zur heimatlichen Küste zurück. Dieses Gedicht ist der erste Text, der die Signatur Martin Andersen-Nexø trägt, hier noch mit dem Bindestrich, der 1898 verschwindet. Das Gedicht »Jubiläum der Hochschule« zum 50. Jahrestag der Bewegung 1894 besingt die Institution als Schutzwall gegen die Auflösung der Nation nach der Niederlage von 1864. Der Sohn des Volkes verschmilzt mit der Hochschulbewegung zum Wiederaufbau der Nation. Er findet sich und seine Mission als Dichter im nationalromantischen Universum.

Kapitel 2
Appetit aufs Leben

Dichten war ein gefährliches Metier, und Nexøs schwache Lungen rebellierten. Heilung erhoffte er sich von der Sonne des Südens. Frau Molbech und andere Mäzene spendierten 550 Kronen, und im November 1894 bestieg er den Zug. Im Süden wollte er sich erholen, aber auch bilden und seine Eindrücke zu Reisefeuilletons verarbeiten. Die Lokalzeitung »Bornholms Tidende«, zehn weitere Provinzblätter sowie die Kopenhagener »Illustreret Tidende« boten ihm ein Forum.

Einen ersten Zwischenaufenthalt legte er in Berlin ein. Hier hörte er den Historiker Heinrich von Treitschke über das künftige deutsche Weltimperium sprechen, »so daß die Studenten in ihren begeisterten Ovationen für ihn die Mützen in die Luft warfen«. Im Dezember traf er in Rom ein. Als protestantischem Nordländer imponierte ihm die Allgegenwart der katholischen Kirche, für deren exotischen Reiz er empfänglich war. Nicht die Kirche, so doziert er in seinen Reiseberichten, halte das italienische Volk unten, sondern das erbärmliche Niveau der Regierung und die jämmerlichen Finanzen. Die Priester seien die »wahren Freunde des Volkes« und die Kirche der einzige Ort, »wo Italiens Millionen sich so richtig als Menschen fühlen können«.

Geschäfte mit der unbefleckten Jungfrau

Bald wird er sein Schwärmen dämpfen. Nicht verborgen blieb ihm das klerikale Business, und aus Pompeji berichtete er von den Wundertaten der Gottesmutter und den spirituellen Geschäften des Advokaten Bartolo Longo (1841–1926), eines Glaubenszeugen, der 1980 von Papst Johannes Paul II. seliggesprochen wurde. Dieser Mann, der durch ein Wunder vom Typhus genas, gründete eine Marien-Kongregation, die es in neun Jahren auf 300 000 Mitglieder brachte. Nachdem Papst Leo XIII. die lokale Marien-Kirche mit Privilegien versehen hatte, kamen die frommen Männer Schritt für Schritt mit dem Aufbau ihres Imperiums voran, der Druckerei, des Observatoriums, der Kunstschule. Wenn die Betriebskosten die Einnahmen überstiegen, eilte regelmäßig die Gottesmutter zu Hilfe und überraschte die Gläubigen mit neuen Wundern.

Nexø erzählt die Geschichte der Tochter des Postdirektors Balestrieri, der achtzehnjährigen Antonietta, die – wie könnte es anders sein – an einer Lungenentzündung erkrankte. Antoniettas Siechtum nimmt immer grimmigere Züge an: »Nervengicht hatte den Mund und die eine Wange verzerrt, das rechte Auge war in die Höhle zurückgesunken und verschwand. Sie konnte nicht mehr sehen und ertrug kein Licht. Die Kehle schwoll zu, der Rachen zog sich zusammen, so daß sie keine Nahrung aufnehmen konnte.« Die Ärzte sind ratlos. Als letzte Zuflucht reicht man der Kranken ein Glas Wasser, dem man kleine Papierstreifen mit der Aufschrift beigegeben hat: »Unbefleckte Jungfrau von Pompeji, bitte für mich.« Antonietta trinkt davon. Vergeblich. Schon zeigen sich die Todessymptome. Ein Sarg wird bestellt. Schließlich kommt man auf die Idee, die Kongregation des Advokaten Longo telegraphisch um Gebetshilfe zu ersuchen. Und plötzlich hat Antonietta eine Erscheinung, sie öffnet die Augen und sieht, wie ein himmlischer Glanz das Zimmer erfüllt, die Madonna von Pompeji sich nähert und spricht: »Steh auf, du bist geheilt!« Und so geschieht es. Die Nachricht von der Wundertat verbreitet sich in Windeseile. Advokat Longo läßt zwei Ärzte per Attest beglaubigen, daß es sich bei Antoniettas Heilung um ein übernatürliches Phänomen handele. Die Akten schickt er an den Papst in den Vatikan, und fortan fließen wieder reichlich Gelder in die Kassen der Kongregation.

Nexø leuchtet hinter die Pracht der edlen italienischen Fassaden. Er schildert die Schönheiten Neapels, wechselt dann unvermittelt den Ton, und Neapel erscheint als Stadt der Bettler, der Lazzaronen. Sie warten auf die Beute des Tages, die eine Schar dünner, zitternder Frauen und verkrüppelter Kinder für sie einheimst. Und da hockt ein altes Weib, das Früchte verkauft. »Der Fremde nähert sich und unterbricht sie bei der Arbeit, die darin besteht, daß sie sorgfältig die Fetzen des kleinen Kindes absucht. Mit langen, vom Massaker blutig gefärbten Nägeln ergreift sie die Früchte und streckt sie dem Fremden entgegen. Hu! Angeekelt wendet er sich ab und beeilt sich, nach Palermo weiterzuziehen. Neapel sehen und dann sterben!«

Wenn Granadas Frauen revoltieren

Von Italien reiste Nexø nach Spanien weiter. Spanien, von der Industrialisierung nur am Rande betroffen, war ein Agrarland mit großen Latifundien und einem Proletariat von Landarbeitern und Pächtern. Nexøs Wirtsleute in Granada ernährten sich von Bettelei, da der Lohn, den der Familienvater als Aufseher in der Alhambra bekam, zum Leben nicht ausreichte. In Granada verfaßte Nexø die Erzählung »Eine Frauenrevolution«: Als der Brotpreis schon wieder steigt und eine stillende Mutter verhungert, bricht im Armenviertel spontan ein Aufstand der Frauen aus. »Brot zu acht – !« fordern die zornigen Frauen, die zum Haus des Bäckers ziehen, seinen Laden plündern und ihn zwingen, ebenfalls »Brot zu acht – !« zu rufen. Und sie ziehen weiter zum Palast des Präfekten. Männer, die sich dem Zug anschließen wollen, werden ausgepfiffen und weggejagt. Die Frauen treffen auf einen Leichenwagen und erkennen die Leiche. »Ein wildes Geschrei brach los, die Horde umringte die Leichenträger und entwendete ihnen die Tote.« Derweil übt sich im Palast die Tochter des Präfekten im Gesang. Die Frauen erstürmen das Gebäude, im Triumphzug führen sie den Präfekten zum Rathaus, werfen Scheiben ein und jagen eine Schar anrückender Polizisten mit Steinwürfen in die Flucht. »Da hallte Hufschlag durch die Straßen, berittene Gendarmen sprengten auf den Platz und hieben mit ihren Säbeln drauflos. Einige Frauen wurden über den Haufen geritten und zu Boden gerissen, die hintersten drängten nach vorn, um den Säbeln und den Pferdehufen zu entgehen, einige stürzten und wurden von ihren erschrockenen Schwestern überrannt. [...] Und auf dem Platz lag die Leiche der ausgehungerten Mutter, der Märtyrerin des Hungers von gestern, der Heiligen von heute.«

Daß Nexø überhaupt nach Spanien gelangt war, verdankte er einer Liebesaffäre, deren nähere Umstände im dunkeln liegen. Die bis heute nicht identifizierte Frau, eine wohlhabende 23jährige Amerikanerin, die in den »Erinnerungen« als »Mrs. Williams« auftaucht, war verheiratet und begleitete Nexø zusammen mit ihrem Mann nach Spanien, wo er, seinem Notizbuch zufolge, von den beiden respektable Geldsummen entgegennahm.

Das amouröse Erlebnis hat Nexø literarisch verarbeitet. Ein 1898 verfaßtes, damals unveröffentlicht gebliebenes und siebzig Jahre später wiederentdecktes Romanmanuskript »Aus den Papieren eines jungen Mannes« erzählt eine Liebesgeschichte, als deren Akteure ein lungenkranker Däne, eine verheiratete Amerikanerin und deren Ehemann auftreten. Julia entscheidet sich am Ende für ihren Mann, mit dem sie nach Amerika zurückreist, obwohl sie nicht ihn, sondern den lungenkranken Dänen liebt, der im Hafen enttäuscht zurückbleibt. Im Roman zeigt uns Nexø einen anderen Männertyp als in den »Erinnerungen«, deren Held sich als geistig Suchender von Verführerinnen fernhält. Die Amour fou mit einer verheirateten Amerikanerin hätte 1939, als der 4. Band der »Erinnerungen« erschien, kaum zum sorgsam gepflegten Image des proletarischen Dichters und Vorbilds gepaßt. Mrs. Williams glaubte übrigens an Seelenwanderung. Sie meinte, Martin bereits in einem früheren Leben getroffen zu haben. »Sie war damals eine Katze gewesen und ich ein kleiner Singvogel.«

Der Singvogel flog, nach zwanzig Monaten, im Juli 1896 von Spanien in Frau Molbechs »Spatzennest« zurück. Mrs. Williams war ein Affäre, nicht aber Nexøs erste Frau. Zu diesem Zeitpunkt war er nicht mehr jener keusche Jüngling, als den er sich in den »Erinnerungen« ausgibt. Bereits als Volkshochschüler hatte er seine Erfahrungen gemacht. Einige Indizien lassen gar vermuten, daß ein sexuelles Erlebnis im »Spatzennest« Folgen hatte. Jørgen Haugan hat im Nexø-Archiv zwei zuvor unbekannte Gedichte von Nexøs Hand gefunden. Die Verse mit dem Titel »Ein Lebewohl« tragen das Datum vom 7. November 1894, wurden also verfaßt, als Nexø Dänemark in Richtung Süden verließ. Sie handeln von einem jungen Mann, der frei wie ein Vogel abreist, um sich als Dichter zu verwirklichen, er tut dies mit dem Einverständnis der Frau, die ihn liebt, ihn aber nicht in die Sklaverei der Ehe einbinden will. Der junge Mann dankt der Frau, die dieses Opfer bringt und ihm so den Weg in das Reich der Kunst frei macht. Das zweite Gedicht, sechs Monate später, im Mai 1895, in Taormina verfaßt, trug zunächst die Überschrift »Vatergefühl«, die Nexø durchstrich und durch »Vaterbrief« ersetzte. Die Verse lassen erkennen, daß ihr Autor im Süden erfahren haben muß, daß er Vater wurde. Sie offenbaren allerdings keine stolzen Gefühle. Die Frau, die er mit einem Kind beglückte, war für ihn nur ein »Zeitvertreib«.

Wer war nun diese Frau? Alle Anzeichen deuten auf Frau Molbechs Tochter Mathilde. Sie heiratete am 13. November 1894 – eine Woche nach dem Entstehungsdatum von »Ein Lebewohl« – den Bauernsohn Niels Christian Snabbe, für den die Verbindung ein soziales Avancement bedeutete. Bei der Heirat dürfte es sich um ein Arrangement gehandelt haben, worüber nichts Näheres bekannt ist. Bekannt ist aber, daß Frau Molbech ihre Tochter unmittelbar nach der Eheschließung zu Freunden nach Finnland schickte, wo sie sechs Monate später, am 17. Mai 1895, ein Kind zur Welt brachte. Vielleicht sollte so die Peinlichkeit überspielt werden, die darin bestand, daß vor dem Ehemann ein Kuckuck das Nest besucht hatte.

»Die Liebe trieb uns«

Auch für den Spanienrückkehrer spielte Frau Molbech die Glücksfee. Sie vermittelte ihm einen Sommerjob als Gastlehrer an der Volkshochschule Mellerup am Randers Fjord. Und schon war es um ihn geschehen! Am 24. Juni traf er in Mellerup ein, und noch am selben Tag vermerkte er im Notizheft: »Eine Fahrradklingel schrillte hinter mir und ließ mich zusammenfahren, ein Mädchen jagte mit einer leichten Verbeugung auf ihrer Maschine an mir vorbei. Ich vergaß, den Gruß zu erwidern. Sie kam bald zurück, sie hatte keine Kopfbedeckung und trug ein blaues Kleid mit einem

gelben Ledergürtel. Ich drehte mich um und sah, daß das
Rad im Zickzack fuhr, während sie mit der einen Hand
lenkte und mit der andern ihr Kleid zusammenhielt.«

Nexø ist an jenem 24. Juni seiner künftigen Frau begegnet, Margrethe Thomsen, der fünfzehnjährigen Tochter
eines Hofbesitzers und Grundtvigianers. Sie war Schülerin an der Volkshochschule Mellerup, wo er als Lehrer
unterrichtete. Nexø entflammte rasch, wie weitere Tage-
bucheintragungen belegen. 18. Juli: »Ich glaube, ich liebe
sie.« 20. Juli: »mehr und mehr liebe ich sie.« 21. Juli: »Und
dann geschah es, daß ich sie küßte und sie mich und daß
wir bis 10 Uhr beisammensaßen. Danach eilte sie mit meinen Küssen auf ihren Lippen zur Schule zurück. [...] Wir
saßen im Graben, dort, wo er am tiefsten ist, nahe am
Waldrand. [...] Dort wird unser Versteck sein, dort ist das
Moos so weich, so tief, so still.« 24. Juli: »Ich habe ihr alles
geschenkt, und sie mir alles – es passierte bei den kleinen
Tannen. Es passierte ohne meine Absicht, im Grunde
gegen meinen Willen. Aber sie ist so sinnlich, so leiden-
schaftlich, ihr Atem brannte, ihre Küsse saugten. Als wir
nebeneinanderlagen, konnte sie sich auf mich werfen, und
ihr Körper wiegte sich. Wenn es unserer Liebe nur nicht
schadet, daß wir einander nackt gesehen haben.«

Einen Monat später wurden beide, Lehrer und Schülerin,
auf Margrethes elterlichem Hof im Bett ertappt und Nexø
unverzüglich des Hofes verwiesen. »Liebste kleine Com-
tesse«, schreibt er. »Die Liebe trieb uns einander zu. Und
wir hatten keine Wahl, wurden auch nicht danach gefragt,
denn die Liebe ist eine Macht.« Nexø führte jetzt das Leben
eines sexuell abstinenten Romantikers und verfaßte entspre-
chende Briefe. Unklar war seine berufliche Zukunft, die
Frage, was er nach dem Sommer tun sollte. Was konnte, was
wollte er werden? Hochschullehrer oder gar Dichter?

»Nichts für meine Unsterblichkeit getan«

Noch war er im Zweifel, noch konnte er sich nicht entscheiden. Auf Bornholm, wo er den Sommer im Elternhaus verbrachte, leitete er seine literarische Entwicklung vom hochgestimmten Poeten der frühen Gedichte zum desillusionierten Schriftsteller ein. Er verkehrte mit zwei Dichterkollegen, mit Otto Rung, der Kopenhagens Oberklasse entstammte, und Jakob Hansen, einem Bornholmer Emporkömmling. Die beiden ambitiösen Literaten mit Kopenhagener Erfahrung taten alles, um Nexø dem Geist der Volkshochschule zu entfremden. Ins Tagebuch notierte er am 20. August 1896: »Den Tag verbringe ich auf Streifzügen zusammen mit Jakob, abends sind wir auf seinem Zimmer und diskutieren bis nach Mitternacht ästhetische und philosophische Fragen. Der junge Rung kommt auch dorthin. Jung, blasiert, ein wenig müde, liebt er es, uns Genies und Übermenschen zu nennen, um das Kompliment zurückzubekommen.« Nexø trug einen neuen, hellen Anzug. Derart herausgeputzt, sehe er jetzt sehr schön aus, hält er am 29. August im Tagebuch fest. »Mutter ist stolz auf mich, und Jakob sagt, daß ich in diesem Anzug die Leute täusche, weil ich fast wie ein Gentleman aussehe, was ich überhaupt nicht bin.«

Erst jetzt, und nicht 1894 als Auftakt einer proletarischen Schriftstellerkarriere, verfaßte er die Erzählung »Der Lotterieschwede«, wie aus seinen Briefen an Margrethe zweifelsfrei hervorgeht. Frau Molbech fand die Erzählung »trostlos«. Der Autor, der in seinen gleichzeitigen Liebesbriefen vom Glück träumte, schildert in dieser um 1880 spielenden Bornholmer Geschichte das Desaster einer Steinhauerfamilie. Der Lotterieschwede war der Mutigste im Steinbruch, wenn es galt, eine Mine zu legen. Doch er zerbricht am Alkohol und der Spielsucht. Der Griff zur

Flasche tröstet ihn über den entschwundenen Traum vom Glück hinweg. Das Lotterielos ist für ihn wichtiger als sein eigenes Kind, das an einer Lungenentzündung erkrankt und ärztliche Hilfe benötigt. Das Kind stirbt, der Vater wird von Schuldgefühlen gepeinigt. Mit dem nächsten Los will er sein Schicksal wenden. Als ihm beim Würfeln in der Schenke das Geld ausgeht, wirft er das Los als letzten Einsatz auf den Tisch. Ein Kumpan läßt sich darauf ein und knöpft ihm das Los ab. Ja, und dann erzielt gerade dieses Los einen hohen Gewinn. Die Kollegen lachen den Schweden aus, der den Schicksalsschlag nicht mehr verkraftet und sich in die Luft sprengt.

Der Lotterieschwede ist ein Hüne, ein Typus, der in Nexøs Werken öfter auftritt, schroff, stur, einspurig und verschlossen. Bitterkeit und Aggression richtet er gegen sich selbst. Sein Gang ist der des gebeugten Untertanen. Ihm fehlt es an Selbstwertgefühl. Noch hat Nexø auf diese fatalistische Lebenseinstellung, für die später Pelles Vater Lasse stehen wird, keine Antwort parat.

Frau Molbechs Schwester in Kopenhagen, der Nexø das Manuskript schickte, war geradezu entsetzt: »Ich kann nachts deswegen nicht schlafen. Es sollte den Leuten verboten sein, so über die Armen zu schreiben!« Diese Dame lebte noch immer in der biedermeierlichen Welt des Dichters Johan Ludvig Heiberg (1791–1860), der Charles Dickens und dessen Armutsschilderungen mit folgenden Worten kritisiert hatte: »Arm zu sein ist gewiß keine Schande, doch die Aufmerksamkeit darauf zu lenken wird nicht nur als schändlich betrachtet, sondern ist auch wirklich schändlich.«

Für Nexø stand jetzt fest, daß er beim Schreiben bleiben wollte. Am 2. Februar 1897 erwähnte er in einem Brief an Margrethe zum erstenmal ein Roman-Projekt, »Det bødes der for« (»Sühne«). Mit seiner Schriftstellerei hätte er aber niemals eine Familie versorgen können. Deshalb bewarb er sich um ein Stipendium für einen staatlichen Lehrerkurs, der im August 1897 in Kopenhagen begann und ein Jahr dauerte. In die Matrikel schrieb er sich als »künftiger Volkshochschullehrer« ein. Er studierte Dänisch und Englisch, zunächst auch Deutsch, worauf er bald verzichtete, da er seinen Roman nicht vernachlässigen wollte. Kein Geringerer als Peter Nansen, der Direktor von Gyldendal, dem führenden dänischen Verlag, hatte die Erzählung »Todeskampf« gelesen und ihn ermuntert, den Roman zu Ende zu bringen. »Todeskampf« schildert die letzten Stunden eines Postbeamten, der ins Wasser geht, als sein Diebstahl eines Geldbriefs entdeckt wird. Nexø suchte in Kopenhagen Kontakte im literarischen Milieu. »Noch habe ich nichts für meine Unsterblichkeit getan, aber es kommt noch«, läßt er Margrethe wissen. Als »Heuchelei« würde er es jetzt empfinden, Lehrer an einer Volkshochschule religiöser Ausrichtung zu werden.

Das Debüt

Im September 1898 ist es soweit: Nexøs erstes Buch ist da, der Erzählband »Schatten«, der drei Bornholmer und vier spanische Geschichten enthält, erscheint, allerdings nicht bei Gyldendal, sondern im kleineren Gjellerup-Verlag. »Kristeligt Dagblad« faßt den Inhalt des Buches folgendermaßen zusammen:

»1.) ›Todeskampf‹ schildert einen Verbrecher auf der Flucht. Eine Kindsmörderin tritt als Nebenfigur auf. Die Hauptfigur nimmt sich das Leben.

2.) ›Der Lotterieschwede‹ schildert einen Mann, der dem Lotteriespiel und dem Trunk verfällt. Indirekt macht er sich am Tod seines Kindes schuldig, er nimmt sich das Leben. Die Erzählung schließt mit folgender Replik eines Kindergesprächs:

›Jetzt ist dein Vater tot, du.‹

›Ja, das weiß ich, ja.‹

›Jetzt ist dein Vater ein Engel.‹

3.) ›Zwei Brüder‹. Der Vater der beiden Brüder ermordet die Mutter und tötet sich selbst. Eine Frau stirbt im Kindbett, und das Kind ertrinkt. Die eine Hauptfigur stürzt sich in die See, die andere wird geisteskrank und verübt einen Mord.

4.) ›Eine Frauenrevolution‹. Eine Frau stirbt an Hunger.

5.) ›La Concha‹. Die Hauptfigur nimmt sich das Leben.

6.) ›Der Brotverkäufer‹ hat keine Haupthandlung.

7.) ›Manuela‹ schildert ein unzüchtiges Verhältnis. Die Frau geht vollständig zugrunde. [...] jetzt weiß man, daß es Herr Andersen Nexø nicht so genau nimmt mit einem Menschenleben mehr oder weniger.«

Auf Bornholm rieben sich die Leute die Augen: Der Sohn des versoffenen Steinhauers Andersen, der Schuhmacher, der Davongelaufene, der sich jetzt Nexø nannte, der wollte Schriftsteller werden, wohlan denn ... Der führende Kritiker Edvard Brandes jedoch, ein Bruder von Georg Brandes, zollte dem Debütanten Respekt: »Nun haben wir also einen jungen Mann mehr in der Literatur«, bemerkte er und empfahl ihm, sich bald an einen »ordentlichen Roman« zu wagen (»Politiken«, 22. 9. 1898).

Nachdem Nexø im Juni 1898 den Lehrerkurs erfolgreich abgeschlossen hatte, trat er mit Beginn des Schuljahres eine Stelle an Gregersens Realschule in Kopenhagen an. Davor aber mußte noch geheiratet werden. Margrethe war schwanger, mündig war sie freilich noch nicht. Ihre Mutter verlor die Fassung und erkrankte. Die Familie wünschte sich eine bürgerliche Trauung in aller Stille. Margrethe beharrte auf einer kirchlichen Zeremonie. So schlossen die beiden am 5. August 1898 in der Kirche von Mellerup die Ehe. Die Braut war 17, der Bräutigam 29. Sie trug ein blaues Musselinkleid, er einen Gehrock, den er von einem Kollegen geliehen hatte. Vierzehn Jahre wird die Ehe halten, aus ihr werden die beiden Töchter Anna und Mathilde hervorgehen. Es waren die Jahre von Nexøs Durchbruch, des literarischen Erfolgs.

Der neuvermählte und frischgebackene Dichter unterrichtete nun also Dänisch und Englisch, mit seiner Familie bewohnte er eine Dreizimmerwohnung im Schulhaus. Nachts saß Nexø am Pult, er schrieb und schrieb, bis um 3 und 4 Uhr in der Frühe. Buch folgte auf Buch, psychologische Romane, die um Ehe- und Sexualprobleme, um Lebensuntauglichkeit und Todessehnsucht kreisen: »Sühne« (»Det bødes der for«, 1899), »Eine Mutter« (»En Moder«, 1900), »Überfluß« (»Dryss« 1902), aber auch Erzählungen über den Alltag der Unterklasse.

Bruch mit Frau Molbech

Von 1892 bis zur Heirat war Frau Molbechs »Spatzennest« Nexøs Zufluchtsort. Jetzt ist der junge Mann flügge, jetzt hat er Selbstvertrauen. Vor allem hat er genug von Frau Molbech und ihrer verstiegenen Welt. Er will nicht daran erinnert werden, daß er Tochter Mathilde ein Kind machte, er hat ein schlechtes Gewissen. Schließlich provoziert er den Bruch mit dem Schlüsselroman »Eine Mutter« (1900), der von Frau Molbech und den Zuständen im »Spatzennest« erzählt. Danach wird er seinen Fuß nicht mehr dorthin setzen.

Nicht »Spatzennest«, sondern »Starkasten« heißt im Roman die kulturelle Enklave in ländlicher Umgebung, in der Frau Berg und ihre Tochter Helga residieren. Der jugendliche Held Purgsenius, Häuslersohn und gescheiterter Theologiestudent, hat literarische Ambitionen. In ihm und seinem qualvollen Überleben an diesem vornehmen Ort zeichnet sich Nexø selbst als einen Emporkömmling. Frau Berg, die vergnügt beobachtet, wie die Begierde die Menschen lenkt, arrangiert erotische Gesellschaftsspiele, Helga muß mit verbundenen Augen »Küsse raten«. Von Purgsenius' Vortragskünsten hingerissen, drängt ihn Frau Berg immer wieder, vorzulesen. Lyrik, Tragödien des Goldenen Zeitalters. Ihr gefällt es, »eine Art gebildeten Sklaven im Hause zu haben, der ihr seine geistige Aufwartung machen konnte, wenn sie sich langweilte«. Die Qualität des Romans gründet in Nexøs Selbstironie. Purgsenius führt sich höchst sonderbar auf, womit er die Frauen zu leisem Spott animiert. Er hält seinen Arm so, »als ob er steif sei«, damit auch jeder den Riß in seiner Jacke sieht. Er ist unsicher, reizbar, rasch beleidigt, ihm fehlt es an Energie und praktischem Sinn, als bewegten sich seine Gedanken in »hohen, schwarzverhangenen, schweigenden Hallen«. Entsprechend sind denn auch die schwermütigen Gedichte, die er vorträgt.

Purgsenius wähnt sich in seiner sublimierenden Praxis erhaben über andere Menschen, worin ihn Frau Berg bestärkt. Ihre Beziehung lebt von überspanntem Schwärmen. Zugleich verliebt sich Tochter Helga in den jungen Mann. Es kommt zur Verlobung. »Selbst in seiner Liebesbeziehung« – so der Erzählerkommentar – »war es ihm also gelungen, das körperliche Verlangen auszuschalten und seine Wahl mit der Seele zu treffen, während ein Mensch, der von fleischlichen Gelüsten beherrscht war, sicher die Mutter gewählt hätte, die, von diesem Gesichtspunkt aus gesehen, in ihrer üppigen Reife die attraktivere der beiden war.«

Als er mit Frau Berg auf dem Jahrmarkt tanzt, regen

sich die Triebe. »Sie spürte Halvors warmen Atem, und er hauchte stoßweise über ihr Gesicht. ›Weiter‹, flüsterte sie ...« Von einem Ausflug nach Kopenhagen kehren die beiden nicht mehr zurück. Statt ihrer trifft ein Brief ein, in dem die Mutter mitteilt, daß sie und Halvor einander liebten und in den Süden reisten. Als Ältere beanspruche sie ein Vorrecht auf diesen Mann, Helga möge ihr verzeihen. Mit diesem Brief endet der Roman, mit dem sich Nexø aus der Umklammerung Frau Molbechs löste und sich vom »Spatzennest« und allem, was damit zusammenhing, distanzierte.

Der Kritiker Edvard Brandes, der Nexø nach seinem Debüt ermuntert hatte, einen Roman zu schreiben, bescheinigte ihm jetzt, daß er das Spiel der Natur und ihrer Triebe mit dem Schicksal der Menschen mit »großem Talent« dargestellt habe. Nexø hatte sich mit »Eine Mutter« einen festen Platz in der literarischen Szene erobert, jetzt gehörte er dazu, war ein Teilnehmer am großen Spiel.

Freier Schriftsteller

Das war für Nexø ein entscheidender Schritt. Die literarische Welt bot ihm nicht nur ein Forum der Profilierung. Sie verhieß ihm vor allem auch gesellschaftlichen Aufstieg, ja Prominenz. Nexø setzte sich ab von der Welt des Lotterieschweden, jenes Mannes, dessen Talente verkümmerten, der sich dem Suff ergab, mit einem Wort: vom Leben des Vaters. Und er verfügte über eiserne Selbstdisziplin und einen unbeugsamen Willen, sogar als Ehemann und Vater – tagsüber unterrichtete er in der Schule, nachts schrieb er Romane. Frau Margrethe hielt ihm den Rücken frei.

Schriftsteller! Die Palette von Berufen, die ein Armeleutekind wie Nexø ergreifen konnte, um aus eigener Kraft ans Ziel zu kommen, war in der damaligen Klassengesellschaft, die kaum Ansätze kompensatorischer Bildungspolitik kannte, bescheiden. Nexø hatte bereits die für Bauernsöhne und -töchter geschaffene Volkshochschule genutzt. Schriftsteller benötigten kein Studium und kein Diplom. Zudem war die Literatur in jener Epoche der Bücher und Zeitungen, der Rednertribünen und Pamphlete noch immer ein Leitmedium. Unterhaltungs-, Sport- und Medienindustrie waren in weiter Ferne. Das literarische Terrain war vom politischen nicht scharf getrennt. Schriftsteller hatten Zutritt zum öffentlichen Raum, sie waren nach dem Verständnis der Zeit legitimiert, sich auch zu politischen und gesellschaftlichen Fragen zu äußern. Das Meinungsspektrum der Presse war nicht weniger vielfältig als heute. Doch war die Zahl der Druckerzeugnisse beschränkt. Wer etwas zu sagen hatte, fiel also auf, während heute die zahllosen Stimmen im rauschenden Strom der Beliebigkeit ertrinken. Bjørnstjerne Bjørnson, dessen Predigt sexueller Askese den jungen Nexø beeinflußt hatte, war das skandinavische Paradebeispiel eines politisierenden Autors.

1901 entschloß sich Nexø, den Lehrerberuf aufzugeben, auf das sichere Einkommen zu verzichten und seine Familie vom Schreiben zu ernähren. Er war 32 Jahre alt und hatte zwei Kinder zu versorgen. Die Frage war nur, wie er sich als Schriftsteller über Wasser halten konnte. Er beackerte sowohl das journalistische als auch das literarische Feld. Von Aufbruch ist im Roman »Überfluß« (1902) nur wenig zu spüren. Das Buch erzählt von dem depressiven, kränklichen Intellektuellen Karl Bauder, der Kopenhagen verläßt, um in einer Provinzstadt zu genesen oder zu sterben. Hier trifft er auf den starken, kerngesunden Aage Sørensen. Die beiden Freunde verlieben sich in dasselbe Mädchen. Else versucht es zunächst mit Karl, doch der ist nicht männlich genug, danach schläft sie mit Aage, von dem sie schwanger wird. Am Ende stirbt der lebenstüchtige Aage plötzlich an einer Hirnhautentzündung, während der schwächliche, vom Tod gezeichnete, aber kulturtragende Karl zurückbleibt.

Karl fühlt sich als Repräsentant einer beklagenswerten Generation Spätgeborener, der Generation nach Georg Brandes, der 1871 die Losung ausgegeben hatte, Aufgabe der Literatur sei es, gesellschaftliche Probleme zur Debatte zu stellen. Karl will es scheinen, »daß er selbst und die ganze Generation, deren frühe Jugend in die achtziger Jahre fiel, so völlig zwecklos zur Welt gekommen war – ohne Aufgabe, weil bereits mit der vorherigen Generation eine neue Zeit gesiegt hatte, und ohne Mittel, weil sie als Skeptiker geboren waren. Nirgends gab es für ihn und seinesgleichen etwas zu tun, auf allen exponierten Posten saßen ergrauende Radikale, die längst autorisierte Gesellschaftsbürger hätten sein müssen, sie saßen da und hielten sich in dieser langwierigen Opposition jung. […] Allein in einer fernen Zukunft dämmerte es, und er erahnte eine neue Zeit und neue Zustände, erahnte sie im schmerzlichen Bewußtsein, daß er sie nicht erleben würde, sich auch nicht an ihrer Eroberung beteiligen konnte.« Während sich in diesem Dekadenzroman Nexøs Selbstmitleid artikulierte, schlug er im publizistischen Tagesgeschäft andere Töne an. Für die bürgerlich-radikale Zeitung »København« verfaßte er 1901 nicht weniger als 62 Beiträge.

Gewerkschaftsbosse

Der Artikel »Schreckensherrschaft« (11. 11. 1901) führte zu einem offenen Schlagabtausch mit dem jungen Thorvald Stauning, dem späteren sozialdemokratischen Premierminister und »Landesvater«. Nexø wirft den Gewerkschaftsbossen Machtmißbrauch vor. Er schildert den Fall eines Arbeiters, der im Kollegenkreis die Bemerkung fallenließ, man täte gut daran, dem Gewerkschaftskassierer auf die Finger zu schauen und von ihm eine Kaution zu fordern. Dieser Arbeiter sei von der Gewerkschaft gezwungen worden, die Aussage zu widerrufen, habe aber dennoch – nach 22jähriger Betriebszugehörigkeit – seine Arbeitsstelle verloren, weil sich die von der Gewerkschaft unter Druck gesetzten Kollegen weigerten, mit ihm weiter zusammenzuarbeiten. »Kein Meister wagt es, mich anzustellen, weil dann die andern Arbeiter den Befehl erhielten, die Arbeit niederzulegen.« In der Zwischenzeit sei zwar bekanntgeworden, daß sich der Kassierer tatsächlich an der Gewerkschaftskasse vergriffen habe, doch habe das dem Arbeitslosen nichts mehr genützt. Der von Nexø aufgerollte Fall läßt sich nicht mehr rekonstruieren. Vielleicht setzte er die Geschichte aus Bruchstücken ähnlicher Vorkommnisse zusammen. Der Nexø-Forscher Børge Houmann jedenfalls kennt vergleichbare Fälle. So berichtete die Presse bereits 1899 von der höchstrichterlichen Verurteilung eines Gewerkschaftssekretärs, der Beträge aus der Kasse entwendet hatte.

Wenige Tage nach dem ersten Artikel setzt Nexø noch eins drauf. Die sozialdemokratischen Führer hätten, so schreibt er, die Aufgabe, »den Arbeiter in die Reihen des Mittelstandes zu heben, auch in Kultur und Bildung. Haben die Führer das versucht? Sie haben dem Arbeiter das Hassen beigebracht.« Später wird Nexø das Gegenteil, nämlich die Befreiung der Arbeiter vom kleinbürgerlichen Denken, fordern. Jetzt aber fragt er: »Haben die Führer den Arbeiter moralisch beeinflußt und ihn nicht nur an seine Rechte, sondern auch an seine Pflichten erinnert?« In einem Punkt, so höhnt Nexø, hätten sie es getan, sie hätten den Arbeiter auf seine Pflicht, die Arbeitskraft zu drosseln, hingewiesen, was jedoch »höchst demoralisierend« sei in einem Land wie Dänemark, »in dem das Tempo sowieso langsam ist und die Zukunft davon abhängt, daß jeder sein Bestes gibt«. Auch gegen den Alkoholismus unternehme die Parteiführung nichts. Als sich »ein idealistischer Führer« vorbehaltlos gegen die Trinkerei ausgesprochen habe, sei er sogleich isoliert worden.

Der junge Kassierer der Partei, der Zigarrensortierer Thorvald Stauning, wies den Kritiker in »Samarbejdet« (»Die Zusammenarbeit«, 15. 12. 1901), dem obligatorischen Mitgliedsorgan von 250 Gewerkschaften, in die Schranken. Nexø trete mit einer unglaublichen Dreistigkeit auf, ärgerte sich der spätere Parteichef und Ministerpräsident. Mit seinen Unverschämtheiten versuche er, einen Keil zwischen die Arbeiter und die Parteiführer zu treiben. Er gebe sich als Fachmann aus, sei aber ein blutiger Laie, der von der Sozialdemokratie keine Ahnung habe, er lese nicht einmal die sozialdemokratische Zeitung, deren Spalten mit Hinweisen auf Veranstaltungen zur Arbeiterbildung gefüllt seien. Nexøs Verständnis der Unterklasse wird sich bald ändern, und zwar in Spanien.

Zweite Reise in den Süden

Seine erste Reise in den Süden hatte er 1894 als literarischer Nobody angetreten, als freier Mitarbeiter von »Bornholms Tidende« und anderer Provinzblätter. Wenn er jetzt, acht Jahre später, erneut aufbrach, ist dies der bürgerlich-radikalen Kopenhagener »Politiken« eine Notiz wert. Der Schriftsteller und Mitarbeiter des Blattes Martin Andersen Nexø, heißt es da am 9. August 1902, werde sich Mitte des Monats auf eine längere Reise nach Italien, Nordafrika und Spanien begeben. Über Spanien beabsichtige er ein Buch zu veröffentlichen. Die Reise dauerte von August 1902 bis April

1903. Eine erste wichtige Station war Dresden, wo im Verlag Moewig & Höffner soeben die Übersetzung des Romans »Sühne« erschienen war. Zum ersten Mal lag eines seiner Bücher in einer fremden Sprache vor, für den Autor die Bestätigung, daß er mit seinem Schreiben auf dem richtigen Weg war. Die Auflage betrug 2500 Exemplare. Nexø holte in Dresden sein Honorar ab, stieß auf sein Werk an – und war stolz.

Nach der Rückkehr wird er seine Reisefeuilletons zu dem Spanien-Buch »Sonnentage« (1903) verarbeiten. Dieses Buch war u. a. eine Antwort auf die zwei Jahre zuvor erschienene Schrift »Die gotische Renaissance« seines Landsmanns Johannes V. Jensen (des Nobelpreisträgers von 1944). Jensen hatte Spanien 1898 bereist und wie Nexø Reportagen für »Politiken« geliefert, die aber jedes Sensorium für Land und Leute vermissen ließen. Er faselte vom bevorstehenden »Kampf der Rassen«, in dem die Spanier als »unterlegene Rasse« vermischt und ausgelöscht würden, und prophezeite den Sieg der Angelsachsen, der sogenannten Goten. Die angelsächsische, eine im Fortschrittsdenken der Ingenieure wurzelnde Renaissance, werde die marode geistige Kultur überwinden.

Nexø, der als Schuster ein Handwerk erlernt hatte, das von der Industrie obsolet gemacht wurde, beklagte demgegenüber die Industrialisierung Nordspaniens. Verblüfft stellt er fest, daß seit seinem Besuch vor sechs Jahren »die anglo-amerikanische Kultur« an Boden gewonnen habe, daß das »Industriedenken«, »das in der Kälte gründet und aus tausend Surrogaten für Sonne und Wärme besteht, es wagt, die Sonne in ihrem eigenen Land herauszufordern«. Maschinenkultur, das war für Nexø Gleichschritt, Dressur und moderne Sklavenhalterei. Mit solchen Affekten lag er sicher nicht im Trend der Zeit mit ihrer Maschinenschwärmerei und dem Fortschrittsglauben, wie ihn der illustre

Journalist Henrik Cavling 1902 in »Politiken« beschwor, als er enthusiastisch schrieb: »Die Maschine ruht sich nicht aus, um Kräfte zu sammeln; sie läuft, wenn man nur ein wenig Öl oder Benzin hat.« Damals, 1900, waren in Dänemark gerade mal sieben Autos registriert. Die neue Zeit feierte sich selbst in der im April 1900 eröffneten Pariser Weltausstellung, die in der dänischen Presse mit hymnischen Berichten, auch von Johannes V. Jensen, bedacht wurde. Der Eiffelturm war ihr Symbol.

Nexø singt das Lob des epikureischen Andalusiers, der seine Existenz nach der Sonne ausrichte, »die Runzeln, die sich früh in sein Antlitz einprägen, stammen alle von ihr; sie verzweigen sich bei seinen blinzelnden Augen als Zeugnisse ihrer Kraft und Gewogenheit – als Zeichen des Glücks, dem das Mißgeschick fremd ist. Was geht es ihn schon an, woraus die Sonne besteht? – sie scheint, und das ist die Hauptsache!« Nexø zeichnet die Andalusier als in sich selbst ruhende, selbstgenügsame, edle Wilde. Die »anglo-germanischen Völker« hätten »den Mangel« bzw. dessen Aufhebung zur Doktrin erhoben. Dabei hätten ihre ökonomischen Probleme nur selten etwas mit wirklichem Hunger zu tun. »Man erschießt sich, wenn einem soundso viele Tausend fehlen, um standesgemäß leben zu können. Der Andalusier dagegen wirft sich mit demselben Stolz und Anstand den zerfetzten Sack um die Schultern wie den mit Samt gefütterten Umhang […], und der Mangel meldet sich erst, wenn der Hunger an seinen Därmen nagt. Aber auch dann würde er sich nicht umbringen, er würde es dem Hunger überlassen.« So wird der Andalusier zur Projektionsfigur von Nexøs eigener Sehnsucht nach dem ganzen Menschen. Nicht Philosophen seien in Andalusien zu finden, schwärmt er, sondern glückliche Existenzen, Menschen, die anders sind als die grüblerischen Protestanten im heimischen Dänemark. Sogar auf dem Friedhof zelebrierten diese Sonnenkinder ihr Glück. Als man nämlich in Sevilla die »germanische Sitte« einführte und die Gräber zu besuchen begann, habe man aus diesem Gang sogleich eine Vergnügungstour gemacht. So zogen die Familien sonntags mit Essen und Wein zum Friedhof, wo sie ein kleines Freudenfest feierten. Nachdem die Obrigkeit den neuen Brauch verboten habe, sei nie mehr auch nur eine Menschenseele auf einem Friedhof gesichtet worden.

Aufschlußreich sind Nexøs Beobachtungen zum Verhältnis von Herrschaft und Bediensteten in Sevilla. Das Dienstmädchen, weiß er zu berichten, sei die Vertraute der Dame, der Diener der Vertraute des Herrn. Die Bedienstete wisse um die Geheimnisse des Hauses und mische sich freimütig in die Konversation mit den Gästen. Sie profiliere sich als Verbündete der erwachsenen Töchter in deren Herzensangelegenheiten, nehme aber auch die heimliche Korrespondenz der Herrin beim Postamt in Empfang. Der Diener rauche Zigaretten, während er das Mahl serviere, er mache sich im Fenster breit und spucke auf das Trottoir hinunter. Diese Geschichten, ob wahr oder gut erfunden, konturieren kecke Menschen, denen – vielleicht – die Zukunft gehört. Anderthalb Jahrzehnte später wird Nexø, der als Halbwüchsiger selbst Dienstbote eines Bauern gewesen war, die demütigende Behandlung der Kopenhagener Dienstmädchen im Roman »Ditte Menschenkind« noch einmal anprangern.

Die »Cigarreras« von Sevilla

Auf seiner ersten Spanien-Fahrt hatte Nexø eine spontane Hungerrevolte von Frauen in Granada geschildert. Jetzt schreibt er eine Reportage über die Tabakarbeiterinnen

von Sevilla – »Las Cigarreras«: (»Politiken«, 16. 2. 1903)
»Sie nähern sich wie ein Schwarm Elstern, balzend, schwadronierend; sie spotten über die dünnen Beine des Dandys, stoßen im Vorbeigehen den Eselstreiber aus dem Sattel, umringen johlend den Ausländer, werfen dem fetten
Priester, der mit verklemmtem Kichern durch den schweren Vorhang der Kirchentür verschwindet, eine Kußhand
zu. [...] Sie schließen nicht etwa furchtsam den Mund, sie
sperren ihn vielmehr weit auf und saugen begierig alles ein,
was die Luft an Sonne und Frische, an Bazillen und Gestank enthält. Ihre hohen, herausfordernden Busen trotzen der ganzen Welt und deren erbärmlichen Lungen.
›Komm, und ich will dich umarmen – und wenn du auch
der Tod persönlich bist! – und ich werde dich wegwerfen
wie eine ausgepreßte Zitrone‹, sagt ihre Haltung. Sie fangen kleine, nackte Jungen ein, küssen und schmatzen
ihnen den ganzen Körper ab und reichen sie reihum von
Arm zu Arm. Beim Anblick eines schmucken Mannes
knirschen sie vor Leidenschaft mit den Zähnen. Eine
schöne Frau bewerfen sie mit Dreck.«

Die »Cigarreras« von Sevilla, so wie Nexø sie in Szene
setzt, bewahren ihre Selbstachtung und leben sie demonstrativ aus. Das ist eine andere Haltung als der Grimm des
verbissenen Steinhauers im »Lotterieschweden«, der seine
Aggression gegen sich selbst richtet. In diesen Frauen, den
5 000 »Cigarreras« zwischen 14 und 106 Jahren, huldigt
Nexø der »Seele Sevillas«. Und er erzählt: Als vor einigen
Jahren König Alfons XII. die Stadt besuchte und die republikanische Bevölkerung dem Monarchen die Reverenz
erwies, da waren es die »Cigarreras«, die die Ehre der Stadt
retteten, indem sie den König bei seinem Besuch in der
Tabakfabrik unbarmherzig auslachten. Ein anderes Mal, als
sie mit dem kgl. Direktor der Fabrik über ihre Entlohnung
stritten, gewannen sie mit ihrer kraftvollen Argumentation

die Herzen vieler: »Sie fesselten den Direktor mit einem Strick und ließen ihn in den tiefen Brunnen hinunter.«

Wie war das nun in Dänemark? Wie hatte Nexø die Umwelt in seiner Jugend erlebt? Zum Vergleich sei eine Passage vom Beginn des »Pelle«-Romans angeführt. Lasse, ein erfahrener Landarbeiter, gelangt auf Arbeitssuche nach Bornholm, begleitet von seinem Sohn Pelle, der noch ein Kind ist. Die beiden werden im Hafen vom Verwalter eines Gehöfts angeworben. Als sie nach längerer Fahrt über die Steinbrücke auf den Hofplatz rollen, wird Lasse mit einem Ruck nüchtern. »Das also war ihr neues Heim! Das einzige, woran sie sich halten konnten, wovon auf dieser Welt sie etwas erwarten konnten. Und indem er über den großen Hof blickte, wo gerade die Glocke zum Mittagessen läutete und das Gesinde und die Tagelöhner aus den Türen rief, schwand sein ganzes Selbstvertrauen. Ein verzweifeltes Gefühl der Wehrlosigkeit überwältigte ihn, und sein Gesicht zitterte in ohnmächtiger Sorge um seinen Sohn. Seine Hände bebten, als er vom Wagen kroch; er stand ratlos dort, preisgegeben all den forschenden Blicken vom Eingang zum Keller des mächtigen Wohnhauses. Sie redeten über ihn und den Jungen und lachten bereits. In seiner Verwirrung entschloß er sich, einen so günstigen ersten Eindruck wie möglich zu machen, und zog die Mütze tief vor jedem einzelnen; der Junge stand daneben und machte es ebenso wie der Vater. Das erinnerte an die Clowns auf den Jahrmärkten, und dort an den Kellerhälsen lachten sie laut und verbeugten sich nachäffend, und sie fingen an, laut zu rufen.« In Lasses Seele hat sich die Hierarchie des autoritären Systems tief eingegraben. Der Arbeiter, der sich erniedrigt, der Vater, der sich demütigt, für den jungen Martin Andersen war das eine Urszene. Der Sohn schämte sich eines solchen Vaters. Gegen diese Scham setzte er in seiner Reportage aus Sevilla den Stolz der »Cigarreras«.

Im zweiten Teil gibt Nexø seiner Reportage einen anderen, sozialkritischen Duktus. Erst jetzt, nachdem er ihre Würde konstituiert hat, zeigt er das Leid der Cigarreras. Er besucht die Tabakfabrik, ein Staatsmonopol, und schildert die erbärmlichen Bedingungen, unter denen die Frauen ihre Arbeit verrichten. Eine Aufseherin öffnet ihm eines der großen Tore, und dem Besucher ist es, »als ob sich eine Schleuse auftäte; eine erhitzte, von Lärm und Gestank erfüllte Luft schlägt mir entgegen und raubt mir Atem, Verstand und Bewußtsein, so daß ich erst wieder zu mir komme, als ich in einen 500 Fuß langen Tunnel hinunterblicke, wo die Frauen in vier Reihen Kopf an Kopf sitzen, jede ist über ihren Tabaknapf gebeugt, sie drehen die Zigaretten mit so schnellen Fingerbewegungen, daß es vor den Augen flimmert.« 1500 Frauen schuften in diesem Raum, einige tausend Pfund Tabak liegen schwer auf den Tischen, kein Fenster läßt frische Luft herein. Tabakstaub und Menschendampf rauben dem Besucher den Atem. »Obwohl ich selber rauche, hämmert nach ein paar Minuten das Kopfweh in meinen Schläfen, als ob es die Augen aus meinem Kopf heraustreiben wollte. Meine Sinne werden stumpf, ich kann nichts mehr empfinden, die Umgebung nicht mehr in einem Bild festhalten; alles dreht sich nur um das eine – hinaus an die frische Luft zu kommen.«

Doch da dringt ein Laut wie das Schaukeln einer Wiege an das Ohr des Besuchers. Tatsächlich, Nexø zählt in dieser Hölle etwa vierzig Wiegen. Eine blasse Frau, die eine der Wiegen in Bewegung hält, hat an die Schläfen weiße Pflaster geklebt mit einem Mittel gegen den Kopfschmerz. Brauner Tabakstaub sitzt in ihrem Haar, bedeckt die weiße Wiegenwäsche, klebt als Schmutzrand an den aufgedunsenen Nasenlöchern des Kindes. Wenn die Kinder den unerträglichen Giftgestank überleben, folgert Nexø, werden sie einst an der Seite ihrer Mütter sitzen, selber eine Wiege in Bewegung halten, einem Säugling die Brust geben und 3000 Zigaretten täglich drehen. Wenn sie aber männlichen Geschlechts sind, dann werde es ihre unausweichliche Pflicht sein, an einer Straßenecke herumzulungern und 200 Zigaretten täglich zu paffen. »Und sollten sie dann noch Kräfte besitzen, werden sie sich zu jenen Burschen gesellen, die sich abends vor der Tabakfabrik mit großem Hallo einfinden und im reißenden Strom der Mädchen mitwirbeln, hinaus in die Nacht der Vorstädte, wo man sie im Morgengrauen als blaßblaue Gespenster wieder antreffen kann.«

So wird diese Reportage zu einem Schlüsseltext, in dem sich zwei Intentionen von Nexøs künftigem Schreiben durchdringen. Bevor er die »Cigarreras« in ihrem Elend darstellt, beschwört er ihre Würde, feiert er das Selbstbewußtsein der »einfachen Menschen« auf eine Art, die vor ihm in Dänemark kaum bekannt ist. Dies ist die utopische Intention der Reportage. Die Frage, weshalb sich die stolzen Frauen, 5000 an der Zahl, in der Fabrik auf die geschilderte Art knechten lassen, berührt Nexø nicht – noch nicht.

Nexø fragt, ob der Däne, der pflichtschuldig zehn Stunden täglich eine Maschine bedient, mehr wert sei als der Andalusier, der keine Maschine bedient und dennoch zu essen hat. Ja, für das Kapital, lautet seine Antwort. Der Däne besitze Sonntagsschuhe und einen Zylinder, werde aber stumpfsinnig, sobald er seine Maschine verlasse, deren Teil er geworden sei. Der Andalusier dagegen besitze wenig außer seiner Intelligenz und seinen Sinnen, um von der Welt Besitz zu ergreifen. Nexø relativiert jedoch mit seiner unbestechlichen Schilderung der Verhältnisse in der Tabakfabrik sein eigenes Loblied auf die Armut der andalusischen Sonnenkinder. Der Stolz, den die »Cigarreras« auf Sevillas Plätzen ausspielen, hat ihre Arbeitsverhältnisse nicht humanisiert, obwohl sie ihren Direktor mit Bravour im Ziehbrunnen versenkten. In ihnen lebt der Funke des

Aufruhrs. Wie er zum Auflodern zu bringen sei, verrät der Text nicht.

Die spanische Sozialdemokratie verfügte über keine große Anhängerschaft. Mehr Zulauf hatte die anarchistische Bewegung, die in mehrere Gruppen zerfiel. Die Repression der Behörden war brutal. Kurz nach Nexøs Abreise aus Spanien im April 1903 ging von Córdoba eine von Anarchisten organisierte Streikbewegung aus, die rasch ganz Andalusien erfaßte und zwei Jahre durchhielt, ehe sie von einer Hungersnot in die Knie gezwungen wurde. Den Nährboden des andalusischen Anarchismus bildete das verarmte Landproletariat. Die anarchistischen Agitatoren waren, abgesehen von einigen Vertretern der Kirche, die ersten, die sich überhaupt an die andalusischen Landarbeiter als menschliche Wesen wandten, wobei sie an christlich-messianische Traditionen anknüpften.

Unter Anarchisten

Nexø besuchte ein Anarchistentreffen, zu dem sich zwei- bis dreihundert Männer einfanden. Der Anarchist Alfonso Molina Pérez (1866–1947) hält eine kurze, prägnante Rede, er erzählt die Geschichte vom Kapital und der Arbeit, vom Wolf, dem ein Knochen im Hals steckengeblieben ist, und dem Storch, der den Knochen aus dem Schlund des Raubtiers herauszieht. Als der Storch Bezahlung für die geleistete Arbeit fordert, entgegnet der Wolf: »Ich hatte deinen Kopf zwischen meinen Zähnen und biß nicht zu – also hast du mir dein Leben zu verdanken.«

Mit dem Anarchisten Alfonso präsentiert Nexø ein männliches Ideal, während in seinen früheren, von starken Frauen bevölkerten Werken die Männer oft verkommen und versoffen sind oder einfach lächerlich wirken. Alfonso, der persönliche Rücksichten beiseite setzt, der sich – anders als Nexøs Vater – mit seinem kleinen Sohn vertraulich wie mit einem Bruder unterhält, ist ein »ganzer Mensch«, der die Sorge für seine Nächsten mit politischem Engagement und Liebe mit Solidarität verbindet. In seiner Gestalt liegt ein Keim des »Pelle«-Romans. Alfonsos Persönlichkeit und Selbständigkeit, seine Grandezza beeindruckten den Gast. Nexø staunte aber auch über die Naivität von Andalusiens Anarchisten, die Geld sammelten, um Waffen zu kaufen, und glaubten, mit 2000 Gewehren die Provinz Granada erobern zu können. »Und eines Tages ertönt das Signal zur großen Umwälzung, und er springt in heftiger Freude auf, bereit, sein Leben für die neue Glückszeit zu opfern, und fällt, erlegt von der Kugel eines Gendarmen, und die alte Zeit schreitet über seine Leiche hinweg.«

Villa »Morgenröte«

Nach Dänemark zurückgekehrt, erwarb Nexø für 9000 Kronen eine Landvilla in Espergærde bei Helsingør, die er auf den Namen »Morgenröte« taufte. Das auf einer Anhöhe gelegene große weiße Haus hatte Aussicht auf die Felder und das Meer. Später wurde der Ort zur Sommerresidenz der Kopenhagener Bürger. Hier wird er den »Pelle« schreiben, dessen letzter Band ebenfalls den Titel »Die Morgenröte« trägt, und hier wird auch »Ditte Menschenkind« entstehen. In den bewegten Jahren zwischen 1918 und 1923 gingen die Revolutionäre ein und aus. Die ersten Jahre in seiner Landvilla wurden Nexøs glücklichste Schaffensperiode.

Nach wie vor schrieb er für bürgerliche Blätter wie »Politiken« und »København«. Noch schloß er sich der Arbeiterbewegung nicht an. In den Jahren 1904/05 verkehrte er im »Radikalen Klub«, einer Gruppe von Intellektuellen aus dem

Umfeld von »Politiken«. Wie andere auch war Nexø ein ungebundener, »freier« Schriftsteller mit aufrührerischen Neigungen, ein Autor, für den die Würde der »einfachen Menschen«, die er in Spanien in sein Herz geschlossen hatte, ein fundamentaler Wert war, der aber zugleich die sozialdemokratischen Bosse attackierte. 1906 hielt Thorvald Stauning, der vor fünf Jahren Nexøs Artikel »Schreckensherrschaft« Kontra gegeben hatte, Einzug ins Parlament. Vier weitere Jahre vergingen, und Stauning war Parteichef. Die Sozialdemokraten waren im Kommen. 1903 wurden sie stärkste Fraktion im Kopenhagener Stadtparlament, der Gewerkschaftsführer und Malergeselle Jens Jensen wurde Bürgermeister für Finanzen und damit Dänemarks erster sozialdemokratischer Bürgermeister, eine Ernennung mit Symbolwert. In den Folketingswahlen von 1906, als der erste »Pelle«-Band erschien, erhielten die Sozialdemokraten 77 000 Stimmen, was 25 % entsprach, und gewannen zu den bisherigen sechzehn Mandaten acht hinzu. Gleichzeitig mit Nexøs Spanienbuch erschien, ebenfalls im Gyldendal-Verlag, Gustav Bangs Schrift »Der sozialistische Zukunftsstaat«, die mit der Behauptung einsetzt: »Unter allen Parteien der Gegenwart ist die Sozialdemokratie die einzige, deren Programm über die Grenzen der bestehenden Gesellschaft hinausweist.« Ein neues Jahrhundert hatte mit Optimismus und Zuversicht begonnen: »Das Jahrhundert der Sozialdemokratie«, wie der Titel eines von F. J. Borgbjerg und C. E. Jensen 1904 herausgegebenen Buches versprach, das vom Vormarsch der Bewegung in Europa berichtete. Die Zeit war voller Erwartungen und Hoffnungen. In Dänemark sollte das 20. Jahrhundert tatsächlich zu einem von der Sozialdemokratie maßgeblich mitgestalteten Jahrhundert werden. Die dänische Arbeiterbewegung entwickelte sich in ihrer reformerischen Ausprägung zu einer staatstragenden Kraft.

Kapitel 3
Ein Proletarier als Held

»Ein Buch mit einem Proletarier als Helden, und auch noch in vier Bänden – das kann man dem Publikum wirklich nicht bieten!« entsetzte sich Peter Nansen, Direktor des Gyldendal-Verlags, als ihm Nexø sein neues Projekt vorlegte. Dennoch erschien »Pelle der Eroberer« von 1906 bis 1910 in vier Bänden bei Gyldendal und ist bis heute Nexøs populärstes Werk geblieben. Bereits zweimal wurde der 1. Band, Pelles Bornholmer Kindheit, verfilmt. 1985 machte Christian Steinkes Version für das Fernsehen der DDR Furore. Drei Jahre später eroberte Bille Augusts dänisch-schwedische Co-Produktion – am Drehbuch hatte Per Olov Enquist mitgearbeitet – in Cannes die Goldene Palme und in Hollywood den Oscar für den besten ausländischen Film. Die beiden Hauptdarsteller erhielten zudem je einen des neugestifteten europäischen Filmpreises »Felix«. Als 1999 die Kopenhagener »Politiken« die Leser nach den wichtigsten dänischen Büchern des zu Ende gehenden Jahrhunderts fragte, eroberte »Pelle« aus einer Liste von fünfzig Titeln den vierten Platz.

Erst mit »Pelle« entwickelte sich Nexø zum Arbeiterdichter. Noch 1901 hatte er in einem Selbstporträt für den Gyldendal-Katalog seine ländliche Herkunft betont: Sein Vater sei »ein Bornholmer aus einer alten Bauernsippe«, seine Mutter stamme von der Insel Falster. Zehn Jahre später unterstrich er im Berliner »Vorwärts« (3. 11. 1911) seine Verwurzelung im Proletariat. Er sei, so schrieb er im Vorwort zum Vorabdruck des Romans, in Kopenhagens ältestem Arbeiterviertel als Sohn eines Steinhauers und Pflasterers geboren. Seine Mutter habe von ihrem Karren Fisch, Früchte und andere Waren verkauft. Nexø verstand sich jetzt als »Dichter der Unterklasse«.

Pelles Lebensweg führt von der Knechtschaft auf einem Bornholmer Gutshof in die Kleinstadt Rønne, wo er eine Schuhmacherlehre absolviert, und weiter in die Metropole, nach Kopenhagen. Hier profiliert sich der junge Mann als Pionier der Arbeiterbewegung und charismatischer Streik-führer, er landet für fünf Jahre im Gefängnis und wandelt sich danach zum Vorkämpfer der Genossenschaftsbewe-gung. Die sozialdemokratische Presse, die Nexøs Kritik am »Schreckensregiment« der Gewerkschaftsbosse nicht vergessen hatte, nahm den 1. Band mit der gebotenen Zu-rückhaltung auf. »Wir glauben fast«, unkte »Kolding Social-Demokrat«, »daß der Autor scheitern wird, wenn Pelle Ge-werkschaftsführer und Mitglied des Sozialdemokratischen Verbandes wird. Denn in der Politik ist Herr Andersen Nexø so einfältig wie ein neugeborenes Kind. Ihm fehlt ein soziales Ziel.«

Brot und Literatur

In epischer Breite schildert der Roman die geschichtliche Dynamik, die die europäische Arbeiterbewegung hervor-brachte. Pelles Geschichte endet damit, daß eine der Ro-manfiguren sie für erzählenswert hält. Der proletarische Schriftsteller Morten, der Pelle als Ratgeber und Rivale be-gleitet, will sie aufschreiben. Die Art und Weise, wie ihn Nexø in die Erzählerrolle einführt, macht deutlich, daß er sich der Neuartigkeit des literarischen Ansatzes, des Blick-winkels seines Romans, durchaus bewußt war. Morten liest eine Geschichte vom Kampf der armen Leute um das liebe Brot vor, die Pelle »verflixt großartig« findet. Gleichwohl fragt er, weshalb Morten keinen spannenden Stoff gestaltet habe, schließlich könne ein armer Bursche nichts Großes erleben. »›Du willst von Grafen und Baronen lesen‹, sagte Morten. ›So seid ihr alle, euch selbst betrachtet ihr als Gesindel, wenn es darauf ankommt. Ja, das tut ihr, ihr seid euch dessen nur nicht bewußt! Das ist die Sklavennatur in euch, so betrachten euch die oben, und ihr tut das unwillkürlich auch. [...] Am liebsten würdet ihr auf eure Vergangenheit und Eltern spucken und selbst zu den Feinen aufrücken; und weil sich das nicht machen läßt, verlangt ihr es von den Büchern.‹«

Morten jedoch will ein Buch über »die Sonne und das Siegen« schreiben und über die kleinen Leute, ein Buch, das den Titel »Pelle der Eroberer« tragen soll. Zur Vorbereitung fährt er in den Süden, wie Nexø in den Süden gereist war, als er »Sonnentage« schrieb. Mortens Buchprojekt postuliert jene Einheit von »Brot und Literatur«, die der Roman als Ganzes einlöst und die als Absage an das »Zwei-Phasen-Denken« zu betrachten ist, das Dänemarks Sozialdemokratie bis in die Zwischenkriegszeit hinein prägte. Danach sollten erst die materiellen Bedürfnisse der Arbeiter befriedigt werden, bevor an die Kultur zu denken sei. Erst das Brot, dann die Literatur – mit dieser Devise wußte Nexø nichts anzufangen. Für ihn als grundtvigianisch geschulten Kopf bildete beides eine Einheit.

Als Reiselektüre wählt Morten Victor Hugos von sozialem Pathos getragenen Roman »Die Elenden« (1862), in dem es heißt: »Ja, eine Gesellschaft, die das Elend, eine Religion, die die Hölle, eine Humanität, die den Krieg zuläßt, erscheinen mir als minderwertige Gesellschaft, Religion und Humanität.« Für Nexø war Hugos Lamento nicht wirksam genug. Er proklamiert in »Pelle« eine glücklichere Gesellschaft. Die Zeit sei reif, den »nackten Menschen« in das Licht zu rufen und ihn anzusehen, jetzt, da er die

Zukunft übernehmen werde. Der »nackte Mensch«, das ist laut Vorwort »der Proletarier, also der Mensch selbst – der nackt, nur ausgerüstet mit Gesundheit und Appetit, sich zum Dienst des Lebens meldet«. Pelle steht für die aus den unteren ländlichen Schichten rekrutierte Arbeiterschaft.

Nexø schrieb den Roman in der Epoche des Aufbruchs der Arbeiterbewegung, bevor ihre Führer den politischen und ökonomischen Kurs des Staates zu beeinflussen vermochten, als die Unterklasse nur wenig zu verlieren hatte und bevor die internationale Solidarität der Sozialdemokratie im Ersten Weltkrieg Schiffbruch erlitt. Nexø schildert die Arbeiter nicht aus der Sicht des bürgerlichen Intellektuellen als Objekte des Mitleids und Mitgefühls, sondern als sich ihrer Lage Bewußtwerdende, als Subjekte der Geschichte, die solidarisch das Siegen lernen. Das war in der Tat eine innovative Leistung. Noch Émile Zola hatte in »Germinal« (1885) den Streik der Grubenarbeiter in ein Desaster geführt und mit der Vision eines schwarzen, rächenden Heeres den Schlußpunkt gesetzt.

Nexø widmete sein Opus »dem Meister Henrik Pontoppidan«. Zwei Jahre vor dem ersten Band des »Pelle« war der letzte Band von dessen achtteiligem Hauptwerk »Lykke-Per« erschienen – wörtlich übersetzt »Glücks-Per«, sinngemäß »Hans im Glück«. Pontoppidan war der führende Romanschriftsteller des Landes, 1917 sollte er mit einem halben Nobelpreis geehrt werden. Mit seiner kecken Zueignung schwang sich Nexø selbst zum Eroberer und Herausforderer des Meisters auf, der sein Werk seinen Landsleuten mit berechtigtem Stolz präsentierte. »Glücks-Per« schildert die Geschichte des Pastorensohns P. A. Sidenius, der als fortschrittsgläubiger Ingenieur technische Projekte entwirft, dann aber in Grübeleien verfällt, den Beruf aufgibt, die Familie verläßt und sein Leben als Straßenbauassistent und Naturmystiker beschließt. »Glücks-Per« reiht sich ein in die Tradition der bürgerlichen Enttäuschungsromane. Es habe ihn irritiert, erklärte Nexø 1936 in einem Rundfunkinterview, Sidenius als Einsiedler in der Wüste stranden zu sehen. Wenn das Bürgertum am Ende seines Lateins angelangt sei, stehe ein neuer Glücks-Per bereit, das Ruder zu übernehmen. Der Name Pelle ist eine Koseform von Per.

Zwar ist Pelle wie sein Schöpfer am 26. Juni 1869 geboren. Doch wäre es verfehlt, Autor und Figur gleichzusetzen. Nexø sei jedesmal böse geworden, wenn »Pelle« in Festansprachen und Kritiken als heimliche Autobiographie gepriesen wurde, berichtete Hans Mayer. Nach seiner sozialen Herkunft rangiert Pelle unter Nexø, dessen Vater als Vorarbeiter ein solides Haus bauen konnte, bevor ihn die Krisenzeit dazu nötigte, sein Eigentum zu verkaufen. Pelles verwitweter Vater Lasse jedoch gelangt als mittelloser schwedischer Fremdarbeiter auf der Suche nach einem Broterwerb nach Bornholm.

Nexø überwand den »Greuelrealismus« engagierter Autoren ebenso wie den populären Kolportageroman, der die Träume und Hoffnungen der Unterschicht auf triviale, unrealistische Weise gestaltete. Er war auf der Höhe der Zeit und verwendete Stilmittel des Impressionismus, die Herman Bang entwickelt hatte, um die Ankunft des mit Fremdarbeitern vollgepferchten Dampfers in Bornholm erfahrbar zu machen. Das Schiff nähert sich in der Morgendämmerung des 1. Mai 1877 dem Hafen. Nebel, der ärgste Feind aller Seeleute, beeinträchtigt die Sichtverhältnisse. Angespannt warten die Einheimischen im Hafen. Da übernimmt das Gehörte die Rolle des handelnden Subjekts, während die synthetisierende Erzählerstimme zurückgenommen wird. »Ein fernes, verschwindendes Brüllen einer Dampfpfeife klagte neugeboren irgendwo weit weg. [...] Das Meer schickt immer Botschaft von seinen bösen Taten; ein Luke knarrt für die Hinterbliebenen, wenn der Versorger weggeht, oder es wird dreimal an die Fenster zur See geklopft – es gibt so viele Arten. Doch dann erklang es wieder, und diesmal lief der Laut in feinen Tonrillen übers Wasser, derselbe zitternde Halbpfiff, wie wenn die Taucherenten abheben – er war lebendig. Und die Sirene antwortete ihm draußen in der Fahrrinne, und die Erzglocke vorn auf dem Molenkopf; dann wieder die Sirene – und die Dampfpfeife in der Ferne. Und so blieb es, ein Leitfaden aus Lauten wurde zwischen dem Land und dem unbestimmten Grau dort draußen gesponnen, hin und her. Hier auf dem festen Boden war es deutlich zu spüren, wie man sich draußen nach dem Klang vorwärts tastete – das heisere Brüllen nahm langsam an Stärke zu, wich etwas nach Süden oder Norden, nahm aber ständig zu. Und andere Laute brachen durch, schweres Scheuern von Eisen an Eisen, der Lärm der Schraube, wenn sie sich rückwärts drehte und wieder nach vorn schlug. Das Lotsenboot glitt langsam aus dem Nebel heraus. Es hielt sich mitten in der Fahrrinne, bewegte sich bedächtig näher und pfiff unablässig. Es schleppte an diesem Laut eine unsichtbare Welt hinter sich her, wo Hunderte von Stimmen in Rufe und Klänge und klatschende Fußtritte hineinmurmelten – eine Welt, die ganz in der Nähe blind im Raum dahinschwamm. Dann bildete sich ein Schatten im Nebel, wo niemand es erwartet hätte, und das kleine Dampfschiff brach hervor – im ersten Augenblick der Überraschung wie ein Koloß anzusehen – und legte sich mitten in die Einfahrt.«

Herrscher und Beherrschte

Nexø stellt Pelle von Anfang an als Eroberer dar. Noch im Augenblick tiefer Erniedrigung, als sich Vater und Sohn nach der Ankunft auf dem Markt anbieten und keiner sie anwerben will, spürt der Junge, »daß nämlich die ganze Welt ihnen gehören würde, mit allem, was sie an Wunderbarem enthielt, mit Stumpf und Stiel. Er war dabei, sie in Besitz zu nehmen – mit weit geöffnetem Mund.« Im Tagtraum des Jungen lebt die Hoffnung als »utopische Funktion«, angetrieben vom Hunger, vom Streben nach Glück. Der Roman wird von einer Glückssuche getragen, die Ernst Blochs »Prinzip Hoffnung« vorwegnimmt.

»Pelle der Eroberer« ist der erste proletarische Bildungsroman überhaupt. Während der traditionelle Bildungsroman von der Selbstverwirklichung des Helden erzählt, der sich an die bürgerliche Gesellschaft anpaßt oder resigniert, stellt Pelle die Ordnung in Frage und bricht auf, sie zu verändern. Der Roman verschmilzt Pelles individuelle Bildungsgeschichte mit der Bewußtseinsgeschichte, die seine Klasse durchläuft, vom feudalistischen, unpolitischen Standesdenken zur organisierten Arbeiterbewegung.

In den ersten beiden Bänden verarbeitet Nexø eigene Jugenderfahrungen. Lasse findet Arbeit auf Bornholms größtem Gut, dem Steinhof. Er gehört zum Gesinde, sein Platz ist ganz unten, und auch Pelle wird der ihm gebührende Ort zugewiesen. Ein Landwirtschaftsschüler, der beobachtet, wie ausgelassen sich Pelle aufführt, als wäre er der Sohn des Hauses, reißt ihm die Kleider vom Leib und treibt den nackten Jungen mit der Peitsche und zum Gaudi der Mädchen über den Hofplatz. Die Hofarbeiter haben die Allmacht der Herrschaft als ehernes Gesetz verinnerlicht. Lasse vermittelt seinem Sohn eine fatalistische Lebenseinstellung: »Denn du darfst nie vergessen, Junge, lehne dich nicht auf gegen den, der über dich gesetzt ist. Die einen sind Diener, die andern Herren; wie würde es sonst gehen mit allem, wenn wir, die arbeiten, nicht unsere Pflicht täten.«

Zwischen Gesinde und Herrschaft steht als deren Büttel

der Verwalter. Die Aggression der Leute verschafft sich ein einziges Mal Luft, als sich der starke Erik mit einem Messer auf den Verwalter stürzt, von diesem aber mit einer Deichsel bewußtlos geschlagen wird. Pelle empfindet mit dem ohnmächtigen Aufrührer. Seine und die Aufgabe des Proletariats wird darin bestehen, den blinden Haß auf die Herrschenden in sinnvolle, zielgerichtete Aktion umzusetzen.

Auch die Bevölkerung des Städtchens Rønne, wo Pelle als Schuhmacherlehrling erlebt, wie das Handwerk vom Kapitalismus zerstört wird, besteht aus Herrschern und Beherrschten. Der Steinhauer Kraft – Vater des proletarischen Schriftstellers Morten – hat den Kopf voller Ideen, die er auch verwirklichen möchte. Er scheitert an den Machtmechanismen, am kleinstädtischen Filz. Ein Ingenieur entwendet ihm die Pläne für den Hafenausbau. Der liberale Glaubenssatz, daß jeder seines Glückes Schmied sei, wird als Leerformel entlarvt. Kraft, der seine Arbeitskraft als Steinhauer an den Hafenausbau zu veräußern gezwungen ist, zerbricht. Mit einem Bündel Dynamit läuft er im Hafen Amok. Er bringt den Sprengstoff an der großen Mole an, die nach seinen Plänen gebaut wurde. Sensationslust treibt die Leute zum Schauplatz. Kraft verhöhnt die Menge und den Bürgermeister, der mit blauem Gesicht »Schießt ihn nieder!« brüllt. Kraft, der auf höherem Niveau als der starke Erik das Potential der Unterklasse verkörpert, stirbt etwas später, nachdem er sich als Lebensretter zweier Kollegen tödlich verletzt hat. Auf dem Sterbelager wünscht er B. S. Ingemanns Choral »Pilgergesang« (1850) zu hören, der von einem Tausendjährigen Reich kündet, dem Messiasreich, das Glück und Frieden bringt, und von der »frohen Wanderung über das Erdenreich«.

Pelle hat einen Großbürgersohn getreten – »und die Feinen darf man nicht schlagen«. Der Bestrafung könnte

er entgehen, wenn er den Getretenen öffentlich um Ver-
zeihung bäte. Pelle beweist Rückgrat und wird, wie es damals üblich war, im Rathaus ausgepeitscht. Er schwelgt in
Rachephantasien und träumt davon, wie er nachts gemeinsam mit Kraft die Stadt plündert. Dazu kommt es nicht,
denn Pelle gelingt es, Krafts Bewußtseinsstand zu überwinden. Als Vermittler und Bote tritt der Wanderschuh-
macher Sort auf, der das Kommen eines Tausendjährigen
Reichs prophezeit. Die Armen, sie seien »Gottes auser-
wähltes Volk«. Sechzehnmal beruft sich Nexø im Laufe
des Romans auf die biblische Erzählung von der Wüstenwanderung der Israeliten unter Moses in das von Gott verheißene Land. Die Rhetorik der Bibel war jene Sprache,
die die Leser verstanden, und auch Nexø war mit ihr besser vertraut als mit den Klassikern des Sozialismus. Aus
Kopenhagen, so berichtet Sort weiter, komme die Kunde
von etwas Neuem, das den Namen Sozialismus trage. Die
Anhänger dieser Lehre wollten der Krone das Münzrecht
entziehen, »und das Ganze wollen sie umstürzen, so ist
es«.

Der kleine Finger und die Kraft des Körpers

Wenn Nexø Pelles Gewerkschaftseintritt als »Taufbund«
tituliert, spielt er auf Grundtvig an, der im apostolischen
Tauf- und Glaubensbekenntnis das ursprüngliche, direkt
von Jesus stammende Christentum gefunden zu haben
glaubte. Am Tag nach dem Gewerkschaftseintritt nimmt
Pelle in Kopenhagen an einer sozialistischen Veranstaltung
teil. Er »fühlte sich ganz anders in Gemeinschaft mit diesen Menschen als mit anderen. Und als sie in einen tausendstimmigen Gesang ausbrachen – einen Jubel über das
Neue, das kommen würde, durchschauerte es ihn kalt. Er
hatte das Gefühl, als würde das Tor aufgetan und etwas,

das eng und gedrückt in ihm gelegen hatte, ans Licht ge-
hoben.« Pelles sozialistische Initiation erinnert an ein Er-
weckungstreffen. Religiöse Redner vermochten riesige
Zuhörerscharen in eine schwärmerische Stimmung zu versetzen. »Auf der Tribüne stand ein dunkler Mann und redete heftig – mit einer mächtigen Stimme. Sie standen
Kopf an Kopf und lauschten atemlos, mit offenem Mund,
das Gesicht starr auf den Redner gerichtet, einige waren so
gebannt, daß sie sein Mienenspiel nachahmten. Sie riefen
nichts dazwischen, wenn er aber einen kräftigen Ausfall
machte, ging ein bewunderndes Raunen durch die Menge.« Auch dieser Agitator spricht, wie die Bibel, von der
mühseligen Wanderung. »Wie die Israeliten treu die Bun-
deslade durch die Wüste trugen, hatten die Kleinen ihre
Hoffnung mit sich durch unfruchtbare Zeiten getragen.«
Jetzt ständen sie am Portal zum verheißenen Land mit
dem Beweis, daß sie dessen rechtmäßige Bewohner seien.
Worte, die Pelle als etwas Altbekanntes vernahm. »Aber
die Größe der Stimme ergriff ihn; es war etwas an der Rede
des Mannes, das nicht den Weg des Verstandes ging, das
sich durch die Haut hineinbrannte und auf das traf, was in
ihm selber gärte. Er hatte das Bedürfnis, sich in einem
Ausruf Luft zu verschaffen – und das Ganze seiner Stimme untertan zu machen. – Ei, wer so reden könnte – don-
nernd und wieder mild wie die alten Propheten!«

Pelle erliegt dem Charisma des Redners. Er ist nicht
mehr der arme, einsame Schustergeselle, er ist jetzt eins
mit der Menge, fühlt ihre Kraft in seinem Inneren wachsen, »wie der kleine Finger beiträgt zu der Kraft des ganzen Körpers«. Und rings um ihn her dieselbe Gärung. Der
Fatalismus, der die Menschen in Fesseln gehalten, der
Schicksalsglaube, den Vater Lasse gepredigt hat, ist gebrochen. Pelle streift alte Minderwertigkeitsgefühle ab, er
ahnt die Kraft der Zusammengehörigkeit, verharrt aber als

ein Erlöster in einem den Erlöser bewundernden Staunen. Die Menschen reden über das Neue, als sei es etwas Selbstverständliches, daß »die Zeit jetzt erfüllt war und die Verheißung sich gerade an ihnen vollziehen sollte«.

Großstadtszenen

Unterkunft findet Pelle in der »Arche«, einer Mietskaserne in Christianshavn, wo der ärmste, nicht organisierte und ungelernte Teil des Proletariats lebt. Auf die Frage, wo die »Arche« liege, antwortete Nexø: »Überall, wo die kleinen Leute in düsteren, feuchten Kasernen voller Ratten und Mäuse, Ungeziefer und dem ganzen übrigen Elend der Armut zusammengepfercht werden. Kopenhagen hat viele solche Löcher.« Die Menschen resignieren, verfallen dem Alkohol, werden kriminell. Zugleich bringt Nexø die Phantasiewelt der Kinder zum Blühen, er erzählt, wie Hans und Grete glücklich über den Kloakenrost in das Pfefferkuchenhaus hineinschlüpfen wollen. »Aber der runde Rost dort unter dem Holzwerk, wo Hannes Vater sich ertränkte, der wurde niemals langweilig. Die Tiefe kochte dort beständig heraus und erfüllte die kleinen Kinder mit heimlichem Grauen; die langaufgeschossenen Backfische stellten sich mit gespreizten Beinen über den Rost und ließen sich schaudernd von dem kalten Hauch von da unten her durchrieseln. Der Rost führte ja zur Hölle hinab, und wenn man lange genug starrte, sah man einen schwachen Schimmer von einem tintenschwarzen Strom, der da unten vorüberfloß. Jeden Augenblick sandte er seine fauligen Rülpser herauf; das war der Teufel, der da unten in einer Ecke saß und keuchte. Wandte man die Augen von der Tiefe ab, so wurde das Halbdunkel des Hofes zum hellsten Tag, und so konnte man nach Belieben

seine Welt hell oder dunkel machen.« Statt düsteren Natu-
ralismus breit auszumalen, öffnet Nexø, zu Beginn des
3. Bandes, der vom »großen Kampf«, vom Versuch, die
Verhältnisse zu verbessern, erzählt, eine Märchenwelt, die
einen Blick auf die brodelnden Kräfte des Unbewußten erlaubt und trotz des Elends und der Not vom Vertrauen in
die menschliche Fähigkeit kündet, sich eine reichere, le-
benswerte Welt zu erträumen.

Sein subtiles Erzählen machte Nexø zu einem Pionier
der skandinavischen Großstadtschilderung, der es zum
Beispiel verstand, den Proletariermorgen, das gemeinsame
Erwachen in der »Arche«, lebendig werden zu lassen: »Um
diese Zeit regte es sich ringsum; vom Boden des Schachtes
und vom Tonnengang her hallte das endlose Geklapper
Hunderter Füße der Bewohner wider, die sich schlaftrun-
ken in den Tag hinauswälzten, zerzaust – die Reste der
Nacht klebten in Augen und Gesicht. Sie schmatzten, als
schmeckten sie den Gegensatz von Nacht und Tag, gähn-
ten laut hörbar und hetzten davon. Hier oben auf dem langen Gang tummelten sich halbnackte Fabrikmädchen,
Arbeiter und Zeitungsfrauen, sie waren immer zu spät,
fluchten und warteten, bis die Reihe zum Waschen an sie
kam. Es gab nur einen Ausguß an jedem Ende des Ganges,
und sie hatten gerade Zeit, um die Augen anzufeuchten
und den Schlaf zu vertreiben. Die Türen zu allen Kammern
standen offen; der Nachtdunst hing schwer im Gang.«

Als sich Pelle nach Feierabend in das Viertel Nørrebro
begibt, wo die Facharbeiter wohnen, werden Ordnung
und Zwang spürbar, die das Leben domestizieren. »Es war
die Zeit, als die Arbeiter heimkehrten; sie kamen in Scharen und einzeln, gebückt und in Gedanken versunken, ver-
braucht von den Mühen des Tages. Es war eine andere Welt
hier draußen, weit verschieden von der ›Arche‹. Die Häuser waren neu und regelrecht nach Lot und Lineal gebaut;

die Männer gingen ihren gewohnten Weg, man konnte es jedem ansehen, was er war. Hier draußen hatten der Sozialismus und die neuen Methoden ihr Revier.«

Der Streik

Als Nexø den 3. Band, »Der große Kampf«, in Angriff nahm, nutzte er ein Archiv von 4000 Zeitungsausschnitten über Gewerkschaftsfragen und Arbeitskämpfe. Erfahrung als Industriearbeiter besaß er nicht. Das Agrarland Dänemark befand sich in einer Phase des industriellen Aufbruchs. Von 1894 bis 1904 verdoppelte sich die Industrieproduktion, und zwischen 1890 und 1914 verdreifachte sich die Zahl der Industriearbeiter. »Der große Kampf« spielt vor dem Hintergrund des Arbeitskampfs von 1899 und des darauffolgenden »Septemberkompromisses«, der bis 1960 Bestand hatte und auch als Grundgesetz des dänischen Arbeitsmarktes bezeichnet wurde. Im Laufe der neunziger Jahre war in Kopenhagen der gewerkschaftlich organisierte Arbeiter zum Normalfall geworden. Die Einzelgewerkschaften hatten sich ab 1885 in nationalen Verbänden formiert, die sich 1898 im branchenübergreifenden Gewerkschaftsbund (De samvirkende Fagforbund) zusammenschlossen, während sich die Unternehmer ihrerseits in Dänemarks Arbeitgeber- und Meistervereinigung organisierten. In der Welt des Romans ist es Pelle, der den Plan zur Gründung des nationalen Gewerkschaftsbundes entwirft, nachdem er als Gewerkschaftschef bereits den Hofschuhmacher in die Knie gezwungen hat . Auslöser der großen Kraftprobe von 1899 war ein Streik von Schreinergesellen in sieben jütischen Städten, den die Unternehmer mit der Aussperrung der im Schreinergewerbe Beschäftigten beantworteten. Einige Wochen später weiteten sie den Lock-out auf die Bau- und Eisenindustrie aus. Dreizehn Wochen lang waren 35000 Arbeiter ausgesperrt, auf dem Höhepunkt des Konflikts in der zweiten Augusthälfte sogar 40000. Weitere 80000 waren indirekt betroffen. Dieser Arbeitskonflikt war einer der bis dahin weltweit größten. Der Volksmund sprach vom »Hungerkrieg«. Für die Ausgesperrten wurden 2 Millionen Kronen gesammelt, auch in Deutschland kamen 194000 Kronen zusammen. Das Geld reichte, um den betroffenen Familien 7 Kronen pro Woche zu zahlen. Ein Arbeiter verdiente um die 1000 Kronen im Jahr. Nexø beobachtete den Kampf als Außenstehender, betätigte sich aber auch als Samariter, wie er seine Verlobte Margrethe Thomsen am 16. März 1898 wissen ließ: »Am Samstagabend, während ich arbeitete, kam es unter meinen Fenstern zu einer Schlägerei. Ich lief hinaus. Eine Gruppe von Streikenden stand einer Gruppe von arbeitenden Kohlenarbeitern gegenüber. Es war unmöglich, sich einzumischen, sie waren ganz wild. Schließlich waren in der Ferne Polizeipfiffe zu hören, worauf sie davonliefen und zwei auf dem Schlachtfeld zurückließen. Der eine der beiden war so übel zugerichtet, daß er sich nicht auf den Beinen halten konnte. Die Polizei ließ die Verletzten liegen und eilte den Flüchtenden hinterher. So schleppten ich und ein anderer den am übelsten Zugerichteten zu seinem Logis. Er knirschte mit den Zähnen und heulte auf dem ganzen Weg vor Schmerz, sein Gesicht war ein einziger Blutkuchen. Er wohnte am Stadtrand unter dem Dach, die Familie hatte nur ein Zimmer. Frau und Kinder waren im Bett, und es gab eine gewaltige Aufregung, als wir kamen.«

Pelle, vom Arbeiter zum technischen Zeichner aufgerückt, steht in einer einzigen Episode in der industriellen Produktion. Als die Maschinenfabrik »Danmark« von den Arbeitern bestreikt wird, werden die Büroangestellten angewiesen, als Streikbrecher einzuspringen. Pelle verweigert solidarisch den Dienst und wird gefeuert. Danach gelingt ihm ein Husarenstück, als er sich in die Maschinenhalle hineinschmuggelt, wo die Streikbrecher den Betrieb in Gang halten. Er versammelt sie und hält ihnen eine flammende Rede. Die Aktion endet mit einem Hoch auf Pelle und einem Demonstrationszug durch die Stadt.

Als Streikführer fühlt er das blinde Vertrauen der vielen. »Pelle wußte selber nicht, welche Worte er ausrief, er fühlte nur, daß etwas durch ihn sprach – das mächtigste, das niemals log. In seiner Stimme war ein heller, prophetischer Klang, der mitriß, sein Blick funkelte. Vor ihren Augen erhob sich eine Gestalt aus dem bedrückenden Winter und ragte zum Licht empor, eine Gestalt, in der sie selber lebten – und doch ein junger Gott. Neugeboren stieg er aus dem Elend herauf, stieß den schweren Schicksalsglauben beiseite und gab statt dessen einen neuen Glauben – den hellen Glauben an die eigene Kraft.« Und an anderer Stelle: »Es war zweifellos Pelles Sieg. […] Sie riefen hurra oder seinen Namen, wenn er sich zeigte. Früher wäre ihm das zu Kopfe gestiegen, doch jetzt fand er es ganz natürlich, Folge eines höheren Willens.«

Von Pelles Erfolg als Streikgeneral sticht sein Versagen als Ehemann und Vater ab. Weil er in seiner Mission aufgeht, vernachlässigt er die Familie. Der Kampf ist unerbittlich. »Kinder weinten in den Hinterhöfen – um Brot, das wußte er gut. Betrunkene taumelten um die Ecke, und aus Hinterstuben war Frauengezänk zu hören.« Um für die Familie etwas Eßbares zu beschaffen, prostituiert sich Pelles Frau Ellen. Als er davon erfährt, bricht er mit ihr und der Familie.

Der Kampf wird durch den Streik von Kopenhagens Abtrittleerern entschieden, worüber Nexø bereits während des »großen Konflikts« reflektierte, als er am 4. Juni

1899 an seine Verlobte schrieb: »Wenn die Arbeitgeber nicht nachgeben, wird es wohl bald zu einem General-streik kommen. Der Arbeiterverband ist von allen Bran-chen ermächtigt worden, den Generalstreik auszurufen, wenn der Zeitpunkt gekommen ist. [...] Generalstreik heißt, daß alle Arbeiter die Arbeit niederlegen. Wasser und Gas werden abgestellt, die Eisenbahn steht still und aller Schiffsverkehr, die Straßenbahnen – alles, auch die Ab-trittleerer. Kopenhagen wird in Dreck und Elend versin-ken. Vielleicht wird die Pest ausbrechen, solche Verhält-nisse können sich aber unmöglich über viele Tage hinzie-hen, es wird besonders die Wohlhabenden und Besseres Gewöhnten treffen, und dann müssen sie wohl klein bei-geben. [...] Es besteht jedoch die Möglichkeit, daß der Staat das Militär aufbietet, allerdings ist es fraglich, ob die Soldaten die Arbeit ausführen können – und ob sie gehor-chen wollen. Die meisten sind ja auch Arbeiter.«

Mit dem »Septemberkompromiß« erkannten sich Ge-werkschaftsbund und Unternehmerverband gegenseitig als Verhandlungspartner an. Die Unternehmer, die den Ar-beitern das Streikrecht zugestanden, erhielten ihrerseits das Recht, die Arbeit zu leiten und zu verteilen. Ein unab-hängiges Schiedsgericht wurde beim Kopenhagener Lan-desobergericht eingesetzt. Weiterreichende Forderungen wie der 9-Stunden-Arbeitstag ließen sich nicht durchset-zen. Fortan war insbesondere spontanen lokalen Streiks ein Riegel vorgeschoben. Klar geworden war, daß von der Gewerkschaftsbewegung keine ernsthafte Bedrohung des Privateigentums ausging. Nicht einverstanden mit dem Kompromiß waren die Syndikalisten.

Auch in »Pelle« klingen skeptische Töne an. Das Ko-alitionsrecht sei durchgesetzt, das Kapital habe jetzt Re-spekt vor den Arbeitern, stellt Pelle zufrieden fest, wo-gegen sich Morten ablehnend verhält. »Du willst am Ende die Hurras und die ganze Ehre für dich einheimsen und dich um die Gemeinheiten und die zerstörten Existenzen herumdrücken?« Ob der legalistische Kompromiß all das Leid rechtfertigen könne, das der Streik hervorgebracht habe? »Du hast eine große Verantwortung auf dich genommen, Pelle! Sieh, wie blindlings sie dir folgen.« Wer der Massensuggestion erliegt, ist manipulierbar, lautet die Botschaft Mortens, der die Rolle von Pelles Gewissen übernimmt und »die Worte immer von innen hervor, von Orten, wo man noch nie gewesen war, holte«. Er hatte »diesen unfruchtbaren Drang, einen aus dem Gleichgewicht zu bringen«. Morten möchte die Arbeiter selbständig denken lehren, damit sie schließlich aus eigener Einsicht einen Umsturz herbeiführen.

Der Text ist weit davon entfernt, den Lesern monologisch eine Wahrheit aufzudrängen, seine Position zum »großen Kampf« ist von Ambivalenzen geprägt. Der Kompromiß, der den Streik beendet, wird als Beginn einer neuen Zeit gefeiert. Fünfzigtausend nehmen am Siegeszug durch Kopenhagen teil. Pelle schwingt die Fahne. Vater Lasse stirbt, während die Stadt im Freudentaumel liegt. Er ermahnt seinen Sohn: »Wenn ihr jetzt das Ruder übernehmt, so darfst du die Armen nie vergessen.« Doch die Arbeiterbewegung gelangt nicht an die Macht, und auf den Triumph folgt der Sturz des Propheten. Die »Arche« fällt einem Brand zum Opfer. Pelle zeichnet sich als Lebensretter aus, wobei ausgerechnet seine Stimmbänder lädiert werden. Bald danach wird er wegen Falschmünzerei verhaftet, da er die Druckplatte eines 10-Kronen-Scheins als Spielzeug in Holz geschnitten hatte. Die Anklage ist ein Vorwand. Man will sich des gefährlichen Arbeiterführers entledigen, bevor dieser weitere Aktionen plant und in Gang setzt.

Als Nexø den letzten Band abschloß, sagte er in einem Interview, es wäre sinnlos, einen vierbändigen Roman zu schreiben, allein um Pelle Macht, Reichtum oder andere Äußerlichkeiten erobern zu lassen. Nein, Pelle gewinne sich selbst. In den fünf Gefängnisjahren vereinsamt er zwar, doch läßt er sich nicht brechen – was ihn von den Aufrührern des 1. und 2. Bandes, dem starken Erik und Kraft, abhebt. Im Gefängnis fragt er sich, was es nütze, wenn ihn die Welt einen Wohltäter nenne, während ihn die Familie, für die er zu sorgen hätte, des Verrats bezichtige. Biblisch formuliert: Was hülfe es dem Menschen, wenn er die ganze Welt gewönne und nähme doch Schaden an seiner Seele. Die Häftlinge singen im Gottesdienst Grundtvigs Choral »Verronnen sind die alten Tage«, der Pelle tief berührt. Der gemeinsame Gesang hatte seit Grundtvigs Tagen für die Dänen große Bedeutung. Vorträge wurden üblicherweise mit einem Lied eingeleitet und abgeschlossen, eine Tradition, die auch im Zweiten Weltkrieg vielen Menschen Mut machte. Wie Pelle auf seiner ersten sozialistischen Veranstaltung beim tausendstimmigen Gesang ein »Jubel über das Neue« durchschauert, so wird er sich jetzt beim Singen im Gefängnis, im Zustand tiefster Entfremdung, seiner Verantwortung bewußt. Der Roman spricht nicht etwa von Gesellschaftsklasse, sondern im grundtvigianischen Ton vom »Gang der Geschlechter über die Erde«. Pelle sieht im Gefängnis ein, daß seine auf die männlichen Lohnarbeiter ausgerichtete Kampfstrategie, die die Frauen opferte, scheitern mußte. Nach der Entlassung kehrt er zu seiner Familie zurück.

Gegenseitige Hilfe statt Konkurrenz

Im abschließenden Band beschreitet Pelle einen neuen Weg als Vorkämpfer der Genossenschaftsbewegung. Allerdings ist die Frau auch in diesem Konzept eher Mutter und

Muse des politischen Mannes denn Akteurin, wobei nicht vergessen werden darf, daß das Frauenwahlrecht in Dänemark damals noch nicht eingeführt war. Natürlich ist auch die Gründung einer Genossenschaft eine Frage des Geldes, und Nexø zaubert in Gestalt des reichen Bibliothekars Brun einen Deus ex machina herbei, der die finanziellen Mittel für die Verwirklichung von Pelles Traum, die Errichtung einer kooperativen Schuhproduktion, zu günstigen Konditionen zur Verfügung stellt. Das Buch, das den Titel »Die Morgenröte« trägt, ist ein utopischer Entwurf, der an den Schlußakt von Bjørnsons Schauspiel »Über die Kraft II« (1895) erinnert, das mit einem versöhnlichen Blick in die Zukunft schließt, nachdem fast alle Unternehmer des Landes dem Sprengstoffanschlag eines Anarchisten zum Opfer gefallen sind. Zwei allegorische Kinderfiguren, Credo (ich glaube) und Spera (du hoffst), prophezeien die Lösung der sozialen Frage als natürliche Folge der technischen Entwicklung und schwärmen vom neuen Menschen, der in den Schulen ausgebildet werde. Auch das Darlehen des Philantropen Brun, auf dem Pelles Genossenschaft beruht, wirkt harmonisierend. Gleichwohl problematisiert Nexø die Frage des Eigentums der Produktionsmittel, da er mit der Genossenschaft einen sozialen Fremdkörper in die kapitalistische Gesellschaft einpflanzt.

Im 4. Band des Romans beschäftigt sich Pelle mit der Anwendung der Darwinschen Lehre vom »Kampf ums Dasein« auf die Gesellschaft. Gemäß dem Sozialdarwinismus der Laissez-faire-Liberalen folgt die Entwicklung der Gesellschaft wie jene der Tier- und Pflanzenarten dem Prinzip der »natürlichen Auslese«. In dieser »grauenhaft kalten Lehre vom Recht des Stärkeren«, die von vornherein über die Armen das Todesurteil fälle, erkennt Pelle die Formel des kapitalistischen Systems. Sein Menschenbild baut, ganz anders, auf die Qualitäten der kleinen Leute. Das Proletariat wird kraft seiner Solidarität zum Träger der neuen Gesellschaft. Bereits während des »großen Konflikts« von 1899 betonte Nexø in einem Brief an Margarethe Thomsen: »Es wird den Arbeitgebern nicht so leichtfallen, die Arbeiter zu brechen, wie sie sich das vorgestellt hatten. Ein großer Teil der Ausgesperrten erhält während der ersten 3–4 Wochen keine Unterstützung, doch alle, die arbeiten, geben 10–15–25 Prozent ihres Wochenlohns den Ausgesperrten. Das ist eigentlich ganz schön gehandelt, da sie nicht verpflichtet wären, mehr als 50 Öre wöchentlich zu geben. Unter den Arbeitern herrscht ein großartiger Zusammenhalt, des Ernstes der Lage sind sie sich bewußt. Sie suchen keine Kneipen auf, und man sieht keinen Betrunkenen. Hingegen haben sie einen Kursus eingerichtet, und sie nutzen die Zwangsferien für ihre Fortbildung. Alle Menschen hier halten zu ihnen und unterstützen sie – sogar die Pfarrer. Die Kaufleute geben ihnen Rabatt, und die Frisöre schneiden ihnen gratis das Haar. Im übrigen geht es, wie ich es mir vorgestellt habe, es sind nicht so viele ohne Arbeit, wie man hätte erwarten können, denn sie arbeiten auf eigene Faust und machen die Meister überflüssig. Die Böttcher wollen, wenn sie ausgesperrt werden, eine große gemeinsame Werkstatt errichten. Ich will versuchen, Zutritt zu einigen Arbeiterversammlungen zu erhalten, es könnte spannend sein, die Verhältnisse ein wenig anzusehen.«

Die Armen lassen den Schwachen nicht fallen, heißt es im Roman. Sie beanspruchen das Recht, ihre eigene »Glückszeit« einzufordern. Und mit geradezu eschatologischer Zuversicht: »Es mußte eine neue Zeit kommen, wo alles, was erforderlich war, damit sie Anteil haben konnten – Herzensgüte, Solidarität –, siegte.« Nexø beruft sich auf das »Gesetz der Gegenseitigkeit«, womit er auf die

Schrift »Gegenseitige Hilfe« (1906) des russischen Anarchisten und Naturforschers Pjotr Kropotkin anspielt, der die Hilfsbereitschaft der Menschen als mindestens ebenso starken Entwicklungs- und Überlebensfaktor bewertete wie den Kampf aller gegen alle. Bereits während der »großen Aussperrung« von 1899 bildeten Maurergesellen, Bauschreiner u. a. Genossenschaften. »In der Genossenschaft haben die Arbeiter den Schild, an dem das Schwert der ›Großen Aussperrung‹ zersplittern wird«, verkündete der sozialdemokratische Politiker F. J. Borgbjerg. 1902 entstand die Bierbrauerei »Stjernen« als genossenschaftliche Aktiengesellschaft mit Kapitaleinlagen der »Genossenschaftsbäckerei der Arbeiter« und einiger Gewerkschaften. Sie hielt bis 1964 durch. Arbeitslosigkeit und Wohnungsnot in der Baubranche führten 1907/08 zur Gründung von Bauvereinen. In diesen alternativen Inseln inmitten des kapitalistischen Meers sieht Pelle den Beginn einer weltumspannenden friedlichen Revolution der bestehenden Werte. »Seine Genossenschaft mußte der Ausgangspunkt eines Weltkampfes zwischen Arbeit und Kapital werden!«

Schon in ihrem ersten Programm hatten die Sozialdemokraten 1876 die Gründung von »Produktionsgenossenschaften mit Staatshilfe unter der demokratischen Kontrolle des arbeitenden Volkes« gefordert. Von den 1890er Jahren bis zum Ersten Weltkrieg war es jedoch die im bäuerlichen Milieu verankerte Venstre-Partei, die den Genossenschaftsgedanken vertrat, während die Führung der Sozialdemokraten die Idee herunterspielte, u. a. um die Kleinhändler nicht vor den Kopf zu stoßen. Die dänischen Bauern schufen mit Unterstützung der Sparkassen in kurzer Zeit 800 Genossenschaftsmolkereien, was auch im Ausland Beachtung fand. Deutsche Sozialdemokraten, die Dänemark als »ideales Land« rühmten, zogen sich freilich den Tadel Lenins zu, der ihnen den Hafenarbeiterstreik

von 1902 in Erinnerung rief, der zerbröckelte, als sich Genossenschaftsbauern als Streikbrecher anboten, falls ihr
Ausfuhrhafen Esbjerg bestreikt werden sollte. Pelle indessen zählt die Genossenschaften der Bauern mit zur Familie. Auf einer Vortragsreise durch die Provinz stellt er fest,
daß die Bauern trotz ihres Sozialistenschrecks ähnliche
Ideen praktizieren wie er selber. Leicht wird es Pelle allerdings nicht gemacht. Schuhfabrikanten zwingen die Lederhändler, seine Genossenschaft zu boykottieren, worauf
er einen eigenen Lederhandel errichtet und – als der Boykott ausgedehnt wird – auch eine eigene Gerberei.

Zwei Jahre bevor dieser 4. »Pelle«-Teil erschien, hatte
der sozialdemokratische Parteitag eine Resolution verabschiedet, die die Genossenschaft als wichtiges Mittel
im Befreiungskampf der Arbeiter anerkannte. Borgbjerg
prägte das Schlagwort von der Genossenschaft als dritter
Saite der Arbeiterbewegung neben der Partei und der Gewerkschaft, gemäß dem Zitat aus einer mittelalterlichen
Reimchronik: »Der Strang, der aus drei Saiten gewunden
ist, kann nicht bersten.« Nexø hingegen präsentiert in
»Pelle« die Genossenschaft eher als eine Synthese, welche
alte Strategien, aber auch den Anarchismus überwindet:
»Da gab es weder Herren noch Diener«, überlegt sich
Pelle, während Lasse seinem Sohn einst den Rat gegeben
hatte: »lehne dich nicht auf gegen den, der über dich gesetzt ist«. Noch aber ist Pelle Chef und Herr im Haus.
Fortschrittlich, wie er ist, hat er den 9-Stunden-Tag eingeführt und damit eine nicht verwirklichte Forderung des
Streiks von 1899 erfüllt. Das Akkordsystem hat er abgeschafft. Alle, auch Pelle, erhalten denselben Lohn, und
an der Verteilung des Gewinns sind sie in gleicher Weise
beteiligt. Als aber einige Arbeiter eine Neuordnung der
Arbeitszeit fordern, lehnt er ab. Und als sie sich darauf
berufen, die Fabrik sei »verdammt nochmal eine demokra

tische Einrichtung«, fertigt er sie rüde ab: Wem es nicht passe, könne anderswo Arbeit suchen. »Einmal bekam er sie wohl so weit, daß sie den Betrieb gemeinsam übernehmen konnten, bis dahin hatten sie sich seinen Plänen unterzuordnen.« Auf Bruns Vorschlag werden dreißig Häuser für die Arbeiter im Umkreis von Pelles Villa »Morgenröte« gebaut. Der Roman schließt optimistisch zu einem Zeitpunkt, als die Genossenschaftskolonie wächst und gedeiht.

Auch der 4. Band erzählt vom Schicksal eines scheiternden Rebellen, des Anarchisten Peter Drejer, der sich tötet, nachdem er einen Polizisten erschossen hat. Nexø griff den Fall des Anarchisten Sophus Rasmussen auf, der am 13. November 1907 einen Polizisten, der ihn verhaften wollte, tötete und danach sich selber richtete. Er behandelte den Fall auch in dem ironischen Gedicht »Memento mori«, in welchem selbstzufriedene Arbeiterführer sich von dem Anarchisten distanzieren, der sich in die Politik einmischt, die sie als ihre Domäne betrachten. »Social-Demokraten« lehnte den Abdruck der Verse ab, die schließlich in der anarchistischen Zeitschrift »Revolten« erschienen.

Pelle, der mit Drejer sympathisiert, ist sich bewußt, daß der rebellische Impetus durch verantwortliches Handeln gebändigt und kanalisiert werden muß. Deshalb warnt er in einer Rede die Arbeitslosen vor dem Anarchismus. »Wir glauben an das Gute, weil wir wissen, daß es ohne den Sieg des Guten keine Zukunft gibt. Unser Sinn ist hell und kann das Licht empfangen, wir wollen unser kleines Land emporheben und zeigen, daß es eine Mission auf Erden besitzt.« Pelle versteht die Politik weniger als Kampf zwischen unterschiedlichen Interessen, sondern als Auseinandersetzung zwischen »Gut« und »Böse«. Später wird dieses manichäische Weltbild die dialogische und offene

Perspektive des »Pelle«-Romans zurückdrängen, so daß sich Nexø darauf versteifte, in der Sowjetunion das Gute schlechthin gefunden zu haben. Daß Gott mit jedem Volk einen eigenen Plan verfolge, war grundtvigianisches Denken, das an Herders Überzeugung anknüpfte, daß jedes Volk einen eigenen Volkscharakter habe. In Pelles Rede klingt die Vision von der historischen Aufgabe des Nordens an, die für Grundtvig darin bestand, der Welt eine Gesellschaft zu zeigen, in der die Milde herrschte.

Am Schluß ist Pelle wieder einmal im Gespräch mit seinem Freund und Gegenspieler Morten. Dieser wirft die Frage nach dem Glück auf. »›Ja‹, antwortete Pelle, ›mir hat niemand etwas anhaben können, und da ist es wohl richtig, was Vater Lasse und die andern sagten, daß ich mit dem Siegerhemd geboren sei. Die Mißbräuche, unter denen ich als Kind litt, haben mich gelehrt, gut gegen andere zu sein; und im Gefängnis gewann ich meine Freiheit – was mich zu einem Verbrecher machen sollte, machte mich statt dessen zum Menschen. Nichts hat mir schaden können! Da muß ich denn ein Glückskind sein, wie du sagst.‹«

Der Kredit des Menschenfreundes Brun allerdings, der die Gründung von Pelles Genossenschaft ermöglicht, wurde von den Kritikern als unglaubwürdiges Märchen abgetan. Otto Rung, mit dem Pelle einst auf Bornholm Schriftstellerpläne geschmiedet hatte, konnte darin keinen Sieg der Massen, der kleinen Leute entdecken. Und Nexø gab ihm recht: Nur »im rein Menschlichen« habe Pelle gesiegt. Den Kampf um das Soziale stehe noch bevor. »Einen Sieg erobert das Volk in meinem Buch ja nicht – sie erhalten aber ein Versprechen vom Sieg – wenn sie kämpfen wollen.«

Kapitel 4
Vom Sozialdemokraten zum Sozialisten

Im März 1910 sagte Nexø einem französischen Kritiker, er gehöre »voll und ganz zum Proletariat«, auch wenn er kein Mitglied der Sozialdemokratischen Partei sei. Mit seinen Ansichten befinde er sich oft links von der Partei. Kurz danach trat er ihr bei. Das Datum oder gar ein Anlaß für diesen Schritt läßt sich nicht mehr ermitteln. Seit dem Sommer 1911, als das Parteiblatt »Social-Demokraten« den »Pelle« als Fortsetzungsroman brachte, bezeichnete sich Nexø in Briefen als »Parteigenossen«. Bis zum Ende des Jahres 1918 war er Sozialdemokrat. Dann, und erst dann, wechselte er in das Lager der Revolutionäre.

Die Partei befand sich im Aufschwung. 1910 zählte sie 43 000 Mitglieder. 122 000 Arbeiter waren gewerkschaftlich organisiert. »Social-Demokraten« war mit 50 000 Abonnenten die größte Zeitung des Landes. Die Parteipresse hatte eine Tagesauflage von 120 000 Exemplaren. Im August 1910 trafen sich in der dänischen Hauptstadt 896 Delegierte, unter ihnen Lenin und Trotzki, zu einem Kongreß der Zweiten Internationale. Die Versammlung bestätigte die Genossenschaften als dritte Säule der Arbeiterbewegung, neben der politischen und der gewerkschaftlichen Arbeit. Lenins Versuch, einen revolutionären Passus in die Resolution einzufügen, scheiterte. Mit der Propagierung des Genossenschaftswesens war Nexø hochaktuell, was ihn bei seinem Parteieintritt bestärkt haben dürfte.

Die Eroberung von Berlin

Nun suchte er den Erfolg auf der internationalen Bühne. Deutschland war für skandinavische Autoren seit je das Tor zu Europa, und Nexø beherrschte die deutsche Sprache. So reiste er am 2. Dezember 1910 mit Frau und Kindern nach Berlin. Die Metropole mit ihren 4 Millionen Menschen, 15 000 Autos, 150 Straßenbahnlinien und 150 000 Halbweltgestalten schockierte den Besucher. »Diese Stadt«, schreibt er dem Kollegen Henrik Pontoppidan, »schärft die Gegensätze in jemandem, der direkt vom dänischen Bauernland kommt – sie ist eine große Hölle, im Grunde noch ungemütlicher dadurch, daß sie immer zum Fest aufgetakelt ist.« (16. 12. 1910)

Für die Berliner Linken hatte er eine Anekdote im Gepäck. Sie spielte im Sommer 1891. Damals half der Volkshochschüler, der noch Martin Andersen hieß, beim Kirchenbau auf Bornholm aus, wo auch ein fahrender deutscher Glasergeselle seine Arbeit verrichtete. Zum Abschied habe dieser den jungen Kollegen weinend umarmt und ihn gebeten, dem Proletariat die Treue zu halten, wenn er einmal Dichter sein werde. Nexø ließ im sozialdemokratischen »Vorwärts« nach dem Glaser suchen, um ihm zu berichten, daß er seine Pflicht erfüllt habe. Doch der Mann ließ sich nicht auffinden.

Nexø ging in Berlin zielbewußt ans Werk. Kaum eingetroffen, meldete er sich auf der Redaktion des »Vorwärts«, unterschrieb einen Vertrag, und schon einen Monat später – ab dem 3. Januar 1911 – brachte das Blatt den »Pelle« als Fortsetzungsroman. Allein in Deutschland wurde das Werk angeblich von mehr als sechzig Zeitungen nachgedruckt. Ein Arbeiter, G. Schäfer, erinnerte sich später in einem Brief an Nexø: »Damals erschien Ihr ›Pelle‹ in der ›Dresdener Volkszeitung‹, und unsere Arbeitspausen im

Betrieb wurden zu kleinen Literaturzirkeln, denn wir sprachen von ›Pelle‹, der uns allen ans Herz wuchs.« Das Feuilleton spielte damals, in der Ära der Parteiblätter, eine wichtige Rolle bei der Verbreitung von Literatur. Bücher, die für die Arbeiter unerschwinglich waren, wurden auf diese Weise populär. Der »Vorwärts« kommentierte (10. 12. 1912): «Zum ersten Male hat ein Proletarier das Epos seiner ganzen Klasse geschrieben. Und wir sind stolz darauf, daß wir hier zuerst den proletarischen Dichter den Lesern seiner Klasse zuführen konnten. Heute hat Pelle sich die Proletarier aller Länder zu Lesern erobert.« Die Buchausgabe folgte ein Jahr später in Anton Kippenbergs Leipziger Insel-Verlag, einem Haus, das sich nicht eben als Editionszentrale sozialistischer Literatur profiliert hatte. Der Erfolg des Romans beruhte allerdings ausschließlich auf den Zeitungsabdrucken. Das dicke Buch war zu teuer und verkaufte sich ebenso schleppend wie die dänische Ausgabe. Gyldendal, Nexøs dänischer Verlag, versuchte 1911, die Restauflage per Subskription in 26 Heften zu je 50 Øre an den Mann und die Frau zu bringen. Vergeblich, der Aktion war kein Erfolg beschieden. Noch 1915 waren von den 2500 Exemplaren der ersten Auflage laut Verlagsangaben sieben- bis achthundert Stück am Lager. Das bücherkaufende Bildungsbürgertum verschloß sich Nexøs Arbeiterroman.

Während seines Berliner Aufenthalts logierte Nexø mit seiner Familie bei einer verwitweten Näherin in zwei möblierten Zimmern in der Arbeitervorstadt Rixdorf (heute Neukölln). Die Wirtin, eine Frau von über siebzig Jahren, hatte offenbar Schwierigkeiten, ihre Invalidenrente ausbezahlt zu bekommen. Nexø mischte sich in den Fall ein, worauf er, der »rote Ausländer«, wie er selbst erzählt, aus dem Amtsgerichtsbezirk Rixdorf ausgewiesen wurde. Zuvor hatte er auf der Zuschauerbank im Prozeß zur

»Moabiter Affäre« gesessen. Zeugen berichteten von Zusammenstößen zwischen Streikenden und der Polizei und vom brutalen Einsatz der Ordnungsmacht. Der Arbeiter Hermann war auf offener Straße von einer Gruppe Polizisten erschlagen worden. Die entfesselten Beamten feuerten in Fenster und Hauseingänge. Nexø war entsetzt, er prangerte den »Blutdurst« der Polizei und ihren »Berserkergang« in der Erzählung »Der Schutzmann« sowie in einem Zeitungsartikel an, der in Kopenhagen Furore machte. Unter dem Titel »Das Kopenhagener Moabit« berichtete der »Social-Demokraten« über das rücksichtslose Vorgehen der dänischen Polizei gegen Streikende.

Sozialdemokratische Bedenken

Nachdem »Pelle« im »Vorwärts« zu lesen war, rang sich ein halbes Jahr später auch der »Social-Demokraten« dazu durch, den ersten dänischen Arbeiterroman, der »das Jahrhundert der Sozialdemokratie ankündigte«, im Feuilleton zu veröffentlichen. Nexø wurde in einem mit »Ein Arbeiter« gezeichneten Artikel dafür gelobt, daß er im Unterschied zu anderen Schriftstellern, die zu den Ausbeutern übergelaufen seien und die Arbeiter mit Lügen und grimmigen Worten überfielen, ein verständnisvoller Schilderer des Lebens des armen Mannes geblieben sei. Und auch die sozialdemokratischen Provinzblätter ließen sich den proletarischen Roman nicht entgehen. Mitunter war der Abdruck mit einem Vorspann versehen. So erörterte »Vestsjællands Social-Demokrat« die folgende Problematik: »Wenn mit Aussperrung gedroht wird und man weiß, daß Tausende ohne Verdienst sind und weitere Tausende ihren knappen Lohn teilen müssen, damit der Hunger nicht die Oberhand gewinnt, den Arbeitgebern zum Sieg verhilft und die Organisation zerstört, dann könnte es scheinen, daß die harte Wirklichkeit des Lebens so erschlagend ist, daß alles, was Literatur heißt, zur zwecklosen Predigt wird. Wir wissen aber, daß die Dichter so manches Mal vorangegangen sind, wo es freie und neue Gedanken galt, und daß sie einen starken Willen und Herzenswärme in unsere Reihen gebracht haben.«

Doch nicht alle Sozialdemokraten waren von Nexøs Roman angetan. Süffisant pries das Mitgliedsblatt des Jugendverbandes »Fremad« unter dem Titel »Der größte lebende dänische Schriftsteller« ausgerechnet jenen Johannes V. Jensen, gegen dessen Lobgesang auf die Welt der Ingenieure Nexø im Spanienbuch »Sonnentage« zu Felde gezogen war. Auch einer der Parteisekretäre, Peder Hedebol, nachmals Bürgermeister von Kopenhagen, gab sich skeptisch. Kritiken und Werbung hätten eine »Wirklichkeitsschilderung der Arbeiterbewegung« erwarten lassen, stellte er in der theoretischen Zeitschrift der Partei »Socialisten« fest. Doch sei »Pelle« ein Buch, »das in allen entscheidenden Punkten nicht mit den tatsächlichen Verhältnissen« übereinstimme, ein Buch, das die Gewerkschaftsbewegung verdächtige, hingegen parteiinterne Opponenten am linken Flügel als Idealisten schildere, die »aus den edelsten Motiven« handelten und sich »als kleine privatkommunistische Gesellschaft in der Gesellschaft eingerichtet« hätten. Man müsse befürchten, daß die Partei in eine »,literarische' Periode« abgleite. Anarchisten, Jungsozialisten und Syndikalisten seien schon schlimm genug. »Wenn wir nun auch literarische Halbgötter züchten und die Zügel in ihre unkundigen Hände legen, dann endet die Ausfahrt im Graben.« Der junge Philosoph Herbert Iversen wiederum vermißte jene Vertrautheit mit dem Volk und jene Liebe zum Volk, die »einem Sozialisten unbewußt im Blute liegen sollten«. In der »Italienischen

Die Eltern, der Steinhauer Hans Jørgen Andersen und seine Frau Mathilde.

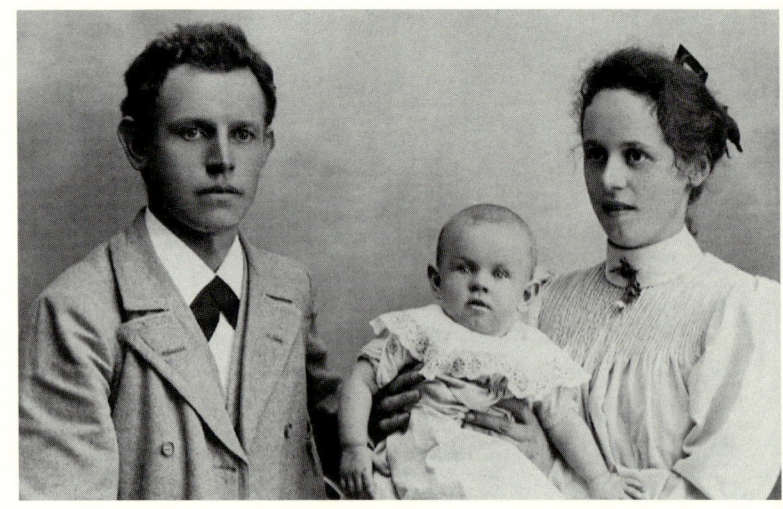

Neuvermählt, mit Frau Margrethe und Tochter Anna, 1899.

Frau Molbechs »Knusperhäuschen« in Askov, wo Martin im Winter 1892/93 wohnte.

Im Garten der Villa »Morgenröte« in Espergærde während der Arbeit an »Pelle der Eroberer«, 1908.

Mit Grethe und den Kindern.

Während seiner ersten Rußland-Reise 1922.

Speisesaal in einem Kinderheim in Samara, der Stadt an der Wolga. Eines der dortigen Heime für Opfer von Bürgerkrieg und Hungersnot war nach Nexø benannt.

Eintrag in das Gästebuch der Volkshochschule Brünn, deren Leiter Dr. Iltis Nexø vergeblich für den Literaturnobelpreis vorschlug, 1928.

60. Geburtstag am 26. Juni 1929 mit Abiturienten in Klampenborg.

60. Geburtstag: Nexø begrüßt Ministerpräsident Thorvald Stauning bei dessen Ankunft im »Bellevue Strandhotel« im vornehmen Kopenhagener Vorort Klampenborg. Stauning war in der ersten Hälfte des 20. Jahrhunderts die prägende Gestalt der dänischen Sozialdemokratie.

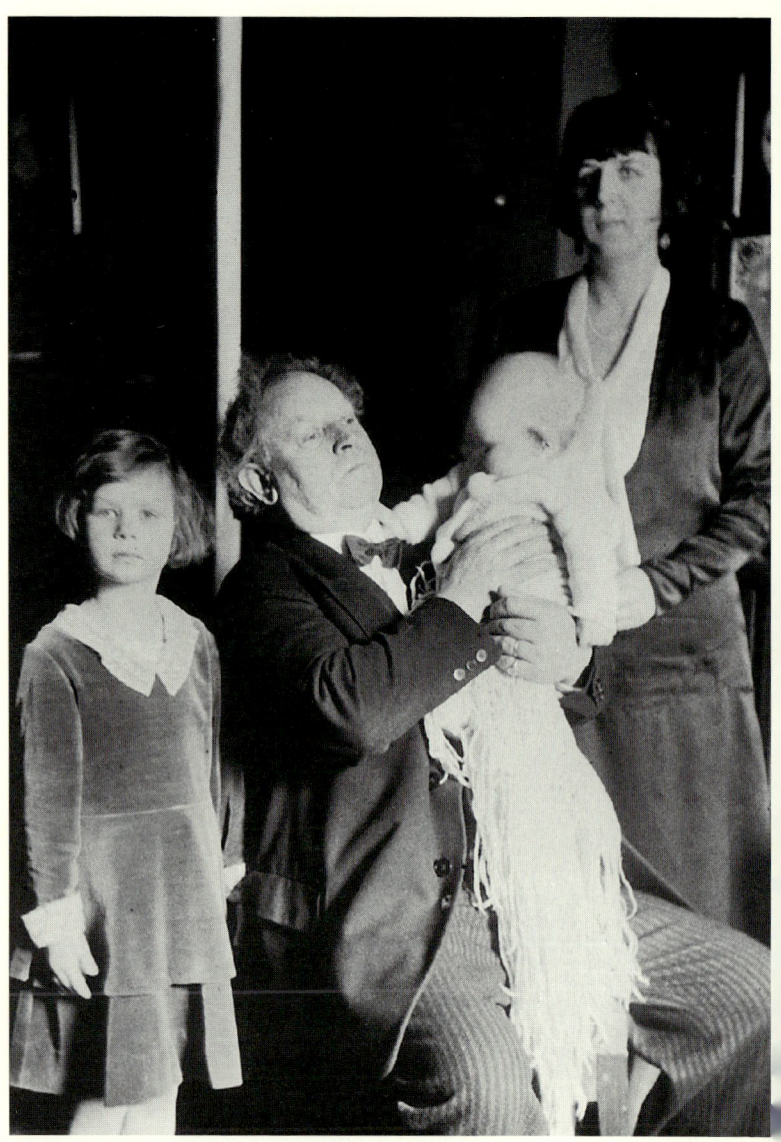

Mit der Familie in Hillerød, v. l. Ditte, May und Johanna.

Reise« des Geheimrat Goethe finde sich »doppelt soviel sozialistischer Geist« wie in »Pelle«.

Und dennoch wollten ihn alle hören, sehen und erleben, Martin Andersen Nexø, der einem der Ihren eine Stimme gegeben hatte. Er wurde zu Vorträgen und Lesungen eingeladen und sammelte erste Erfahrungen als Volksredner. »Vestsjællands Social-Demokrat« (15. 3. 1915) schilderte seinen Auftritt beim Gründungsfest der lokalen Jungen Sozialdemokraten. Zunächst erzählte er einige Märchen, »die auf den sauren Geist gemünzt waren, der jahrhundertelang in unserer Gesellschaft vorherrschte«. Danach stellte er der Jugend die Aufgabe, die alten Vorurteile zu überwinden und dafür zu sorgen, daß der Sozialismus nicht in Dogmen erstarre. Das Blatt resümiert, der Dichter habe sich in kurzer Zeit zu einem der glühendsten und formvollendetsten Redner im Dienste des Sozialismus entwickelt.

Im Januar 1912 sandte »Social-Demokraten« den prominenten Schriftsteller als Sonderkorrespondenten zu den Reichtagswahlen nach Berlin. Für Deutschlands Linke war Nexø eine Größe, und am Wahltag, dem 12. Januar, appellierte er im »Vorwärts« an die deutschen Arbeiter, die Erwartungen der Arbeiter der Welt nicht zu enttäuschen und dem Junkertum einen Schlag zu versetzen, den es nicht vergessen würde. Gleichzeitig war im Feuilleton der 3. Band von »Pelle« zu lesen – »Der große Kampf«. Die SPD siegte und stellte die stärkste Fraktion im Reichstag. Nexø kabelte nach Kopenhagen: »Seltsam, diese Proletarierhände zu sehen, die mit einem Papierwisch als Waffe eine Schlacht geschlagen haben, die für Deutschland größer und folgenreicher ist als die schicksalsschwere Völkerschlacht bei Leipzig.« Mit diesen deutschen Proletariern sei ein Angriffskrieg undenkbar. Im Siegestaumel rühmte er die parlamentarische Demokratie, was sich bald schon ändern sollte.

Parlamentarismus: kein Allheilmittel

In Dänemark blühte eine Tradition der Volksfeste, auf denen gesungen und politische Reden gehalten wurden. Der Schriftsteller und Häuslersohn Johan Skjoldborg, der sich selbst als Anarchist bezeichnete, arrangierte am 6. Juli 1913 ein Volksfest auf der Halbinsel Dynæs. Hauptredner war kein Geringerer als Martin Andersen Nexø. Zwei Tage nach dem Fest stand der Text in der bürgerlichen »Politiken« und einen Monat später auch im »Social-Demokraten«. Nexø scheint die Ansprache für wichtig gehalten zu haben, denn als ihn Georg Lukács 1932 um biographische Daten bat, antwortete er stolz: »Schon im Sommer 1913 sprach ich vor einer Versammlung von Landarbeitern und Industriearbeitern über: ›Das Proletariat und die Zukunft‹ und zog – intuitiv – die Linien auf, die heute in Sowjetrußland als Richtlinien befolgt werden. Die Versammlung war im Freien, 17000 Menschen waren da, und viele Proletarier haben mir später gesagt, daß sie von diesem Tag an anfingen, kommunistisch zu denken.«

Nexø sprach mit dem Gestus des Propheten. Zwar war er im Vorjahr aus der Kirche ausgetreten, doch verteidigte er jetzt den Sinn der Religion. Gegner der Arbeiterbewegung – rief er den 17000 zu – behaupteten, der Sozialismus sei eine rein ökonomische Kraft, fern jeder »Idee und Religion«. Diese Kritiker irrten sich. Die »ökonomische Befreiung« sei nur der erste Schritt auf dem Weg des kleinen Mannes zu dem Ziel, »das Dasein mit allen seinen reichen Möglichkeiten zu erobern, an allem, was das Leben bietet, teilzuhaben«. Auf diesem Weg sei das Religiöse »geradezu unser Antrieb«. Als die Kirche Nexø applaudierte, sah er sich veranlaßt, zu verdeutlichen, was er gemeint hatte, daß nämlich das Wort Christi im Laufe der Jahrhunderte in den Unterdrückten als ein Flüstern von den Menschenrechten gelebt habe.

Brisanter war eine Passage, in der er die parlamentarische Demokratie relativierte. Diese Überlegung, die weder in »Politiken« noch in »Social-Demokraten« abgedruckt wurde, war es wohl, auf die er im Brief an Lukács anspielte. Man dürfe nicht glauben, so warnte er, »der Parlamentarismus sei ein Allheilmittel gegen jedes Übel. Er ist eine hinreichende Grundlage für die bürgerlichen Parteien, doch unserer Bewegung gegenüber hat er bereits in verschiedenen Punkten versagt, und ich fürchte, daß er in entscheidenden Fragen kapitulieren wird.« Nun besaßen damals weder die Frauen noch das Gesinde das Wahlrecht, so daß viele Festbesucher von der demokratischen Mitbestimmung im Staate Dänemark ausgeschlossen waren. Die Reaktion warte nur darauf, daß die Sozialdemokratie die Mehrheit gewinne und eine Regierung bilde, rief Nexø diesen Menschen zu. Dann werde man erleben, »daß wir mit Parlamentsmehrheit Gesetze in Übereinstimmung mit unserem Programm beschließen, und diese Gesetze vor unseren Augen anfangen, *Seide für die wenigen zu spinnen* – wie alle Gesetze davor.« Wenige Wochen zuvor, im Mai, waren die Sozialdemokraten aus den Folketingswahlen als stärkste Partei hervorgegangen.

Mit seinem Mißtrauen gegen den Parlamentarismus rückte der Sozialdemokrat Nexø in die Nähe der Syndikalisten, die sich 1910 im »Gewerkschaftsoppositionellen Verband« (»Fagoppositionens Sammenslutning«) formiert hatten. In seiner Rede erwähnte er sie lobend als »Kinder der Unterklassenbewegung, ungeduldige Junge, die finden, daß sich das Bürgertum allzu leicht mit unserer Bewegung abfindet«. Er sagte dies, obwohl der sozialdemokratische Kongreß im Februar 1913 beschlossen hatte, daß Mitglieder syndikalistischer Organisationen nicht der Partei angehören durften. Kurz vor dem Kongreß waren die parteiinternen Verwerfungen sichtbar geworden. Der

populäre Parlamentarier und Mitarbeiter von »Social-Demokraten« Peter Sabroe, nach dem heute ein Seminar für
Lehrerausbildung benannt ist, hatte die Verhältnisse in der
Erziehungsanstalt »Jægerspris«, in der Dienstmädchen
ausgebildet wurden, angeprangert. Über dem Portal sollte
ein Schild angebracht werden wie über dem Eingang zu
Dantes Inferno: »Laßt alle Hoffnung fahren«. Sabroe
wollte den Fall im Parlament zur Sprache bringen. Inzwischen hatte eine Delegation der Parteiführung unter Stauning die Anstalt besucht und alles in bester Ordnung be-
funden. Sabroe wurde mundtot gemacht und mit dem
Ausschluß aus der Fraktion bedroht. Nach den Erfahrungen dieser Affäre planten Nexø, Sabroe und andere die
Gründung einer eigenen Zeitung. Doch Sabroe kam noch
im selben Jahr 1913 bei einem Zugunglück ums Leben.
Nexø indessen behandelte die Dienstmädchenproblema-
tik in seinem nächsten Roman »Ditte Menschenkind«.

Der parlamentarische Gedanke stand für ihn nie im
Mittelpunkt. Als 1901 durch Entscheid des Königs die Mi-
nisterverantwortlichkeit gegenüber der Volksvertretung
eingeführt wurde, nahm er vom Machtzuwachs des Parla-
ments kaum Notiz. Der »Social-Demokraten« hingegen
erkannte die Chance, die der Parlamentarismus der Arbeiterbewegung bot, und sprach von einem »historischen
Tag«. Die Partei werde einen Wahlkreis nach dem anderen
gewinnen und auf friedliche Weise die Macht erobern. Für
Nexø stand in diesen Jahren die Würde und Selbstachtung
des kleinen Mannes im Vordergrund, während er den Führern der Bewegung mißtraute und die »Schreckensherrschaft« der Gewerkschaftsbosse angriff (vgl. Kap. 2). Für
den »Volkszug«, mit dem 15 000 Kleinbürger, Bauern und
Arbeiter dem Monarchen ihren Dank für die Einführung
des Parlamentarismus abstatteten, hatte er nur ein müdes
Lächeln übrig (an Jeppe Aakjær, 7. 4. 1902) – aus seiner

Sicht eine demütigende Inszenierung. In »Pelle« entwarf er als Ausblick und Utopie die Genossenschaft kooperierender Individuen.

»... erotisch aus dem Gleis geraten«

Im Schlußband seines »Pelle«-Romans mit dem Titel »Morgenröte« hatte Nexø das Lob der Familie gesungen. Jetzt, am 14. November 1912, zog er aus der Villa »Morgenröte« aus, um sich in einer Mietwohnung einzurichten. Seine Ehe war am Ende. Eitel, wie er war, suchte er immer wieder bei anderen Frauen Bestätigung. Insbesondere stellte er den blutjungen Dienstmädchen im Hause nach, wie Frau Margrethe in ihren Notizen beklagt. Sie war eifersüchtig, was ihn erzürnte. »In unserem Verhältnis wünsche ich Ruhe«, herrschte er sie 1911 per Brief an, weder »große Gefühle« wolle er akzeptieren noch »absolute Forderungen, die keinen entsprechenden Rückhalt in unseren Herzen haben«. Er hatte sich frisch verliebt und trieb die Dinge so weit, daß Margrethe und die Geliebte gleichzeitig schwanger wurden. Margrethe erkrankte und hatte eine Fehlgeburt. Nexø erzwang die Scheidung, indem er ihr drohte, nach Amerika auszuwandern, um sich so seiner Unterhaltspflicht zu entziehen. In den vierzehn Jahren seiner Ehe hatte er den literarischen Durchbruch geschafft, aus dem unsicheren Anfänger war ein prominenter Schriftsteller geworden. Margrethe hatte die Rolle der bürgerlichen Ehefrau übernommen, ihm den Haushalt besorgt, die Kinder erzogen und für die nötige Arbeitsruhe gesorgt. Sie hatte sich stets im Hintergrund gehalten, in seinen Briefen erwähnt er sie nicht. Nach der Scheidung herrschte zwischen den beiden bittere Feindschaft. Margrethe, die ihr Leben ganz auf Nexø ausgerichtet und keine eigenen Interessen entwickelt hatte, starb 1958, vier Jahre nach ihm.

Hatte er Schuldgefühle? Jahrzehnte später erzählt er in »Morten der Rote« (1945), einem laut Untertitel »Erinnerungsroman«, die Geschichte dieser Ehe als Geschichte einer Mesalliance. Als alter Mann stellte er die Frau seiner jungen Jahre auf infame Weise bloß. Der »Erinnerungsroman« ist, wie Hans Mayer bemerkte, eine »hybride Gattung«, nicht mehr reine Erzählung, aber auch nicht Darstellung von Lebenserinnerung. Manche Figuren sind leicht zu entschlüsseln, auch Vera alias Margrethe. »Morten wird gekidnappt«, überschreibt er das Kapitel, das vom Beginn der Bekanntschaft berichtet. Das war damals – wir erinnern uns –, als er die 15jährige Schülerin auf dem Fahrrad vorbeiflitzen sah und benommen in sein Tagebuch notierte: »Ich glaube, ich liebe sie.« Im »Erinnerungsroman« nimmt Vera bei Morten Sprachunterricht, doch will sie lieber küssen. Pelle, der zum fiktiven Personal des Buches gehört, warnt Morten, Vera sei keine geeignete Ehefrau, sie besitze keine geistigen Interessen. Morten behauptet, nie in sie verliebt gewesen zu sein. Eine wichtige Rolle in dem Ehedrama spielt die Mutter, sie rät: »Mach ihr ein Kind! Ich glaub, sie hat es nötig.« Mutter und Sohn beratschlagen, ob sie Vera zur Untersuchung in eine Irrenanstalt einliefern sollen. Die Mutter hetzt ihren Sohn auf. Vera soll erzählt haben, Morten leide an einer häßlichen Krankheit, womit er die Kinder angesteckt habe. Vera »war eine Teufelin, nein, eine Geisteskranke, eine erotisch aus dem Gleis geratene! Nein, eine Teufelin.« Er schließt sich in sein Zimmer ein. Vera rüttelt an der Tür. Im Nebenzimmer schläft das Dienstmädchen. Morten reißt die Tür auf, packt Vera und zerrt sie die Treppe hinunter. »Sie strampelte, biß, schrie. Ihm tat es gut, unwahrscheinlich gut, ihr Schmerzen zuzufügen.« In sein Zimmer zurückgekehrt, spürt er den warmen Atem des Dienstmädchens, das seine nackten Arme um ihn schlingt.

Auch als er zum zweitenmal heiratete, nahm er die Mutter mit in den ehelichen Haushalt. Ob es diese intensive Mutterbindung war, die verhinderte, daß er zu Frauen keine anderen als sexuelle Beziehungen eingehen konnte? Seine drei Ehefrauen waren um Jahre und Jahrzehnte jünger als er. Er betrog sie, solange seine Mutter lebte, fast zwanghaft. Um sich von ihnen zu lösen, wo er sich doch von der Mutter hätte lösen sollen? Auch mit »Morten der Rote« war das Kapitel seiner ersten Ehe nicht abgeschlossen. Im nächsten Erinnerungsroman »Die verlorene Generation« (1947) verfolgt ihn Vera bis nach München. Als er von einem Spaziergang zurückkehrt, sitzt sie in seinem Zimmer, in das inzwischen ein zweites Bett gestellt wurde. »Morten stand einen Augenblick in der Tür, wie gelähmt unter dem Eindruck einer grausigen Halluzination, während Vera sich mit ihrem reizendsten Lächeln erhob. Da drehte er sich um und schlug die Tür zu.« Und es beginnt eine Verfolgungsjagd – die Treppe hinunter und hinein in die Straßenbahn, Vera ihm dicht auf den Fersen. Er springt vom fahrenden Zug ab und jagt weiter, hinter sich hört er Vera laufen. Da erhebt sich vor ihm die Mauer des Nymphenburger Schloßparks, über die er sich mit einem kühnen Sprung in die Freiheit rettet: sein zweiter symbolischer Mauersprung, nachdem der Sprung in den Garten des Volkshochschulvereins den Jüngling einst vor sexuellen Verlockungen und den Fesseln der Ehe gerettet hatte.

Weltkrieg: »Macht des Sozialismus überschätzt«

Die Frau, die er im November 1913 heiratete, hieß ebenfalls Margrethe, von ihm Grethe genannt. Er war 43, sie Anfang 20. Einige Wochen nach Kriegsbeginn bezogen die beiden die Villa »Morgenröte«. In den zehn Ehejahren wird Grethe fünf Kinder zur Welt bringen. So nahm Nexø die Kriegszeit als Neuvermählter in Angriff. Im Sommer 1913 hatte er in der Rede auf dem Dynæs-Fest seine ganze Friedenshoffnung in die internationale Arbeiterbewegung gesetzt. Doch noch vor Kriegsbeginn signalisierten die deutschen Sozialdemokraten ihren »Burgfrieden« mit Kaiser, Kapital und Militär. Am 4. August stimmten die Sozialdemokraten Deutschlands, Frankreichs und Belgiens in ihren Parlamenten den Kriegskrediten zu. In Dänemark erklärte kurz nach Kriegsausbruch der Parteichef Stauning, daß es wirklichkeitsfremd gewesen wäre, den Krieg durch einen Generalstreik verhindern zu wollen. Jetzt gelte es, die Parteiorganisation über den Krieg zu retten. Schockiert gestand Nexø im »Social-Demokraten«: »Wir haben die Macht des Sozialismus im Ausland – und seine Verwurzelung im Inland überschätzt.« Das Vertrauen in die Wirksamkeit der guten Kräfte müsse relativiert werden.

Dänemark suchte seine Neutralität zu wahren, dänische Firmen handelten mit deutschen und englischen Partnern, die Börse haussierte. Nexø, der für keine der kriegführenden Nationen Partei ergriff, hielt Vorträge und schrieb Artikel, in denen er die Kultur, die Genügsamkeit und Offenheit der Deutschen bewunderte, während er die hierarchischen Strukturen, das autoritäre Denken und die Macht der Junker kritisierte. In der arbeitgeberfreundlichen »Landesvereinigung Dänische Arbeit« (»Landsforeningen Dansk Arbejde«) rief er 1916 zum nationalen Zusammenhalt auf. Warenmangel und Preissteigerungen führten auch in Dänemark zu sozialer Unruhe. Die bürgerlich-radikale Regierung wollte die anderen Parteien an der Verantwortung teilhaben lassen. Auch Stauning sollte ins Kabinett eintreten. Ein eilig einberufener Parteikongreß genehmigte im September 1916 die sozialdemokratische Regierungsbeteiligung. So wurde der einstige Zigarrensortierer Stauning zu Skandinaviens erstem Arbeiterminister. Einige Genossen, die sich mit dem Eintritt des Parteichefs in ein bürgerlich geführtes Kabinett nicht abfanden, traten aus der Partei aus. Nexø rührte sich nicht, anscheinend billigte er die Vorgänge.

»Napoleon« rettet »Pelle«

Die Honorare aus dem Ausland blieben jetzt aus. Nexø aber mußte zwei Frauen, drei Kinder und die Mutter versorgen. 800 Kronen jährlich erhielt er vom Staat, 150 Kronen Vorschuß im Monat gewährte ihm Gyldendal, 6 Øre pro Zeile ließ »Social-Demokraten« springen. Der Jahreslohn eines Arbeiters belief sich damals auf rund 1000 Kronen. Nexøs Verhältnis zum Verlag war gespannt. Direktor Peter Nansen behauptete, seine Bücher hätten bisher nichts als Verluste eingebracht. Insofern war dem Autor an neuen Kontakten durchaus gelegen. Gyldendal war ein Traditionshaus, was sich vom »Kunstforlaget Danmark« des Wollhändlers Heinrich Matthiasen, der sich als »Napoleon der Bücherwelt« titulierte, nicht behaupten ließ. Matthiasen bot seine Bücher zu Preisen feil, denen die Konkurrenz nichts entgegensetzen konnte. Zwischen den beiden Verlegern und Nexø bahnte sich eine buchhändlerische Dreiecksaffäre an. Matthiasen erwarb für anderthalb Jahre das Recht, eine unbegrenzt hohe Auflage von »Pelle« zu drucken und zu verkaufen. Tatsächlich soll »Kunstforlaget Danmark« den Roman in zwei Ausgaben in der für dänische Verhältnisse riesigen Gesamtauflage von 70 000 Exemplaren herausgebracht haben, 1914 in vier und 1915 in acht Bänden. Dafür zahlte Matthiasen dem

Autor 20 000 Kronen in bar. Nexø seinerseits erstattete
Gyldendal die bezogenen Vorschüsse zuzüglich Zinsen
zurück, was rund 12 500 Kronen ausmachte. Zudem hatte
er dem Verlag 2000 Kronen Schadenersatz zu zahlen, obwohl Matthiasens beispiellose Werbekampagne auch dem
Verkauf der teuren Gyldendal-Ausgabe zugute kam. Nexø
blieben summa summarum 5000 Kronen.

Weitere 5000 Kronen beschaffte er sich durch ein Bank-
darlehen, wobei das Kontrollkomitee der sozialdemokratischen Presse als Bürge mitwirkte. Im Gegenzug übertrug Nexø dem »Social-Demokraten« das Recht, bereits
erschienene Romane und Novellen abzudrucken, sowie
das Erstveröffentlichungsrecht eines geplanten Arbeiterromans vom Typ »Pelle der Eroberer«. Zudem erhielt die
sozialdemokratische Presse das Recht, Nexøs Zeitungsartikel nach eigenem Ermessen zu veröffentlichen, während
Nexø darauf verzichtete, Artikel für andere Kopenhagener
Tagszeitungen zu schreiben. Der Vertrag war so lange bin-
dend, bis das Darlehen zurückgezahlt war, wofür eine Frist
von fünf Jahren vorgesehen war.

Nexøs Klavierfabrik

Das Geld investierte Nexø in die Klavierfabrik des Genossen Andreas Christensen, in die er als Kompagnon eintrat.
In seinem Büro hielt er täglich um 12 Uhr mittags Sprech-
stunde. In den Kriegsjahren und der ersten Nachkriegs-
zeit, als schnellverdientes Geld die Nachfrage nach Pianos
beförderte, warf die Fabrik hohe Profite ab. Anfänglich
florierte das Geschäft jedoch nur mäßig, so daß sich Nexø
genötigt sah, erneut bei Gyldendal anzuklopfen und einen
weiteren Vorschuß zu erbitten, was zum Bruch führte.
Nexø wechselte nun vom wichtigsten Verlag des Landes

zum neugegründeten kapitalarmen Fr. Ravns Verlag, später zu Aschehoug, der dänischen Niederlassung eines norwegischen Hauses. Als Vizepräsident des Schriftstellerverbandes setzte er sich in der Folge für dessen verstärktes Engagement zugunsten der ökonomischen Belange der Mitglieder ein. Querelen mit dichtenden Honoratioren und anderen Amateurschriftstellern, für die Geld unerheblich war, führten im August 1917 zu Nexøs Rücktritt aus dem Vorstand. Einige Monate später kehrte er dem Verband ganz den Rücken. Neun Jahre sollten vergehen, bis er ihm erneut beitrat.

Selbst in Kriegszeiten fand Nexø immer wieder Gelegenheit zu Muße und Entspannung. Er, der so oft krank war, hatte eine unstillbare Lebensfreude, er ließ sich nicht unterkriegen und verstand auch Alltägliches zu genießen. Im Februar 1916 schreibt er an Rasmus Herløv, einen Dänen in Chicago: »Wir haben es gut in unserem kleinen Heim, jeder ist mit seinen Dingen beschäftigt; meine Frau hält das Haus in Ordnung und spielt ab und zu (sie ist eine gewandte Pianistin); unser großes Mädchen bildet sich zur Malerin aus, und Vater schreibt, wie [Sohn] Storm sagt. Abends musizieren und lesen wir, mein großes Mädchen und ich spielen Schach, und wir unterhalten uns darüber, wie wunderbar doch die Kleinen heute gewesen sind.« Auch ein nächster Brief nach Amerika, einige Monate später, klingt nicht nach Kriegswirtschaft (16. 5. 1916): »Im April und auch im Mai war ich sehr beschäftigt, teils mit Schreiben, teils mit der Instandsetzung der Villa. Da wir unseren Sommer zur Abwechslung gern anderswo verbringen, haben wir unsere Villa in den Monaten Juni, Juli und August vermietet, während wir auf der Insel Thurø bei Svendborg sein werden. Es gab viel zu tun, da das Ganze für die Mieter vollständig in Ordnung gebracht werden mußte, und ich habe gemalt, geweißt, gemauert und im Garten gearbeitet, abgesehen davon, daß wir Handwerker im Haus hatten.« Wenige Monate später ist die Stimmung eine andere, wenn Nexø abermals nach Chicago schreibt (13. 10. 1916): »Es ist übrigens schwierig, in diesen blutigen Zeiten die Laune zu behalten. Ich für mein Teil werde hin und her gerissen zwischen starker Empörung und der darauf folgenden Reaktion: Stumpfheit gegenüber allen Schreckenstaten.«

»Wenn die Steppe brennt ...«

Im Februar und März 1917 schickte ihn der »Social-Demokraten« nach Deutschland. Die dänische Sozialdemokratie war damals ganz auf ihre deutsche Schwesterpartei ausgerichtet, und Nexø wich in seinen Artikeln vom Parteikurs nicht ab. In Deutschland fand er Höflichkeit und Hilfsbereitschaft, sogar bei der Polizei. Beeindruckend sei »die öffentliche Fürsorge«, »das neue, menschliche Gemeinschaftsgefühl«. »Die Männer des Apparates« hätten sich »von groben Exekutoren zu hausmütterlichen Helfern« gewandelt. Er preist die starken deutschen Frauen, die in den Fabriken die Arbeit der Männer verrichteten. Drei Jahrzehnte später wird er im Erinnerungsroman »Morten der Rote« schreiben, diese Frauen seien unterbezahlt gewesen und, wenn sie mehr Lohn verlangten, auf die Möglichkeit der Prostitution verwiesen worden.

Über Brüche und Verwerfungen sah er hinweg. Allein 1917 starben in Deutschland 260 000 Zivilisten an Unterernährung. Der Krieg zog sich in die Länge, und die anfängliche Begeisterung lebte nur noch in Predigten protestantischer Pastoren und Vorlesungen nationalliberaler Professoren. Die Lebenswirklichkeit war eine andere. Im April 1917 legten Berliner und Leipziger Rüstungsarbeiter aus Protest gegen den Hunger erstmals die Arbeit nieder. Nexø jedoch lobte den »Burgfrieden« der SPD mit Kaiser, Militär und Kapital, die Verpflichtung der Parteien und Verbände zum sozialen und politischen Stillhalten – denn: »Wenn die Steppe brennt, retten sich Wolf und Schafe Seite an Seite.« Man habe befürchtet, das Volk könnte als Preis für sein Einverständnis im Krieg »die Erfüllung des einen oder anderen Wunsches fordern«. »Doch war sein Einverständnis ohne Vorbehalte und Bedingungen! [...] Ein Schlagwort wurde außer Kraft gesetzt, das Schlagwort von den vaterlandslosen Gesellen.« Oben wie unten in der Gesellschaft habe der Krieg »mildere Gefühle« erzeugt. Die »politischen Oberklassenparteien«, die sich sonst nicht durch Liberalität auszeichneten, würden die Demokratisierung Deutschlands »aus Dankbarkeit« unterstützen. Im übrigen sei noch jede demokratische Verfassung durch Zugeständnisse von oben eingeführt worden. Diese Einschätzung unterschied sich von der des »Spartakusbundes«, der die »Burgfrieden«-Politik der Partei ablehnte und für Massenaktionen gegen den Krieg agitierte, für eine Revolution und die Gründung einer neuen, revolutionären Internationale. Nexø, der sich mit Vertretern beider Lager beriet, gewann die Überzeugung, daß die SPD eine zu einheitlich und zielgerichtet organisierte Partei sei, »um einer dauerhaften Spaltung Raum zu geben«. Die Gegensätze zwischen den beiden Lagern seien geringfügiger, als von außen vermutet. Einige Monate später, im Juli, als neue Kriegskredite zur Bewilligung anstanden, waren die Ernährungslage und die Situation an den Fronten so miserabel, daß die Reichtagsmehrheit für einen Verständigungsfrieden plädierte.

Nach Dänemark zurückgekehrt, erkrankte Nexø, seine schwachen Lungen fesselten ihn ans Bett. In Arbeit hatte er ein großes Romanprojekt, »Ditte Menschenkind«, das weibliche Pendant zu »Pelle«. Am 15. Oktober 1917 schickte er die ersten Manuskriptbündel an seinen neuen Verlag Aschehoug. Zwei Wochen später erhielt er die ersten Fahnen, und am 20. November bereits wurde der erste Band ausgeliefert. Dazwischen lag der 7. November, die russische Revolution. Für Nexø war sie kein Thema. Seine Briefe aus diesen Tagen handeln von der Lektüre, der Krankheit und der Mühsal der Arbeit. Ein Glückwunschtelegramm an Lenin, das verschiedentlich erwähnt wird, hat der Nexø-Kenner Børge Houmann als Fälschung identifiziert.

Vom ersten »Ditte«-Band wurden binnen eines Monats 4000 Exemplare verkauft, eine stolze Zahl! Im Dezember 1917 reiste Nexø erneut, diesmal für vier Monate, nach Deutschland. Frau Grethe blieb zu Hause. Er lebte von dem »Anckerske Legat«, das Auslandsreisen dänischer Künstler unterstützte. »Ich besuche«, so berichtet er dem Kollegen Skjoldborg aus München, »Kaffees und Restaurants, faulenze, schreibe, diskutiere und lebe überhaupt, als ob ich zwanzig wäre.« (23. 1. 1918) Er verkehrte mit dem Anarchisten Erich Mühsam und dessen Gattin Zenzl. Später wird er sich in einem Nachruf auf den im KZ Oranienburg von den Nazis Ermordeten an jene Münchener Tage erinnern: »Sie verließ ihre Küche ebenso selten wie er sein Studierzimmer; ihre Mahlzeiten waren ebenso anregend und würzreich wie seine Anmerkungen; ihr Geist war ebenso revolutionär wie seiner.«

Straßenschlacht in Kopenhagen, Fasching in München

Im Erinnerungsroman »Die verlorene Generation« renommierte Nexø mit erotischen Abenteuern, und auch im Kopenhagener »Social-Demokraten« schwärmte er vom Münchener Fasching, »als die Tugend ihr nicht allzu strammes Korsett ablegte und lockere Kleidung anzog, als die Moral eine Maske anlegte und jeder tun konnte, was er wollte«. Die Artikel aus Deutschland sind in Ton und Inhalt allerdings skeptischer geworden. Über die Auswirkungen der russischen Revolution auf die Deutschen hatte er nichts zu berichten, abgesehen von einer Silvesterszene im Leipziger Rathauskeller. »Es ist zwölf Uhr; der Wendepunkt des Jahres wird mit gewaltigen Gong-Schlägen verkündet. Ein Mann erhebt sich und bringt, anknüpfend an den guten Gang der Verhandlungen in Brest-Litowsk, ein Prosit aus, auf daß das Neue Jahr Frieden und Arbeit bringe.«

In den Wochen vor und nach dem Kriegsende erreichte die syndikalistische Bewegung in Dänemark ihren Höhepunkt. Der »Gewerkschaftsoppositionelle Verband«, der von 1910 bis 1921 existierte, war eine antiparlamentarisch ausgerichtete Organisation, die den ökonomischen Klassenkampf mit spontanen Aktionen und Generalstreiks propagierte. Ziel war die Eroberung der Produktionsmittel. Die Syndikalisten lehnten den »Septemberkompromiß«, den Gewerkschaftsbund und Arbeitgeberverband 1899 geschlossen hatten (vgl. Kap. 3), ab. Sie wurden von den etablierten Gewerkschaften und den Sozialdemokraten auf das heftigste bekämpft. Stauning sagte 1918 im Parlament: »Die Arbeiterklasse hat viel erreicht, indem sie mit der andern Seite geschlossene Vereinbarungen respektierte. Ich sehe den größten Schaden gerade für die Arbeiter voraus, wenn der Respekt vor Übereinkünften zunichte gemacht würde.«

Am 11. Februar 1918, als Nexø in München Fasching feierte, bewegte sich in Kopenhagen ein mit Keulen bewaffneter Demonstrationszug durch die Straßen. Ziel der Syndikalisten war die Börse, die von der Polizei verteidigt wurde, so daß es nicht gelang, das Schild mit der Aufschrift anzubringen: »Die Spielhölle ist durch die Arbeitslosen geschlossen«. Die Anführer wurden inhaftiert. Zwei Wochen später versammelten sich die Sozialdemokraten zu einem Kongreß. Gegen den Willen der Parteiführung beglückwünschte die Versammlung die »revolutionäre Arbeiterklasse in Rußland und Finnland« zu ihrem »heldenhaften Kampf für das Proletariat« – eine Grußadresse, die in der sozialdemokratischen Presse verschwiegen wurde. Es rumorte im Gebälk der dänischen Sozialdemokratie. Die Lehrerin Marie Nielsen, die als Putzfrau und Dienstmädchen begonnen hatte, war seit 1916 Mitglied des Parteivorstands, aus dem sie sich jetzt verabschiedete. Sie war die treibende Kraft bei der Gründung der Sozialistischen Arbeiterpartei im März 1918. Zwei Monate später schon hatte die Partei eine Zeitung, den finanziell von den Bolschewiki unterstützten »Klassekampen« (»Der Klassenkampf«). Die Sozialistische Arbeiterpartei, eine Vorgängerorganisation der KP, beteiligte sich an den Folketingswahlen, allerdings nur in Kopenhagen, und erreichte 1410 Stimmen.

Nexø schwieg noch immer. Unter Zeitdruck arbeitete er am »Ditte«-Roman. Am 5. Juni 1918 hielt er auf einer Grundgesetzfeier der Sozialdemokraten eine Ansprache. Mit dem neuen Grundgesetz vom 5. Juni 1915 waren auch die Frauen und das Gesinde in den Genuß des Wahlrechts gekommen. Nexø jedoch blieb skeptisch, er sagte: »Der Parlamentarismus siegt in einem Land nach dem anderen. Gleichzeitig aber richten sich die herrschenden Kräfte neben dem Volk und dessen Repräsentanten ein. [...] Die Völker haben in unserem demokratischen Zeitalter keinen größeren Einfluß. Sie werden gerade dann außer Gefecht gesetzt, wenn es große, schicksalsschwere Entscheidungen zu treffen gilt. Sie erhalten freilich die Erlaubnis, die Zeche zu bezahlen, mit Geld und mit Blut!« Nexø berief sich auf

»das Recht« und »die Pflicht des Herzens« – alles, was die Unterklassenbewegung behindere, aus dem Weg zu räumen. »Um dieses Recht und diese Pflicht zu entwickeln und auszuüben, müssen wir die neue Verfassung anwenden – so weit sie uns tragen kann. Und wenn sie uns nicht weiterbringen kann, ja, dann erinnern wir uns daran, daß keine Verfassung heilig ist. Heilig ist allein das menschliche Streben aufwärts und vorwärts!« Er betrachtete die parlamentarische Demokratie mit Skepsis, ließ sich aber auf Alternativen wie das Rätemodell nicht ein.

Abschied von der Sozialdemokratie

Der Funke der deutschen Novemberrevolution sprang auch auf Kopenhagen über. Revolutionäre Demonstranten und die Polizei lieferten sich im November mehrere Straßenschlachten. Der Aufruf des syndikalistischen »Gewerkschaftsoppositionellen Verbandes« und der Sozialistischen Arbeiterpartei zu einem eintägigen Generalstreik fand jedoch nur ein schwaches Echo. Einige Führungspersonen der Sozialistischen Arbeiterpartei, auch Marie Nielsen, wurden verhaftet. Das war für Nexø das Signal. Am 20. November brachte »Klassekampen« unter der Überschrift »Andersen Nexø« folgende Notiz: »Der bekannte und talentierte Schriftsteller, der so viele gute Proletarierschilderungen verfaßt hat, liegt zur Zeit krank in seinem Heim in Espergærde. Dennoch verfolgt er die roten Aktionen mit lebhaftem Interesse. Mit besonderer Sympathie hat er unsere Partei begleitet, und mit Bedauern hat er sehen müssen, daß unsere Genossen unter dem Jubelgeschrei des ›Social-Demokraten‹ ins Gefängnis gingen. Einen Beweis haben wir gestern erhalten. Frau Andersen Nexø teilte uns mit, daß sie und ihr Mann sich darauf geeinigt hätten, 100 Kronen zur Unterstützung der Inhaftierten zu spenden. Zugleich bat sie uns, alle Kameraden und Freunde zu grüßen. Wir danken und grüßen zurück.«

Noch zwei Tage zuvor war ein Artikel Nexøs im »Social-Demokraten« zu lesen gewesen. Dabei handelte es sich um einen Beitrag aus der Deutschland-Reihe, der seit einiger Zeit in der Redaktionsschublade gelegen haben dürfte und der für längere Zeit Nexøs letzter Artikel für die sozialdemokratische Presse blieb. Nexø meinte es ernst mit seinem Gruß an die Kameraden und Freunde. Von sozialdemokratischer Seite suchte man den Abtrünnigen in der Partei zu halten, eine Aufgabe, die der Redakteur von »Nordsjællands Social-Demokrat«, Oskar Jørgensen, übernahm: »Lieber Freund! Ich sehe heute in einem der syndikalistischen Organe, daß Du durch Deine Ehefrau den Herren Syndikalisten 100 Kronen als Zeichen Deiner Sympathie gesandt hast. Lieber Freund! Ich will nicht mit Dir rechten, nur in aller Freundschaft sagen, daß, wenn Du oder einer Deiner Nächsten, ohne etwas Böses zu ahnen, hinter einem der Fenster gesessen hätten, durch welche große Steine sausten, die jenen, die getroffen worden wären, den Tod gebracht hätten, hättest Du kaum Sympathie für die Steinewerfer zum Ausdruck gebracht, geschweige denn ihnen eine Geldgabe geschickt, die mit etwas gutem Willen als Aufforderung betrachtet werden kann, mit dem Steinewerfen fortzufahren.« Nexø antwortete, die 100 Kronen habe er für die Familien der Inhaftierten gespendet. Er protestiere gegen die Verfolgung politisch Andersdenkender im »Social-Demokraten«, im übrigen sei er froh, daß Jørgensen von keinem Stein getroffen worden sei. Jørgensen wiederum entgegnete, verfolgt würden nicht die Syndikalisten, sondern die Sozialdemokraten. In syndikalistisch dominierten Versammlungen habe für sozialdemokratische Redner geradezu Lebensgefahr bestanden. Die Herren Syndikalisten führten den politischen Kampf nicht auf reguläre Weise, sondern durch Übergriffe auf das Privatleben von Sozialdemokraten.

Nexø brach den Briefwechsel ab, er hatte sich entschieden. An die Schriftstellerin Marie Bregendahl schrieb er: »Den Geist des Kompromisses habe ich nie begriffen. Auch in diesen Tagen nicht, wo alle Welt nach einer unblutigen Revolution seufzt. Revolution besteht nun einmal in der Ausmerzung der Wurzeln, man kann nicht eine Revolution machen und das Alte beibehalten. Eine unblutige Revolution ist wie eine schlechte Jäterin, sie zertrampelt das Kraut und läßt das Unkraut stehen.«

Nexø distanzierte sich von einer Partei, der er sieben Jahre angehört hatte, von der dänischen Sozialdemokratie, die die ökonomische Gleichstellung der Arbeiterklasse mit den andern Gesellschaftsklassen anstrebte. Dänemarks Sozialdemokratie war eine parlamentarische Partei, die die Gesellschaft, in der sie wirkte, akzeptiert hatte und von ihr akzeptiert werden wollte – im Gegensatz etwa zur Sozialdemokratie Norwegens, die 1919 der in Moskau gegründeten Dritten Internationale beitrat (und ihr bis 1923 angehörte) und damit auch die angestrebte Diktatur des Proletariats billigte. Ein wichtiges Etappenziel erreichten Dänemarks Sozialdemokraten 1924, als die Partei unter Thorvald Stauning erstmals die Regierungsverantwortung übernahm. Gewiß, noch immer waren Vorurteile virulent. So soll die Königin, als ihr die Aussicht auf ein sozialdemokratisch geführtes Kabinett eröffnet wurde, in Tränen ausgebrochen sein. Die Monarchin, vermutete ein bürgerlicher Politiker, betrachte eine sozialdemokratisch geführte Regierung als den Anfang vom Ende, doch sei »das überhaupt nicht der Fall, die Leute, die man ranläßt, sind sehr moderat«. Allzu konventionell war Stauning aber auch wieder nicht. Immerhin berief er mit Nina Bang als Ressortchefin für Bildung die weltweit erste Frau in ein Ministeramt.

Im Erinnerungsroman »Die verlorene Generation« schildert Nexø den Bruch mit der Sozialdemokratie aus dem Rückblick. Die Zeitung »Arbejderen« (d. i. »Social-Demokraten«) habe verlangt, daß er sich mit einem Artikel vom Kopenhagener November-Aufruhr distanziere. Er habe mit einem Bekenntnis zur Gewalt als der Ultima ratio geantwortet, und er deutet den Begriff Parlament neu, wenn er schreibt: »Wenn wir dem ›Parlament der Straße‹ den Mund schließen und wenn wir ihm jene Möglichkeit nehmen, die Pflasterstein heißt, so liefern wir das Lamm dem Wolf aus und verwandeln unser Volk in träge Sklaven und geistige Kastraten.« Hierauf sei er vom Redakteur ultimativ aufgefordert worden, sich zwischen den gesetzestreuen Bürgern und den Burschen mit den Schirmmützen zu entscheiden.

Kapitel 5
Jetzt oder nie

Einen knappen Monat nach dem Bruch mit der Sozialdemokratie, am 12. Dezember 1918, bekannte sich Nexø öffentlich zur Revolution: »Wenn die Sklaven nicht mehr Sklaven sein wollen, dann stimmen sie darüber nicht ab, sondern sprengen ihre Sklavenfesseln!« rief er in einer Rede auf einer Veranstaltung der Sozialistischen Arbeiterpartei aus. »Mächtiger Beifall« brauste dem »revolutionären Vortrag« des »berühmten proletarischen Autors« entgegen, berichtete die Parteizeitung »Klassekampen«, deren verantwortliche Redakteurin Marie Nielsen drei Wochen zuvor als Rädelsführerin der Novemberunruhen verhaftet worden war. Mit ihr saßen vierzehn weitere Revolutionäre in Arrest.

In der Sozialistischen Arbeiterpartei begrüßte man die russische Revolution als Vorbotin eines europäischen Bürgerkriegs. Rußland drohte im Chaos zu ertrinken. Zugleich legten die Bolschewiki die Grundlagen einer neuen Ordnung. Bereits im Oktober 1917 hatte das Landdekret die entschädigungslose Enteignung des Großgrundbesitzes verkündet. Industriebetriebe wurden enteignet, die Banken zum Staatsmonopol erklärt, der Achtstundentag und die Achtundvierzigstundenwoche zur Norm erhoben, Kinderarbeit wurde verboten, die Diskriminierung der weiblichen Arbeitskräfte formal beseitigt, Kranken- und Arbeitslosenversicherung vorgeschrieben. Anfang Dezember wurden alle Mietshäuser in Petrograd enteignet und den Bewohnern zur Selbstverwaltung übergeben. Ein

Dekret annullierte alle Dividenden und Wertpapiereinkünfte. Ein anderes Dekret verkündete die Wahl aller Militärkommandeure durch die Einheiten und übertrug alle Gewalt an die Soldatenkomitees und Räte.

Die Wahl zur Konstituierenden Versammlung im November 1917 hatte den Sozialrevolutionären mit 15,8 Mio. Stimmen einen Triumph beschert, während die Bolschewiki 9,8 Mio., die Menschewiki 3 Mio. und die Kadetten 1,97 Mio. Stimmen erreichten. Allerdings war die Alphabetisierungsquote niedrig (1920: 44 %). Die Abgeordneten traten ein einziges Mal, am 5. Januar 1918, zusammen, bevor dieses Parlament aufgelöst wurde. Noch im Januar beschloß der dritte Allrussische Kongreß der Arbeiter- und Soldatendeputierten, dem neuen Staat die Form einer föderativen Räterepublik zu geben. In Analogie zur Menschenrechtserklärung der Französischen Revolution verkündete er »die Rechte des arbeitenden und ausgebeuteten Volkes«. Er machte sich in einer an die Völker der Welt gerichteten Erklärung zur Hauptaufgabe, »jede Ausbeutung des Menschen durch den Menschen zu beseitigen, jede Teilung der Gesellschaft in Klassen abzuschaffen, allen Widerstand der Ausbeuter schonungslos zu unterdrücken, die sozialistische Gesellschaft und den Sieg des Sozialismus in allen Ländern durchzusetzen«. Der Bürgerkrieg, der nun ausbrach, kostete das Land immense Opfer. Der Leidensweg der Bevölkerung fand erst nach der Hungersnot von 1921/22 ein vorläufiges Ende.

Die Entente isolierte und bekämpfte das revolutionäre Rußland. Ihre Interventionstruppen landeten in Murmansk, Wladiwostok, Archangelsk und den Schwarzmeerhäfen. Unruhen und Aufstände in einigen europäischen Ländern, hinter denen als Triebkraft die Bolschewiki vermutet wurden, schürten die Revolutionsängste. Auf Druck der Westmächte brach auch das neutrale Dänemark an der Jahreswende 1918/19 die Beziehungen zu Rußland ab. Die Gründung der Kommunistischen Internationale (Komintern) im März 1919, in der die Parteien aller Länder vertreten waren, verankerte die Weltrevolution als Element der russischen Außenbeziehungen. Finanzielle Unterstützung durch die Komintern erhielt sowohl die Sozialistische Arbeiterpartei als auch deren Zeitung »Klassekampen«. Im politischen Milieu Kopenhagens herrschte Nervosität. Das Folketing veranlaßte im November 1918 eine Untersuchung, um die Finanzierung von »Klassekampen« zu klären. Die Staatspolizei fürchtete, daß Waffen und Sprengstoff zur Vorbereitung eines Umsturzes ins Land geschmuggelt werden könnten, und war Agenten und Aufwieglern auf der Spur.

Am Kabinettstisch saß mit Thorvald Stauning der Parteichef der Sozialdemokraten. Die Presse dieser Partei hatte im November und Dezember 1917 die Machtergreifung der Bolschewiki als Friedensrevolution gepriesen, sprach dann aber, nach der Auflösung der Konstituierenden Versammlung, dem Beispiel der SPD folgend, von Verrat an Demokratie und Sozialismus und von einer despotischen Diktatur: Die Bolschewiki mißachteten das Prinzip der nationalen Selbstbestimmung sowie grundlegende demokratische Prinzipien. Statt einen Frieden herbeizuführen, versuchten sie, eine Weltrevolution zu entfachen. Nexø, vor zwei Monaten noch Sozialdemokrat, ergriff mit der Wut und der Leidenschaft eines Apostaten die Partei der Bolschewiki. Der von den Sozialdemokraten und ihrem Minister Stauning mitgetragene Bruch Dänemarks mit dem revolutionären Rußland ließ ihn die Fassung verlieren. Auf der einen Seite, so empörte er sich in »Klassekampen«, stehe ein Proletariat, das sein Blut für das Weltproletariat vergieße, auf der anderen Seite ein »Proletarierblatt, das die reaktionärsten bürgerlichen Gazetten mit bösartigen Angriffen gegen den kämpfenden Bruder übertrumpft«. Die Revolution habe die »in parlamentarischen Wiederkäuermethoden versunkenen« Führer der Sozialdemokraten überrascht. Stauning wurde für Nexø zur Inkarnation sozialdemokratischen Ungeistes. Als der finnische Reichsvorsteher C. G. Mannerheim, der als Oberkommandierender der Weißen im Bürgerkrieg die Roten besiegt hatte, im Februar 1919 Dänemark einen Besuch abstattete, erregte sich Nexø in seinem Notizheft darüber, daß die Regierung mit Stauning als Repräsentanten des Proletariats einen Mörder empfange, der seine Hände mit dem Blut von 50 000 finnischen Arbeitern besudelt habe. Mit Stauning »sind wir alle beteiligt an dieser doppelten Judastat – am finnischen Proletariat und am neuen Rußland«. Einige Monate später verlor Mannerheim die finnischen Präsidentschaftswahlen.

»Fallen vor Christi Angesicht«

Vom 26. bis zum 28. Januar 1919 fand in Kopenhagen der erste Kongreß der Sozialistischen Arbeiterpartei statt, der auch ihr letzter sein sollte. Die führenden Parteigenossen um Marie Nielsen waren noch immer inhaftiert. Anfang Januar war in Berlin der Spartakus-Aufstand vom sozialdemokratischen Verteidigungsminister Gustav Noske niedergeschlagen, am 15. Januar waren Karl Liebknecht und Rosa Luxemburg ermordet worden. Noch eine Woche zuvor hatte Nexø im »Simplicissimus« vom 7. Januar 1919 frohlockt, wer seine Hoffnung auf die Zukunft setze, blicke erwartungsvoll nach Deutschland. Das »neue Deutschland« werde sich unter das »Joch der Güte« beugen und seine Kraft den »Schwachen und Wehrlosen« zuwenden. Nexø, zum Kongreß der Sozialistischen Arbeiterpartei als Gast geladen, verließ den Saal als Mitglied der Parteiführung. In seinem Grußwort zitierte er nicht etwa Marx oder Lenin, sondern Bjørnstjerne Bjørnson und dessen Gedichtzyklus »Arnljot Gelline«, womit er die revolutionäre Zuhörerschaft ins 10. Jahrhundert und zur Christianisierung Norwegens zurückgeleitete. Der Missionskönig Olaf betritt norwegischen Boden, und Bjørnson dichtet:

»Es fanden sich viele Bauern ein. Wie sie da standen, grüßten sie ihren Herrscher:

›Herr, was können wir, die dir folgen, erwarten?‹«

König Olaf antwortet – und seine Antwort ist in »Klassekampen« in fetten Lettern hervorgehoben:

»›*Fallen vor Christi Angesicht, verlieren euer Gut und alle, die ihr habt lieb.*‹

Die Bauern griffen zu den Waffen und folgten.«

Nexø rief die Genossen dazu auf, die Verse zum Motto der neuen Partei zu machen. Bjørnson habe auf unvergleichliche Weise die Bedingungen formuliert, die für jene gelten, die in einer idellen Bewegung kämpfen. Daß sich Nexø einer religiösen Metaphorik bediente, verwundert nicht. Bereits in »Pelle« sprach er in biblischen Begriffen von der Wüstenwanderung des auserwählten Volkes, d. h. der Unterklasse, und vom verheißenen Land, vom Menschen als dem Herrn der Schöpfung und von der Revolution als »Gottes Stimme«. Das war die Sprache, die seine Zuhörer verstanden, denn den Katechismus hatten sie alle in der Schule gelernt. Auch andere Sozialisten, die ihre utopischen Entwürfe verständlich machen wollten, sprachen in religiösen Tönen. Das jungsozialistische Blatt »Fremad« warf dem Atheisten Georg Brandes im Dezember 1921 sogar vor, den Menschen Gott genommen und ihnen statt dessen »den zynischen Egoismus der kalten Vernunft« aufgedrängt zu haben. Nexøs Zitat verleiht der Revolution die

Aura eines epochalen, der Reformation vergleichbaren Ereignisses. Zugleich begründet es ein striktes, ja unerbittliches Unterordnungsverhältnis. Nexø preist den Gefolgschaftsdienst als Vorbild für die Parteiarbeit und begibt sich somit in feudale Gefilde. Die Gefolgsleute vertrauen darauf, daß ihr Herr richtig und gut handelt, und gehorchen. Das Zitat evoziert die Situation einer Berufung. Wer nicht bereit ist, alles aufzugeben, taugt nicht zum revolutionären Dienst. Es begründet eine »Heilsbringerschaft«, welche die Wahrheit und die notwendige Entwicklung der Geschichte erkannt zu haben glaubt, keinen Zweifel duldet und somit zur Quelle der Repression werden kann.

Herrscherlob aus Nexøs Mund war neu, auch wenn er in »Pelle« die Wirkung charismatischer Arbeiterführer gerühmt hatte. Hatte er vor anderthalb Jahrzehnten den kecken Selbstrespekt der »Cigarreras« von Sevilla gepriesen, so forderte er jetzt, auf dem Parteikongreß, Disziplin und Gehorsam im Auftrag der Revolution. Erinnern wir uns: Daß die andalusischen Arbeiterinnen ihren Direktor in einer spontanen Aktion im Brunnen versenkten, stärkte zwar ihr Selbstbewußtsein, ihre miserable Lage verbesserte es nicht. Jetzt hatte Nexø ein Rezept gefunden: die revolutionäre Partei. Wem jedoch in diesem Szenario die Rolle des Missionskönigs zukommt, wer über die Anwendung und Auslegung des Evangeliums bzw. der Lehre zu befinden hat, bleibt noch diffus. Allerdings waren in Dänemark die Aussichten für einen Umsturz düster. Die Sozialistische Arbeiterpartei war, im Unterschied zu Lenins Avantgardepartei, keine streng organisierte Kampforganisation. Der Kopenhagener November hatte ihre Schwäche deutlich gezeigt. Für die Revolution warfen sich einige hundert Menschen in die Bresche, neben der reformerischen Arbeiterpartei eine verschwindende Minderheit.

»Ditte Menschenkind«: Zum Dienst geboren?

In »Ditte Menschenkind«, seinem zweiten großen Roman, der in den Jahren 1917 bis 1921 in fünf Bänden erschien, stellt Nexø das hierarchische Gefüge der alten Gesellschaft an den Pranger. Er erzählt von einem Fischerdorf, dessen Einwohner dem frühkapitalistischen Patriarchen, den sie »Menschenfresser« nennen, mit Haut und Haaren ausgeliefert sind. Beim »Menschenfresser« sind sie alle verschuldet, er ist ihre Bank, er setzt den Preis ihres Fisches fest. Und dennoch lassen sie jeden Veränderungswillen, alle Kampfbereitschaft vermissen. Denn ihre Seelen sind autoritär geprägt: »Haben wir niemanden über uns, so laufen und jammern und suchen wir wie ein herrenloser Hund, bis wir jemanden finden, der uns einen Tritt versetzen will. Ihm lecken wir die Stiefel, ihn wählen wir uns zum Herrn, dann erst sind wir zufrieden.« Nexø sieht die dänische Unterklasse im Spannungsfeld zweier Pole, oszillierend zwischen Untertanengeist und einem natürlichen Verantwortungsgefühl, letzteres im Roman repräsentiert durch Ditte.

Anders als der proletarische Bildungsroman, der von Pelle als Eroberer erzählt, ist »Ditte« nach dem Prinzip der Reihung gefügt: Ungerechtigkeit folgt auf Ungerechtigkeit. Die Titelfigur stirbt mit 25 Jahren, am Ende ihrer Kraft, als geschundener guter Mensch, der vielen geholfen hat. Als uneheliches Kind einer Häuslertochter ist Ditte von ihrem ersten Atemzug an gebrandmarkt. Bauernsöhne heirateten die Häuslertöchter, die sie schwängerten, in der Regel nicht. In Dittes Fall kauft der Bauer seinen Sohn für lumpige 200 Taler frei. Die ersten drei Bände handeln vom Überleben im ländlichen Subproletariat. Ditte zieht mit ihrer Großmuter als Bettlerin von Tür zu Tür. Als sie alt genug ist, um sich nützlich zu machen, wird sie von ihrer gefühlskalten Mutter Sørine zu sich geholt. Beim Versuch, der Großmutter die 200 Taler, die sie für Ditte aufgespart hat, zu entwenden, erschlägt Sørine die alte Frau. Sie kommt ins Zuchthaus, worauf die achtjährige Ditte mütterliche Verantwortung für ihre drei Halbgeschwister übernehmen muß. Nexø selbst war als Fünfjähriger für seine kleine Schwester Hansine verantwortlich, als seine Mutter einer Arbeit außer Haus nachging. In den »Erinnerungen« berichtet er: »Da sich das geschwisterliche Gefühl namentlich [...] als Fürsorge für die kleineren Geschwister äußert, bildet es von selbst den Kern für die spätere soziale Einstellung. [...] Vielleicht liegt ein tieferer Sinn darin, daß gerade die, die am wenigsten geschenkt bekommen haben, für die Aufrechterhaltung aller Dinge sorgen, daß es die leeren Hände sind, die die Welt tragen.« Diesem Gefühl, das Martin einige Jahre später als Hirte empfindet, verleiht Nexø in den »Erinnerungen« religiöse Dimensionen: »Es ist das Verantwortungsgefühl in seinem ersten Aufkeimen, welches das Tier in den Menschen verwandelt, und das Verantwortungsgefühl in seiner kräftigen Entfaltung, das den Menschen dazu treibt, die begrenzte kleine Welt der Schöpfung zu durchbrechen und den Kopf in den Himmel zu stoßen. Der Mensch übernimmt die Verantwortung für das Ganze, fühlt sich als Schöpfer und betrachtet alles Geschaffene als das Seine; der Gottesgedanke beginnt dort, wo der Mensch anfängt, sich mit Gott die Verantwortung zu teilen.« Die Vorstellung, daß der Mensch und Gott die Verantwortung für die Schöpfung gemeinsam tragen, war Gedankengut Grundtvigs, der den Menschen als »Mitarbeiter des Herrn« besungen hatte. Nexø verharrt jedoch nicht bei Grundtvig, sondern macht den Sprung von der Theologie zum Sozialismus: »Heute nehmen wir das Ganze auf uns. Der neue Mensch beginnt hier!«

Im Schicksal von Dittes liebevoll gezeichnetem Stiefvater Lars Peter spiegelt sich Nexøs eigene Situation.
»Warum hieß er der Schinder? Warum wurde er als Unrei-
ner behandelt? Er ernährte sich doch so redlich wie jeder
andere. Warum verfolgte man seine Kinder, warum stem-
pelte man sie zu Außenseitern, und warum nannte man
sein Heim Schädlingsnest?« Nexø wurde nach seinem Bekenntnis zu Rußland und zur Revolution in Dänemark zunehmend als Außenseiter behandelt. Er litt unter den Angriffen seiner einstigen sozialdemokratischen Kollegen,
aber auch darunter, daß seine Kinder in Espergærde als
Kommunistenbengel beschimpft wurden.

Nun, Ditte ist »ganz einfach zum Dienen geboren«, und
ihr Stiefvater gibt ihr einige Lebensregeln mit auf den Weg:
Störende Wahrheiten aus dem Mund von Bediensteten
würden nicht hingenommen. Bedienstete dürften keine
eigene Meinung äußern. Unrecht müßten sie stillschwei-
gend erdulden. Auf Dittes Einwand, ob sie nicht auf ihrem
Recht bestehen dürfe, entgegnet er: »Was ist Recht, du?
Wer die Macht besitzt, der hat auch das Recht auf seiner
Seite, das erfährt man früh genug. Aber es geht ja trotzdem alles, wenn man bloß klug ist und den Rücken steif
hält.« Auf dem Hof einer Witwe, die säuft und spielt und
sich mit vorbeiziehenden Krämern verlustiert, kümmert
sich Ditte um den Sohn des Hauses, den schwächlichen
Karl. Der Wunsch zu helfen, nicht Lust, führt zu ihrem
ersten sexuellen Erlebnis. »Ditte tröstet einen Mitmen-
schen« ist das Kapitel überschrieben. Sie wird schwanger
und des Hofes verwiesen. Sie will Karl, der zu seiner Vaterschaft steht, nicht heiraten. Ein Häuslerpaar übernimmt
das Neugeborene.

In Kopenhagen verdient sie ihr Geld zunächst als Amme
in einem »Engelheim«, wo auch abgetrieben und auf Bestel-
lung getötet wird. Sie versorgt das Kind einer reichen

Dame. »Engelheime«, auch »Engelfabriken«, hießen im Volksmund die Säuglingsheime wegen der hohen Sterblichkeitsrate der dort betreuten Kinder. Der Schneider und Museumswärter Axel Petersen berichtet 1980 in seinen Erinnerungen, daß er als Kleinkind in solchen »Engelfabriken« versorgt worden sei. Den Säuglingen sei Schnaps eingeträufelt worden, um sie einen sanften und schnellen Tod sterben zu lassen. Allerdings leistete die seit 1910 in das »Reichshospital« integrierte »Kgl. Entbindungs- und Pflegeanstalt« kostenlose Geburtshilfe für jährlich rund 2000 bedürftige unverheiratete Mütter. Ditte findet eines Tages ihr Brustkind mit einer Stecknadel in der Fontanelle getötet. Abtreibungen waren in Dänemark verboten, in Rußland wurden sie 1920 erlaubt. Abtreibung war freilich Nexøs Sache nicht. Er, der alle zwei Jahre Vater wurde, preist im »Ditte«-Roman, den er seiner Mutter widmete, jene »Mutterschaft des Herzens«, die Ditte verkörpert.

Dittes Leben als Dienstmädchen erweist sich als Abfolge von Erniedrigungen und Demütigungen. Dienstmädchen unterstanden dem Gesindegesetz, das 1921, ein Jahr nach dem Erscheinen des vierten Bandes, der ihren Alltag thematisiert, aufgehoben wurde. Um die Jahrhundertwende dienten in Kopenhagens Haushalten 24000 junge Frauen, die meisten waren wie Ditte vom Land zugezogen, während die jungen Städterinnen in der Industrie Arbeit suchten, die besseren Lohn und geregelte Arbeitszeiten bot. Die frühen dänischen Gewerkschaften waren reine Männervereine, die Frauen als Lohndrückerinnen fürchteten. Frauenlohn galt als Zusatzverdienst, der Mann war im Verständnis jener Zeit der Versorger der Familie. Vor diesem Hintergrund bildete sich 1885 die erste Gewerkschaft, die ausschließlich Frauen offenstand, »Kvindeligt Arbejderforbund«. Vierzehn Jahre danach ergriff Marie Christensen die Initiative zur Gründung von »Kopenhagens Dienstmädchenvereinigung«. Zur ersten Versammlung erschienen dreißig Frauen. Christensen forderte die Verkürzung der Arbeitszeit, einen freien Tag pro Woche, ordentliche Verpflegung, zumutbare Unterkunft, ein Recht auf Ausbildung und höheren Lohn. 1904 wurde sie, zusammen mit Peter Sabroe u. a., Mitglied der Gesindekommission, die sich mit dem Gesindegesetz befaßte, das siebzehn Jahre später endlich abgeschafft wurde. Ditte, die keine organisierte Klassensolidarität kennenlernt, hetzt von Stelle zu Stelle. Sie leidet unter der Anonymität der Stadt. Auf dem Lande hatte man sich mit der Schinderfamilie wenigstens beschäftigt. In den Haushalten ihrer Herrschaften hat sie ihre Arbeit zu verrichten und im übrigen zu tun, als ob es sie nicht gäbe. Ein Zuhause hat sie nicht, sie muß sich gefallen lassen, mit frei erfundenen Namen gerufen zu werden. »Für Ditte war es, als ob man ihr das Recht, ein Mensch zu sein, genommen hätte.« In der kalten, funktionalen Fabrik seien die Verhältnisse klar. Dienen hingegen bedeute, am Herz der Existenz zu sein und trotzdem nicht an deren Wärme teilhaben zu dürfen. Als bei einem Vorstellungsgespräch Frau Kommerzienrat nach Dittes Zeugnissen fragt, antwortet sie: »Ja, wenn ich die Zeugnisse der gnädigen Frau sehen dürfte.«

Schließlich landet sie bei den Vang. Der Hausherr, ein proletarischer Schriftsteller, verkündet in seinen Büchern – wie Frau Vang mit leisem Spott bemerkt – »die ungeschminkte Wahrheit«. Vang verachte die Künstler, sagt sie, und wolle, »daß wir beim Volk in die Lehre gehen«. Er ist, ähnlich wie Nexø, kein Materialist, sondern ein Idealist. Zwischen ihm und Ditte entwickelt sich ein Verhältnis. Er ist ihre erste und letzte große Liebe. Als seine Frau dazwischenfährt und Ditte aus dem Haus wirft, schaut Vang tatenlos zu. Danach entschwindet er aus dem Roman, bis ihm Ditte, ausgepowert und abgewrackt, kurz vor dem

Ende zufällig auf der Straße begegnet. »Zorn, Haß und Verzweiflung kochten in ihr auf.« Nexøs Selbstzweifel sind spürbar, wenn Ditte dem gut versorgten proletarischen Schriftsteller empört ins Gesicht sagt: »Du willst uns, die wir im Dreck sitzen, Moral predigen, willst uns erzählen, wie wir sein sollen, damit uns das Elend nicht gar zu schmutzig macht. Dir zuhören soll so aufbauend sein, heißt es. Willst du denn wirklich noch mit uns zu tun haben? [...] Meinetwegen könnt ihr uns die Ohren volltuten und von uns schmarotzen – alle zusammen.« Als sich Marie Nielsen an der Liebesaffäre, die Dittes redlichem Charakter nicht entspreche, stieß, antwortete Nexø, er habe zeigen wollen, daß der nackte Proletarier von allen geplündert werde, auch von denen, die es gut mit ihm meinen.

1921 schnellte die Arbeitslosenquote auf 19,7 %, die Gewerkschaften fanden sich mit einem Lohnverzicht ab. Die Arbeiter setzten sich nicht zur Wehr. »Seid ihr denn dümmer als Pferde?« ereiferte sich Nexø in einem Zeitungsartikel. »Besitzt ihr denn keinen Verstand, kein Schamgefühl, keinen Anstand, keine Seele? Seid ihr denn keine Wesen, die zum Lichte streben – Menschen?« Seine Enttäuschung über die politische Entwicklung wird auch im Schlußband des Romans deutlich. Sein Sprachrohr, der arbeitslose Karl, Vater von Dittes erstem Kind, hat sich der revolutionären Bewegung angeschlossen. Fürsorgeinstitutionen, die das kapitalistische System abfedern und somit erhalten, lehnt er ab. Er verhöhnt Pelle, der unvermittelt die Bühne des »Ditte«-Romans betritt, als sozialdemokratischen Parteibonzen, der die Welt mit Konsumvereinen und Schrebergärten erlösen wolle. »Jedem seinen Kohlkopf – das ist seine Losung.« Nexø distanzierte sich so von der im »Pelle«-Roman als zukunftsgerichtetes Programm der Arbeiterbewegung angepriesenen Kooperative. Auf den

Einwand, Pelle setzte sich für die Sache der Arbeiter ein, entgegnet Karl spöttisch: »Ja, für die Armenfürsorge.«

In harten Wintern verlassen die Ratten die ärmsten Stadtviertel, wo sie nichts mehr zu fressen finden. Sie fliehen auch die Armenkaserne, wo sich »Mutter Ditte« um die eigenen und die Kinder der anderen kümmert. Einige Bewohner sterben bereits vor Kälte und Elend. Der Kampf um eine Brotscheibe, um einen Platz am Mittagstisch des Fürsorgevereins bringt Ditte um ihre letzten Kräfte. Ihr Pflegesohn Peter wird beim Einsammeln von Kohle auf dem Güterbahnhof von einem Waggon überrollt. Als sie von seinem Tod erfährt, bricht sie zusammen. Während sie im Sterben liegt, folgen Tausende dem Sarg Peters, der zum Märtyrer wird. Die Macht der Masse wird erstmals spürbar. Die Proletarier ziehen danach zum Reichtagsgebäude, wo ein Arbeitslosengesetz verhandelt wird. Ditte, die als einzelne einzelnen zu helfen versucht hat, stirbt als »Mater dolorosa« der Ausgebeuteten in Trauer über deren Leiden. Sterbend fragt sie den im Elendsviertel lebenden revolutionären Schriftsteller Morten, den Nexø ebenfalls aus »Pelle« herbeizitiert, ob er an all das glaube, was er »uns«, den Proletariern, zuschreibe, nämlich, daß keiner um seiner selbst willen gelebt habe. Zögernd antwortet Morten: »In meinen besten Augenblicken tu ich das.« Gegenüber dem Revolutionär Karl bekennt er, daß er an den Aufrührer Christus, »den Gott der Herzen«, glaube. »Jetzt gebietet der Verstand – der ist alles; unsere Aufgabe ist es, das Herz wieder auf den Thron zu setzen.«

Die sozialdemokratische Presse warf Nexø Schwarzmalerei vor. »Was die Schilderung der sozialen Verhältnisse der Arbeiter betrifft«, bemängelte »Langelands Social-Demokrat«, »befindet sich der Autor noch immer in der Periode, an die man sich von ›Pelle der Eroberer‹ her erinnert. Er kennt zwar die neueren politischen Bewegungen, doch die umfassenden Wirkungsmittel, die den Zweck verfolgen, den Arbeitern über die Arbeitslosigkeit hinweg-zuhelfen, werden nicht genannt. Deshalb gibt der letzte Teil von ›Ditte‹ kein wirkliches Bild der Gegenwart, sondern stellt Kopenhagens Arbeiter auf den Stand des Lumpenpro-letariats, das allein in der Phantasie des Autors lebt.« Nega-tiv wird insbesondere vermerkt, daß Ditte nicht Mitglied der »Arbeitslosenkasse der Arbeiterinnen« (»Kvindelige Arbejderes Arbejdsløshedskasse«) sei. Diese Arbeitslosen-kasse, die heute noch existiert, gehört zum »Arbeiterinnen-verband« (»Kvindeligt Arbejderforbund«), einer Gewerk-schaft, in der nach wie vor ausschließlich Frauen, zumeist ungelernte, organisiert sind. Nexøs Lebenserfahrung war jedoch eine andere. Immer, wenn sein Vater, ein strebsamer Mann, bevor er dem Alkohol verfiel, arbeitslos wurde, hatte das einschneidende Folgen für die Familie: 1877 den als Ab-stieg erlebten Umzug von Kopenhagen nach Bornholm, 1902 den Verkauf des schuldenbelasteten Hauses. »Social-Demokraten« brachte eine ganzseitige Karikatur: »Genosse Nexø tanzt nach der russischen Pfeife«.

Nexø war mit seinem Werk zufriedener als mit »Pelle«. »Pelle« sei nicht die Saga des Proletariers gewesen, sondern die »der klassenbewußten Unterklasse«, schrieb er 1928 in der »Münchner Post«. Was er mit »Pelle« beabsichtigt habe, sei ihm mit »Ditte« geglückt, »dem nackten Menschen – also dem Menschen selbst – ein Denkmal zu setzen«. Auf einen Zettel notierte er: »Hin und wieder kommen sonst gute und kluge Genossen und sagen: Ja, deine Ditte ist, rein menschlich gesehen, ein liebes und opferbereites Geschöpf, aber revolutionär ist sie nicht, sie ist im Gegen-teil prä-proletarisch. Ich behaupte dann, daß sie nicht nur revolutionär ist, sondern die Mutter allen sozialistischen Geistes der Menschheit. Denn ihr Wesen ist das Bedürfnis, sich für andere zu opfern, ist Solidarität. Und Solidarität ist die unumgängliche Grundlage für Sozialismus-Kommunismus. Ohne Solidarität gibt es überhaupt keine Möglichkeit für die breiten Schichten voranzukommen.«

»Kommunistischer Geist«

Die Sozialistische Arbeiterpartei, deren Führung Nexø seit dem Parteikongreß vom Januar 1919 angehörte, war eine Vorgängerorganisation der Kommunistischen Partei. Was er unter Kommunismus – »für den Proletarier das eigentliche Gesetz des Lebens« – verstand, erläuterte er 1920 in einer Publikation des Kommunistischen Lehrerklubs unter der Überschrift »Kommunistischer Geist«. Er bediente sich zu diesem Zweck einer biologischen Metaphorik, während in der Sowjetunion das reibungslose Funktionieren der Maschine zum dominierenden Sinnbild wurde. Nexø, der sich bereits im Spanienbuch »Sonnentage« (1903) von der Maschinenkultur abgesetzt hatte, vergleicht die Gesellschaft mit dem menschlichen Organismus, der aus Zellen, Millionen von Einzelwesen, bestehe, »die sich dem Ganzen unterordnen und zusammen das Ganze ausmachen«. In einem gesunden Organismus breite sich kein Organ auf Kosten eines anderen aus. Genauso unterwerfe sich in der kommunistischen Gesellschaft der einzelne selbstlos dem Ganzen und leiste für dessen Unterhalt den ihm zumutbaren Beitrag, wofür er vom Ganzen, seinen Bedürfnissen entsprechend, unterhalten werde. Wenn aber das Zusammenspiel der Organe nicht funktioniere, habe man es mit einer »Mißgeburt«, der kapitalistischen Gesellschaft, zu tun. In Nexøs Bild klingt Marx' Prophezeiung nach, daß »in einer höheren Phase der kommunistischen Gesellschaft« der enge bürgerliche Rechtshorizont überschritten und die Gesellschaft auf ihre

Fahnen schreiben werde: »Jeder nach seinen Fähigkeiten, jedem nach seinen Bedürfnissen!« (»Randglossen zum Programm der deutschen Arbeiterpartei«, »Social-Demokraten«,11.–14. 2. 1891)

Marxistisch betrachtet, besitzen die Arbeiter nichts als ihre Arbeitskraft, die sie den kapitalistischen Eigentümern verkaufen müssen, um ihren Lebensunterhalt zu sichern. Nexø setzte die Akzente etwas anders. Statt der Klassenzugehörigkeit hebt er ein natürliches Solidaritätsgefühl, wie es Ditte im Roman vorlebt, als das eigentliche Wesensmerkmal des Proletariers hervor. Der Proletarier ist für ihn keine historische, sondern eine universale Kategorie. Die Entwicklung der Produktivkräfte spielt bei ihm keine wesentliche Rolle. Er betont vielmehr einen moralischen Gegensatz zwischen der »antisozialen, auf purem Egoismus beruhenden Oberklasse – und einer Unterklasse, die mit der ganzen Menschheit solidarisch denkt und fühlt«. Selten nur verwendet er den Begriff Arbeiterklasse, er spricht lieber von der Unterklasse und der Unterklassenbewegung. Zur Unterklasse gehörten alle, die ihren »zuverlässigen Einsatz« leisteten und während der Jahrhunderte »mit einer unfaßbaren Langmut die Bürden der Erde« schulterten. Doch nicht das natürliche Verantwortungsgefühl des Proletariers habe den Lauf der Welt bestimmt, sondern der destruktive Egoismus der Oberklasse – als ob der Fuchs dazu ausersehen wäre, die Gänse zu hüten.

Überflüssige Juristen

Jetzt aber, nach der russischen Revolution, sei die Zeit reif, das antisoziale Element auszuschalten, damit die sozialen Kräfte das Schicksal der Gesellschaft steuern könnten. »Ist das Diktatur? Dann ist es auch Diktatur, daß die Augen für den Organismus sehen und das Sehen nicht den Ellen-bogen überlassen. Wir wollen in aller Ruhe eine Diktatur einrichten, die der Menschheit hilft, sich menschlich ein-zurichten.« Damit spielt er auf Marx' These an, daß der Klassenkampf notwendig zur Diktatur des Proletariats führe, die den Übergang zur Aufhebung aller Klassen bilde, aber auch auf die Verfassung der Russischen Sozia-listischen Föderativen Sowjetrepublik (RSFSR), in der die Parteilichkeit des neuen Staates für das arbeitende Volk festgeschrieben wurde, was auch in den Wahlrechtsbestim-mungen zum Ausdruck kam. Wählen durften nur die, »die ihren Lebensunterhalt aus produktiver und gesellschaft-lich nützlicher Arbeit« bestritten. Nexø ist überzeugt, daß der Proletarier instinktiv fühle, daß in Rußland seine Le-benssache auf dem Spiel stehe. Wer glaube, daß nur eine Minderheit der Unterklasse der kommunistischen Bewe-gung Gefolgschaft leiste, täusche sich.

Nexø schwärmt von den Erfolgen der Revolution. Er berichtet davon, daß Moskaus Universität die juristische Fakultät in eine gesellschaftswissenschaftliche umgewan-delt habe. Rechtsanwälte seien überflüssig geworden, da es keine »Gesellschaftspiraten« mehr gebe, die eines Lotsen bedürfen, der sie durch die Klippen der Gesetze hindurch-manövriere. Das heiligste Recht der alten Gesellschaft, das Recht der Ausbeutung, sei abgeschafft, damit verschwän-den auch die Juristen. Tatsächlich fegte die Revolution die überkommene Rechtsordnung hinweg. Die Einrichtungen der Advokatur, des Untersuchungsrichters und des Staats-anwalts wurden zugunsten einer proletarischen Justiz be-seitigt. Eingeführt wurden von den lokalen Sowjets ge-wählte Volksgerichte, als Ankläger und Verteidiger durf-ten alle unbescholtenen Bürger auftreten. Das änderte sich allerdings 1922, als die teilweise Wiederzulassung des Marktes durch die »Neue ökonomische Politik« (NÖP) zu einem institutionellen Neuaufbau der Justiz führte und auch Anwälte, vor allem in Wirtschaftsfragen, wieder tätig wurden.

Im Auftrag der Sozialistischen Arbeiterpartei

Entweder war man für das neue Rußland, oder man war dagegen. Einen Mittelweg kannte Nexø nicht. Er war für den Kommunismus, die dänische Sozialdemokratie war dagegen. Gemäß ihrer Marx-Interpretation hätte die Revolution nicht im rückständigen Rußland ausbrechen dürfen, sondern in einer hochindustrialisierten Gesellschaft. Für Nexø hingegen war die Tatsache, daß die Revolution in Rußland siegte, ein Beweis dafür, daß die sozialdemokratische Sicht falsch und seine eigene richtig war: Der »arme Teufel«, ausgerüstet mit Gesundheit und Appetit, trug die Ideale der Revolution zum Sieg.

Im Dienst der Sozialistischen Arbeiterpartei schonte sich Nexø nicht. Im Februar 1919 bestritt er eine einmonatige Vortragstournee, in Begleitung Aage Jørgensens, dessen Verhaftung die konservative »Nationaltidende« im November 1918 gefordert hatte, da sie ihn für einen Agenten der Bolschewiki hielt und verdächtigte, in Rußland Gelder für das Parteiblatt »Klassekampen« beschafft zu haben. Die Polizei, die erfahren hatte, daß ihm in Deutschland 30–35000 Mauser-Pistolen angeboten wurden, argwöhnte, daß er einen Umsturz vorbereite. Während Jørgensen die parteipolitische Agitation besorgte, kündete Nexø die neue historische Epoche an – er berichtete in biblischen Bildern von der Wüstenwanderung des »armen Teufels« zum Licht. »Man hat – auch in unseren eigenen Reihen – unsere Bewegung materialistisch genannt. Ob aber jemals eine Bewegung so hohe Ideale hatte wie die unsere? Ob sich eine Bewegung je auf so viele uneigennützige Opfer, so viele Freiwillige verlassen konnte?« Die Zeit sei reif. »Jetzt – oder nie!« Doch die Parole stieß auf taube Ohren. Die Tournee, von der die Partei sich einiges versprochen hatte, wurde zum Fiasko. In den halbleeren Sälen saßen die Reporter sozialdemokratischer Blätter, die ihre Berichte mit Überschriften wie »Naiver Dichter und Bolschewikenseele« oder »Herr Nexøs Schreckgespenster« versahen. Der Spott der ehemaligen Kameraden schmerzte, der Streit gipfelte in gegenseitigen öffentlichen Beschimpfungen. Nexø verhöhnte die Sozialdemokratie als bürgerliche Partei, »lebende Leiche«, »jammernden Greis«, »leere irdische Hülle in Auflösung mit Krückstock«, ja sogar als »Friedhof«. Ihre Mitglieder titulierte er »Kadaver« und »Wasserleichen«.

Als die Sozialdemokratische Partei 1921 den 50. Jahrestag ihrer Gründung beging, trat Nexø auf einer kommunistischen Veranstaltung auf. Die bürgerliche Zeitung »Aalborg Venstreblad« berichtete: »Mit einer von beißendem Hohn zitternden Stimme charakterisierte er die Jubiläumsprozession als eine Versammlung schläfriger, duckmäuserischer Männer und Frauen, die nicht so aussahen, als ob sie das Pulver erfunden hätten oder ausziehen wollten, die Welt zu revolutionieren. Sie sangen ›Bald tagt es, Brüder!‹ mit verschlafenen Augen und über den Kopf gezogener Nachtmütze!« (28. 7. 1921) Zwei Jahre zuvor hatte Nexø seinen eigenen 50. Geburtstag gefeiert. Öffentlich fand der Tag wenig Beachtung. Frau Grethe schenkte ihm eine prächtige rote Fahne, die sie selbst genäht hatte. In der Redaktion der Lokalpresse trafen säuerliche Leserbriefe ein: »Der Schriftsteller Andersen-Nexø geht in seiner sonderbaren Begeisterung für das blutbesudelte Henker- und Schreckensregiment der Bolschewiken so weit, daß er an Festtagen die blutrote Fahne hißt.«

Litwinow in Kopenhagen – und Espergærde

Im November 1919 war Kopenhagen Schauplatz eines politischen Ereignisses, das die Presse in helle Aufregung versetzte. Ein Spitzendiplomat des geächteten Rußland, der spätere Außenminister Maxim Litwinow, reiste an, um mit dem britischen Parlamentarier James O'Grady über den Austausch von Kriegsgefangenen zu verhandeln. Der Auftritt eines offiziellen Repräsentanten der Bolschewiki im Westen war eine Sensation. Das Treffen fand auf britischen Druck in Kopenhagen statt, die nervöse dänische Regierung hatte sich zunächst dagegen gesträubt, dann aber Bornholm als Verhandlungsort ins Spiel gebracht. Vor dem Hotel, in dem Litwinow abgestiegen war, demonstrierten Exilrussen. Verängstigte Gäste nahmen Reißaus. »Politiken« berichtete, der bolschewistische Schriftsteller Andersen Nexø habe mehrere Stunden vergeblich darauf gewartet, Herrn Litwinow seine Aufwartung machen zu dürfen. Man ließ ihn nicht vor. Er reiste nach Espergærde zurück, um einen Brief an Litwinow zu schreiben, in dem er seine ganze Produktion Sowjetrußland, das er wie sein eigenes Vaterland liebe, zur Verfügung stellte. In der Folge kam es zu regelmäßigen Kontakten. Nexø mietete für Litwinow und dessen Frau ein kleines Haus in Espergærde. Besorgte Provinzblätter warfen die Frage auf, ob sich der Revolutionär in Espergærde niederzulassen gedenke. Die dänische Regierung hatte dessen Aufenthalt zunächst auf einige Wochen beschränkt, er blieb dann aber zehn Monate, wobei er auch mit dänischen Wirtschaftsleuten und Rotkreuz-Vertretern Gespräche führte, von der Regierung aber nicht als diplomatischer Vertreter anerkannt wurde, obwohl er genau das angestrebt hatte.

Die Sozialistische Arbeiterpartei, die noch am 1. Mai 1919 eine Räterepublik proklamiert hatte, war mit dem ausgehenden Jahr bereits am Ende. Ihr Revolutionsaufruf war ungehört verhallt. Der Einladung zur Gründung der Kommunistischen Internationale im März nach Moskau war sie nicht gefolgt. Im Herbst geriet die Partei in jene Krise, von der sie sich nicht mehr erholte. Streitpunkt war die Frage einer Beteiligung an den Folketingswahlen. Die Mehrzahl der Genossen war dafür, eine antiparlamentarische Minderheit um Marie Nielsen und Nexø sprach sich dagegen aus, was zur Spaltung führte. Der parlamentarische Flügel trat dem (ehemals sozialdemokratischen) Sozialistischen Jugendverband bei, der eine neue, die Linkssozialistische Partei aus der Taufe hob, während sich die antiparlamentarische Gruppe mit Nexø dem syndikalistischen »Gewerkschaftsoppositionellen Verband« anschloß. Litwinow teilte Nexø zu dessen Verdruß mit, daß die Komintern die Linkssozialistische Partei als Dänemarks Kommunistische Partei, wie sie sich fortan nannte, anerkennen werde. In einem Brief vom 28. November 1919 an den Mitbegründer der KPD Hermann Duncker verspottete Nexø die dänischen Kommunisten, die »Reichtagswahlen als revolutionæres Agitationsmittel« betrachteten und Gott, Vaterland, König und Revolution als »Leipziger Allerlei« zu einer schlagkräftigen Waffe schmieden wollten.

Zerstrittene Revolutionäre

Die revolutionären Kräfte Dänemarks, so klein ihre personellen Ressourcen waren, zerfleischten sich gegenseitig. Sie hatten neben den Massenorganisationen der auf Zusammenarbeit und Kompromisse eingeschworenen dänischen Arbeiterbewegung nur eine marginale Bedeutung. Bolschewismus und Kommunismus fänden in Dänemark einen schlechten Nährboden, kabelte im November 1919 der deutsche Gesandte nach Berlin. Dies war vier Jahre später nicht anders, als Marie Nielsen dem Vorsitzenden des Exekutivkomitees der Komintern, G. J. Sinowjew, Bericht erstattete. Nielsen zeichnete ein Bild der Spaltung, des Chaos und der Auflösung der revolutionären Bewegung, die in Kopenhagen ganze 104 Mitglieder zählte. Man müsse Gott dafür preisen, schrieb sie ein weiteres Jahr später an Sinowjew, daß »wir Dänen nicht das große Wort in der Weltrevolution zu sagen haben«. Bei den Folketingswahlen im Jahre 1924 erhielten die Kommunisten 6000 Stimmen, die Sozialdemokraten 476000.

Im Herbst 1919 reiste Nexø, des endlosen Zankes müde, nach Bayern. Menschen ekelten ihn an (an Valdemar Secher, 14. 1. 1920), er schrieb keine Artikel, gab keine Erklärungen ab, blieb stumm. Die konservative »Nationaltidende« (21. 2. 1920) meinte den Grund seines Schweigens zu kennen. Nexø weile, so enthüllte sie, in Moskau als Gast Lenins. Auf diese Nachricht hin mahnte die Zeitung »København«, bei der sich Nexø seine journalistischen Sporen verdient hatte, die Behörden, ein waches Auge auf den bolschewistischen Schriftsteller zu haben, wenn dieser wieder dänischen Boden betrete. Der im Kreml Vermutete erholte sich statt dessen in Herrsching am Ammersee. »Jedermann grüßt mich hier auf der Dorfstraße mit einem Grüß Gott, Herr Doktor! Und man erkundigt sich nach meinem Befinden. Ich bin hier in drei Wochen in engeren Kontakt zu den Einwohnern gekommen als in Espergærde in 15 Jahren.« (An Harry Søiberg, 19. 2. 1920) Im Erinnerungsroman «Die verlorene Generation« schreibt er allerdings, die Einwohner von Herrsching hätten Fremde mißtrauisch beäugt. Nachts habe eine Bürgerwehr ihre Runden gedreht, und Spartakisten sei Lynchstimmung entgegengeschlagen. Als Morten alias Nexø im vollgepferchten Gasthof dem Vortrag eines

Kapp-Obersten folgte, der über Spartakisten und Bolsche-
wisten herzog, sei in der Tür plötzlich »Bayerns meist-
gehaßte Frau« Zenzl Mühsam in einem roten Pullover aufgetaucht und habe ihm zugewinkt, was ihn augenblicklich
zur Flucht bewog.

Mitte April 1920 kehrte er nach Dänemark zurück, wo
sich die Lage in der revolutionären Szene mitnichten ge-
klärt hatte. Nexø litt, er kontaktierte Litwinow, Karl Radek, den er von Berlin her kannte, das Exekutivkomitee
der Komintern. Allein, die Kommunikation mit Moskau
klappte nicht. Er beschwerte sich beim Sekretär der Komintern, M. Kobetzki, daß seine Anfragen und Anregungen
unbeantwortet blieben. Sogar durch Litwinow habe er
seine Briefe befördern lassen, vergeblich (1. 12. 1920).
Seine Produktion habe er »zur freien Benutzung für eure
große Kulturarbeit« angeboten. Doch interessierte sich in
Moskau offenbar niemand dafür. Dem Volkskommissar für
Unterricht, A. W. Lunatscharski, habe er Erich Mühsams
Revolutionsdrama »Judas« geschickt. Der Autor warte im
Gefängnis gespannt darauf, wie seine Arbeit in Moskau be-
urteilt werde. In bezug auf den Zwist der revolutionären
Kräfte Dänemarks empfahl Nexø »als vorläufigen Über-
gang zu einer festen Partei« eine föderative Organisations-
form. »*Verweigert beiden Parteien jede Unterstützung, bis sie
sich vereinigt haben!*«

Tatsächlich fanden sich im Frühling 1921 auf Moskaus
Druck die von Nexø als reformerisch geschmähten Kommunisten und der syndikalistische »Gewerkschaftsoppositionelle Verband« unter dem Dach einer »Kommunistischen Föderation« zusammen. Die Lancierung des
»Arbejderbladet« im Mai 1921 unterstützte die Komintern
allein im ersten Quartal mit 65 000 Kronen. Ruhe kehrte
damit aber nicht ein. Ein knappes Jahr später schon, im Januar 1922, wurde die »Föderation« durch den Syndika-

listen Chr. Christensen, den Nexø in seinem Brief an die Komintern als »Vollblutrevolutionär« gerühmt hatte, handstreichartig zerschlagen. Christensen ergriff die Initiative zur Gründung einer zweiten Kommunistischen Partei, in die auch Nexø eintrat. In den folgenden anderthalb Jahren traten zwei sich befehdende Gruppierungen unter dem Namen Dänemarks Kommunistische Partei an. Und auch nach deren Zusammenschluß 1923 hörten die Fraktionskämpfe nicht auf.

Gespräch mit dem Totenkopf

Die zermürbenden Auseinandersetzungen stimmten Nexø depressiv. Wenn die revolutionäre Entladung nicht bald stattfinde, werde die aufgestaute Spannung im Proletariat verpuffen »wie Sprengstoff, der verdampft, statt zu explodieren«, klagte er in einem Brief an den norwegischen Jungsozialisten Eugène Olaussen. Sollten sich die westeuropäischen Revolutionäre weiterhin abwartend verhalten, drohe im Osten der Zusammenbruch. Soeben habe eine Zeitung bei ihm angefragt, ob es zutreffe, daß Trotzki ermordet und Lenin geflohen sei. Er habe den Journalisten laut ausgelacht – »und doch habe ich gezittert«. Es fiel Nexø schwer, hinzunehmen, daß in Dänemark trotz Wirtschaftskrise und Arbeitslosigkeit eine revolutionäre Erhebung nicht in Sicht war, da doch der Umsturz in Rußland den Weg gewiesen hatte.

Nexø wollte mit sich ins reine kommen. Unter dem Titel »Die Wahrheit über die Dinge« verfaßte er ein Gespräch mit dem Totenkopf in seinem Bücherregal, das damals unveröffentlicht blieb. In ihm schlägt er skeptischere Töne an als im Artikel »Kommunistischer Geist«. »Ich weiß, daß du für die Wahrheit kämpfst«, sagt der Totenkopf, »aber ahnst du überhaupt, was Wahrheit ist?« »Du arbeitest und gehst immer der Nase nach; du hast Scheuklappen angelegt, um nicht gestört zu werden, und bezeichnest das als deine Stärke.« Der Totenkopf belauscht die Gespräche, die Nexø mit seinen Gästen führt. Damit die neue Gesellschaft geschaffen werden könne, müßten die Menschen besser werden, habe neulich einer behauptet und damit die Sprache der Gegner verwendet, denn, so warnt der Totenkopf: »Ihr habt euren Verstand im Herzen und nicht im Kopf. Diejenigen, gegen die ihr kämpft, sind klüger, als ihr es seid, dafür sind ihre Herzen kalt. Sie wissen sehr wohl, daß der Mensch nicht besser werden kann, doch sagen sie, schafft uns bessere Menschen, weil sie bremsen wollen, was ihr plant.« Nexø dürfe sich nicht irremachen lassen. Nichts habe die Menschen so sehr davon abgehalten, sich zu erheben und ihr Recht einzufordern, als die pietistisch-christliche Lehre, daß sie schlecht und sündig seien und die Befreiung von innen kommen müsse.

In Nexøs Menschenbild lebt in säkularisierter Form etwas von Grundtvigs Glauben, daß der Mensch nach Gottes Ebenbild geschaffen sei und auch nach dem Sündenfall göttliche Anlagen besitze. Die Volkshochschullehrer sahen es als ihre vornehmste Aufgabe an, die Schüler für dieses positive Verständnis vom Menschen zu sensibilisieren, im Gegensatz zum sündigen Menschen der Pietisten. Pelle, heißt es einmal, »war auf dem Grunde seiner Seele davon überzeugt, daß alles Böse von Not und Elend kam«. Der Totenkopf weist dann die Richtung, wenn er sagt: »Wenn ihr das Privateigentum abgeschafft habt, verschwindet der Dieb von selbst, das ist ein großer Gewinn, doch ist der Mensch als solcher besser geworden? [...] Die Verhältnisse sind besser geworden, reicht das nicht aus?«

Im Oktober 1921 wurde in London der internationale PEN-Club gegründet, dessen Präsident John Galsworthy im Dezember Nexø die Mitgliedschaft antrug. Zwei Jahre später wurde Nexø zum Vorsitzenden der dänischen Sektion gewählt. Doch zuvor reiste er nach Sowjetrußland, in das verheißene Paradies, ein vom Bürgerkrieg verheertes Land, ein noch immer isoliertes Land, auch wenn auf der diplomatischen Bühne damals einiges in Bewegung kam. Im März 1921 unterzeichneten London und Moskau ein Handelsabkommen. Im April 1922 vereinbarten Deutschland und Rußland in Rapallo die Aufnahme diplomatischer Beziehungen und den gegenseitigen Verzicht auf Reparationen. Zwei Jahre später folgte die diplomatische Anerkennung der bolschewistischen Regierung durch Großbritannien und die meisten europäischen Staaten, so auch Dänemark.

Kapitel 6
Fahrt ins Gelobte Land

Im August 1922 brach Nexø zu seiner ersten großen Rußlandfahrt auf. Zuverlässige Informationen über das nachrevolutionäre Reich im Osten flossen damals spärlich. Die dänischen Zeitungen änderten ihre Lagebeurteilung mitunter täglich. Rußland sei vom Bolschewismus in eine »Wüste« und ein »seufzendes Schlachtfeld« verwandelt worden, hieß es in »Politiken« im November 1921. »Für eine Gesellschaft, die sich vor dem russischen Tod schützen will, sind Beziehungen mit Sowjetrußland unter den gegenwärtigen Verhältnissen unmöglich.« Das Regime sei ohnehin ein vorübergehendes Phänomen. Der dänische Versuch, einen Handelsvertrag ohne diplomatische Anerkennung der Revolutionsregierung abzuschließen, war soeben gescheitert. Einen Monat später vertrat »Politiken« dann aber die Ansicht, daß mit der russischen Führung zu rechnen sei. Rußland sei »das große Land der Möglichkeiten«. Auch »Social-Demokraten« plädierte für ein Abkommen, von dem sich das Blatt einiges versprach: Die dänischen Unternehmer würden ihre Betriebe zurückerhalten und Rußland dänische Waren kaufen, so daß die Arbeitslosigkeit abgebaut werden könne. Rußland stehe am Beginn einer »agrarisch-kleinbürgerlich-kapitalistischen Ära«. Der Einfluß der Komintern schwinde. Auch glaubten die Sozialdemokraten zu wissen, daß Lenin und Trotzki »die kleine Clique verkommener dänischer Stubenbolschewiken« verachteten.

Nach der Katastrophe des Weltkriegs und dem Untergang des alten Europa setzten zahlreiche Intellektuelle ihre Hoffnung auf die Entwicklung im Osten. Selbst ein Skeptiker wie Sigmund Freud gab noch 1932/33 in der »Neuen Folge der Vorlesungen zur Einführung in die Psychoanalyse« zu bedenken: »Es gibt auch Männer der Tat, unerschütterlich in ihren Überzeugungen, unzugänglich dem Zweifel, unempfindlich für die Leiden Anderer, wenn sie ihren Absichten im Wege sind. Solchen Männern verdanken wir es, daß der großartige Versuch einer solchen Neuordnung in Rußland jetzt wirklich durchgeführt wird. In einer Zeit, da große Nationen verkünden, sie erwarten ihr Heil nur vom Festhalten an der christlichen Frömmigkeit, wirkt die Umwälzung in Rußland – trotz aller unerfreulicher Einzelzüge – doch wie die Botschaft einer besseren Zukunft. Leider ergibt sich weder aus unserem Zweifel noch aus dem fanatischen Glauben der Anderen ein Wink, wie der Versuch ausgehen wird.«

Zum Unerfreulichen gehörte, daß ein russisches Gericht wenige Wochen vor Nexøs Reiseantritt zwölf führende Sozialrevolutionäre zum Tode verurteilt hatte. Sie wurden beschuldigt, nicht nur Attentate vorbereitet und Anschläge durchgeführt zu haben, sondern auch in »Verbindung mit Vertretern des ausländischen Kapitals« getreten zu sein. Keiner der Angeklagten gestand. Auf der Zuschauerbank saßen Vertreter der Zweiten (sozialdemokratischen) Internationale. Auch die dänische Öffentlichkeit verfolgte den Prozeß mit Interesse, Georg Brandes appellierte am 27. Juli 1922 in »Politiken« an die russische Führung, die Todesurteile nicht zu vollstrecken. Für westliche Beobachter stellte sich die Frage, ob politische Opposition in Rußland auch nach dem Bürgerkrieg als Kapitalverbrechen galt. Nexø, der zu Freuds Gruppe der Gläubigen gehörte, reagierte auf Brandes' Artikel äußerst heftig und verhöhnte »die Schöngeister und Wahrheitssucher«, »die

Trompeter der Humanität«, »den ganzen Kulturzirkus«, der im Namen einer falschen Menschlichkeit »gemeine Mörder« in Schutz nehme. In Dänemark fand sich keine Zeitung, die bereit war, das Pamphlet zu drucken, das in norwegischen und schwedischen Blättern veröffentlicht wurde. Die Vollstreckung der zwölf Todesurteile wurde zwar ausgesetzt, doch wurden die Sozialrevolutionäre verbannt.

»Die Zukunft schmecken«

In Dänemark schlossen 1922 mehrere Banken ihre Schalter, als größtes Institut die »Landmandsbanken«. Die Arbeitslosigkeit nahm weiter zu. In Randers kam es im März zu blutigen Zusammenstößen zwischen ausgesperrten Arbeitern und der Polizei, danach zu einem Generalstreik, der einen Monat währte. Militär schützte die kommunalen Betriebe. Ein Bürgerversammlung mit 1200 Teilnehmern verabschiedete einen Protest gegen den »Terrorismus der Arbeiter«. In Italien hatte Mussolini 1921 die faschistische Partei gegründet. Nach dem »Marsch auf Rom« im Oktober 1922 beauftragte ihn der König mit der Regierungsbildung. In Juni desselben Jahres war der deutsche Außenminister Walther Rathenau von Rechtsradikalen ermordet worden. In Amerika waren 1920 die Anarchisten Nicola Sacco und Bartolomeo Vanzetti wegen Raubmords zum Tode verurteilt worden. Das Urteil wurde 1927 vollstreckt, trotz der Proteste von Menschenrechtsaktivisten, die geltend machten, daß beide für ihre politische Überzeugung und ihre Abstammung büßten.

Nexø hatte ursprünglich nichts anderes im Sinn, als in Russisch-Karelien »die Zukunft zu schmecken«. 1919 hatte er Edvard Gylling, den Chef der dortigen Administration, kennengelernt, als dieser noch das »Finnische

Komitee« in Stockholm leitete, eine Verbindungsstelle der Komintern für den Transport von Geld und Agitationsmaterial nach Europa und Amerika, die auch über Finanzmittel zur Unterstützung skandinavischer Genossen verfügte. Schon bald erweiterte Nexø seine Reisepläne, und am 12. August brach er, in Begleitung von George Grosz, zu einer Fahrt auf, die schließlich fünf Monate dauern sollte. Willi Münzenberg, der Generalsekretär der 1921 auf Anregung Lenins gegründeten Internationalen Arbeiterhilfe (IAH) in Berlin, hatte die beiden Künstler beauftragt, »ein pompöses Werk« über das neue Rußland zu schaffen. Auch Grosz war Kommunist, er hatte die deutsche Ausgabe von Nexøs »dem kämpfendem russischen Volk« gewidmeten Erzählband »Die Passagiere der leeren Plätze« (1921) illustriert, dessen Honorare der Rußland-Hungerhilfe zugute kamen. Nexø wurde Mitglied des Exekutivkomitees der Internationalen Arbeiterhilfe, die 1922 auch seine Broschüre »Für die russischen Kinder« verlegte, auf deren von Käthe Kollwitz gestaltetem Umschlag eine Arbeiteranleihe von 1 Million US-Dollar zugunsten Sowjetrußlands als »die beste und sicherste, die einzig vernünftige Sparkasse des deutschen Arbeiters, Bauern und Angestellten« empfohlen wurde.

Noch vor Reisebeginn beantwortete Herman Hurmevaara vom »Finnischen Komitee« in Stockholm Nexøs Fragen über die karelischen Verhältnisse: »Tabak ist überall in den Geschäften und auf den Bahnhöfen zu kaufen, und die russischen Zigaretten sind zumindest besser als die schwedischen. Eßwaren bekommt man zur Zeit in der Regel sowohl in Karelien wie in Rußland sogar für Geld. Brot (sogar Weißbrot), Eier und Milch werden auf allen Bahnhöfen verkauft. Fleischgerichte und Butter sind in der karelischen Provinz hingegen schwer erhältlich. Es wäre deshalb gut, Fleisch, entweder geräuchert oder in Büchsen (konserviert), mitzunehmen, ebenso Wurst und Butter. Ausländisches Geld sollte, beispielsweise an der Grenze, in sowjetische Rubel umgewechselt werden, die in ganz Rußland ein brauchbares Tauschmittel sind. (Achtung! keine Zar- oder Kerenskirubel!)«

Die Einwohner Rußlands und der Ukraine hatten den Weltkrieg, die Revolution und den Bürgerkrieg überstanden, als sie 1921 von einer Dürrekatastrophe heimgesucht wurden. Zwanzig Millionen Menschen hungerten, Epidemien wüteten. Schon 1920 hatten die Bolschewiki das Getreide zum Staatsmonopol erklärt, bewaffnete Detachements wurden zur Beschlagnahmung ausgeschickt. Im Gouvernement Tambow und anderswo kam es zu bewaffnetem Aufruhr. Revolution und Bürgerkrieg hatten neun bis zehn Millionen Tote gefordert, die Industrieproduktion war auf 12 bis 16 % des Standes von 1912 geschrumpft. Die Inflation bei Nahrungsmitteln stieg in Moskau 1918/19 um 1564 %, 1919/20 um 1312 %, 1920/21 um 668,7 %. Hungerhilfe leisteten neben der Internationalen Arbeiterhilfe die Fridtjof Nansen-Mission, die eine Reihe europäischer Freiwilligenorganisationen vertrat, sowie die stramm antikommunistische »American Relief Administration«. Um der Misere Herr zu werden, beschloß der X. Parteitag der KPdSU 1921 den Übergang zur »Neuen Ökonomischen Politik« (NÖP), die eine kontrollierte Rückkehr zu kapitalistischen Wirtschaftsformen ermöglichte, private Kleinunternehmer und ausländisches Kapital zuließ, zugleich aber jeder Fraktionsbildung innerhalb der Partei den Kampf ansagte. Nexø betrachtete die NÖP als »häßliche Erscheinung« und »notwendiges Übel«. »Der Verstand« sei an die Stelle des »unmittelbaren Gefühls« getreten.

Das von Münzenberg bei Grosz und Nexø bestellte »pompöse Werk« wurde nie geschrieben. Zu verschieden nach Temperament und politischer Überzeugung, zerstritten sich die beiden Rußlandfahrer über die Reisekasse und anderes mehr, und nach einigen Wochen trennten sich ihre Wege. Nexø verarbeitete seine Erfahrungen zu dem Reisebuch »Dem jungen Morgen zu« (»Mot dagningen«). Vermutlich war der Titel eine Antwort auf H. G. Wells Buch »Russia in the Shadows« (1920). Der englische Schriftsteller, der Rußland zwei Jahre zuvor besucht hatte, charakterisierte Lenin als »Träumer im Kreml« und das russische Projekt als »Utopie der Elektriker«. Jahrzehnte später wird Nexø kontern, Lenin sei ein Träumer gewesen, jedoch auch ein Verwirklicher des Geträumten.

Auf dem Umschlag von Nexøs Buch prangte als Imprimatur das rote Lacksiegel des Volkskommissariats für Auswärtige Angelegenheiten. Im Vorwort erklärte der Autor, er habe den Traum seines Lebens verwirklicht gesehen, »das größte Ereignis der Menschheitsgeschichte!«. Für Nexø war die russische Revolution der »Durchbruch der Menschheit zur Jugend«. Einmal mehr spielte er, um sich verständlich zu machen, auf religiöse Vorstellungen an. Jehova habe seine Wohnung in den Unterdrückten aufgeschlagen, »sie rechnen mit dem Alten ab und entwerfen die Fundamente des Neuen, ihrer ist das Gesetz und das Gericht!«. Die Fundamente des Neuen, das war noch nicht das Neue, sondern dessen Voraussetzung: Die Sowjetunion hatte eine zukunftsgerichtete Komponente, woraus sie ihre anfängliche Dynamik bezog. Unzulänglichkeiten rechtfertigten sich durch das Versprechen der bevorstehenden goldenen Zeit. Nexø, der seinen Grundtvig intus hatte, war empfänglich für säkularisierte Heilsprojektionen, die ihm die Identifikation mit dem Land und dessen System erleichterten. In »Pelle« hatte er die Vision vom Tausendjährigen Reich entworfen, in das die kleinen Leute nach der entbehrungsreichen Wüstenwanderung gelangten, literarisch konkretisiert in der Utopie der Genossenschaft, die allerdings auf dem günstigen Darlehen eines Philanthropen beruhte. Jetzt trat an deren Stelle Sowjetrußland. Seine Gefühle vor dem Betreten russischen Bodens vergleicht er mit der Angst des Jünglings, bevor er seine Liebste zum erstenmal bei Tageslicht sieht. Unsicherheit und Enttäuschungen, die in dem Buch ebenfalls spürbar sind, überspielt er. Er setzt die Wunschbrille auf und nimmt den Anspruch für die Wirklichkeit. »Dem jungen Morgen zu« ist das Werk eines Autors, der glaubte und glauben wollte, der seine Zweifel wegwischte und seine Feder in den Dienst des historischen Neubeginns stellte.

Murmansk um Mitternacht

Nexø und Grosz betraten Rußland im Hafen der 1915 gegründeten Stadt Murmansk am Kolafjord. Nexø hatte sich von Anfang an für diese abenteuerliche Route entschieden. Die Anreise führte an Bord eines Postschiffs in elf Tagen von Trondheim zur Insel Vardø im äußersten Nordosten Norwegens. Hier legten die beiden Rußlandfahrer eine Zwangspause ein, da sie, anders als vereinbart, nicht abgeholt wurden, was Nexøs erwartungsfroher Stimmung jedoch keinen Abbruch tat. Er nutzte die Zeit auf seine Weise, wie er Zenzl Mühsam im fernen München berichtete: »Die Menschen hier sind sehr radikal – Kommunisten fast alle. Gestern Abend sprach ich in einer Versammlung von Fischer über die Weltrevolution, unter größter Aufmerksamkeit.« Schließlich heuerten Nexø und Grosz für einige hundert Kronen zwei Fischer an, die sie über das sturmgepeitschte Eismeer nach Murmansk brachten. Als sich nach zwei Tagen am Horizont die Silhouette der neuen Welt abzeichnete, die sechs Riesenmasten der Funkstation, notierte Nexø: »Ein symbolhafter Gruß ist das, denn kein Land bedient sich der drahtlosen Telegraphie so wie Rußland.«

Es war Mitternacht, als sie in den Hafen von Murmansk einliefen. Die Stadt war von 1918 bis 1920 von britischen Invasionstruppen besetzt gewesen, im Hafen und im Fjord lagen noch immer Wracks von Untersee- und Kanonenbooten und mächtige Prähme, die halb voll Wasser standen. Nexø und Grosz wurden nicht als Gäste, sondern als Eindringlinge empfangen, sie wurden festgenommen und ihre Papiere beschlagnahmt. Erst kürzlich habe man fünf als Schriftsteller verkleidete Spione einer bürgerlichen Macht erschossen, ließ man sie wissen. Nach Klärung der Formalitäten besserte sich die Behandlung spürbar. In Murmansk gab es keine Hotels, weshalb ein freundlicher Sowjetfunktionär sein Zimmer und sein Doppelbett mit Nexø teilte. Noch komfortabler sollte es ihm später in Petrograd ergehen. Nach der Ankunft vermerkte er in seinem Notizheft: »Der Sekretär Sinowjews [des Vorsitzenden der Komintern] brachte mir 4 [Theater-]Karten. Er hatte ein Auto zum Dampfer geschickt und es mir den ganzen Tag zur Verfügung gestellt. Ich besuchte den großen Staatsverlag. Dessen Chef Jonow hatte Sinowjew telephoniert, daß er mich zu treffen wünsche. Er teilte mir mit, daß er gerade ›Die Passagiere der leeren Plätze‹ herausbringe und daß ich am nächsten Tag eine Milliarde Rubel abheben könne.«

Grosz und Nexø

Grosz verfaßte über die Rußlandreise für seine Memoiren »A Little Yes and a Big No« (1946) ein Kapitel, das zunächst ungedruckt blieb und 1953 als Aufsatz veröffentlicht wurde. Nexøs Buch dürfte ihm bei der Abfassung der

Erinnerungen bekannt gewesen sein. Die beiden schätzten die Lage in Rußland grundverschieden ein. Sie waren auch als Künstlertypen grundverschieden. Grosz hatte das kritische Auge und den skeptischen Blick des Satirikers. Nexø hingegen war ein Optimist, der sich dem Aufbau der neuen Gesellschaft verschrieben hatte und sich nicht beirren lassen wollte. In Murmansk hatte Grosz den Eindruck »direkten körperlichen Hungers«. Nexø schrieb, daß die Versorgung knapp sei, »aber die Russen haben dem gefüllten Eßnapf in Knechtschaft die Brotrinde in Freiheit vorgezogen, und die Brotrinde ernährt sie und läßt sogar einen kleinen Überschuß für den Frohsinn des Gemüts«. Grosz, der nach der Rückkehr 1923 aus der KPD austrat: »Angesichts dieser kolossalen Not, dieses Schmutzes, dieser gespenstischen Elendsgestalten wurden mir meine so schön klingenden Phrasen von der Menschenwürde und von der Freiheit ganz unheimlich.« Nexø seinerseits lobte die negative Gleichheit »als unumgängliches erstes Stadium des Übergangs zur sozialistischen Gesellschaft«. Allerdings wird auch er ein Jahr nach dem Erscheinen seines Rußlandbuchs und nach persönlichen Enttäuschungen die KP für über ein Jahrzehnt verlassen (vgl. Kap. 7).

Der Bahnhof von Murmansk war die nördlichste Eisenbahnstation der Welt. Die 1916 eröffnete Murmanbahn verband die Stadt mit dem 1200 Kilometer entfernten Petrograd. Grosz und Nexø machten einen Zwischenhalt in Russisch-Karelien. Karelien bestand aus einem finnischen West- und dem russischen Ost-Karelien, dessen Einwohner ebenfalls finnisch sprachen, doch orthodoxen Glaubens waren. Nachdem Finnland 1917 die Unabhängigkeit erlangt hatte, machte es Ansprüche auf Ost-Karelien geltend. Insbesondere in der akademischen Jugend formierte sich eine rechtsgerichtete »großfinnische« Bewegung. Im Frieden von Dorpat 1920 verpflichtete sich Sowjetruß-

land, dem Landesteil eine gewisse Autonomie zu gewähren, die »Karelische Arbeiterkommune«, die einen Ver-
bund mit Rußland bildete, wurde gegründet. Unzufrie-
denheit mit der sowjetisch kontrollierten Administration
führte im Herbst 1921 zu einem von finnischen Freischa-
ren unterstützten Aufstand, der erst Anfang 1922 von sowjetischen Truppen gebrochen wurde. Aus der »Karelischen Arbeiterkommune« entstand ein Jahr nach Nexøs
Besuch die »Karelische Autonome Sozialistische Sowjetrepublik«.

In der Hauptstadt Petrosawodsk am Onegasee, die damals 19 000 Einwohner zählte, wurden die Ankömmlinge
von dem Vorsitzenden (Präsidenten) der »Karelischen Arbeiterkommune« Edvard Gylling empfangen. Nexø fühlte
sich einerseits an eine kleine deutsche Residenz, etwa Weimar, erinnert, andererseits – die vielen Buden am Hafen,
der Basar, die fremden Gestalten, das Stimmengewirr, »das
war der Orient«. Die Familie Gylling lebte zusammen mit
einer weiteren Familie in einer Vierzimmerwohnung. Der
gebürtige Finne, ursprünglich Dozent für Statistik an der
Universität Helsinki, saß von 1908 bis 1918 als Sozialdemokrat und Spezialist für Landwirtschaftsfragen im finnischen Parlament, 1917/18 war er Vorsitzender der Sozialdemokratischen Partei. Im Bürgerkrieg gehörte er als
Kommissar für Finanzen der Revolutionsregierung an.
Nach dem Sieg der Weißen emigrierte er nach Schweden.
Von Lenin nach Petrosawodsk geholt, war Gylling von
1923 bis 1935 Vorsitzender der Karelischen Autonomen
Sozialistischen Sowjetrepublik, wohin nach der Bürger-
kriegsniederlage finnische Kommunisten in großer Zahl
geflohen waren. Das Land war, wie Gylling an Lenin
schrieb, die Heimstätte des »revolutionären Proletariats
Finnlands«. 1938 fiel er dem »Großen Terror« zum Opfer
und wurde hingerichtet. Gylling, so erinnert sich Grosz,

habe gern in einem dicken Katalog der Firma Sears & Roebuck, Chicago, geblättert und gesagt: »All das und noch viel mehr werden wir einmal produzieren!«

Dänische Bauern an den Onegasee?

Ost-Karelien war ein Land für Pioniere, das Nexø faszinierte. Viermal so groß wie Dänemark, zählte es gerade 200000 Einwohner. Im sowjetischen Kalkül für den Hohen Norden nahm es eine Schlüsselrolle ein. Noch im Stockholmer Exil hatte Gylling den von Lenin gutgeheißenen Plan entworfen, Nordskandinavien und Nordrußland in einer Sowjetrepublik zusammenzufassen, wobei Ost-Karelien als Motor und revolutionäre Basis vorgesehen war. In den zwanziger und frühen dreißiger Jahren wurden für den Aufbau des Landes in Skandinavien Tausende Kommunisten angeworben. Viele von ihnen wurden nach 1935 erschossen, andere landeten in Arbeitslagern oder Gefängnissen.

Voller Enthusiasmus entwickelte Nexø die Idee, dänische Bauern nach Karelien zu locken, etwa zwanzig Höfe anzusiedeln und in Petrosawodsk einen Musterbetrieb einzurichten, für den er bereits ein Grundstück aussuchte. Schon früher hatten dänische Landwirtschaftsexperten wie C. A. Koefoed, der seit 1906 Parzellierungen leitete, in Rußland gewirkt. Das karelische Informationsbüro richtete ein Gesuch an das Landwirtschaftsministerium betreffs Abtretung von Grund und Boden an den Genossen Nexø, der seinerseits versprach, die erforderlichen Maschinen und das Inventar zu schicken und im April »mit seinen dänischen Landwirten« in Petrosawodsk einzutreffen. Auch ein Erholungsheim für Funktionäre und andere verdiente Genossen sollte auf dem Areal entstehen. Nach

Dänemark zurückgekehrt, machte Nexø einen Rück-
zieher. Nicht als Eigentümer, nur als Vermittler wollte er
noch agieren. Schließlich versandete die Sache, obwohl
sich einige auswanderungswillige Dänen meldeten. Weder
die sowjetischen Behörden waren an Nexøs Plänen inter-
essiert, noch fanden sich in Dänemark Investoren für das
Projekt.

Per Dampfer setzten Nexø und Grosz die Fahrt von
Petrosawodsk nach Petrograd fort. Nexø hatte das einstige
St. Petersburg im Sommer 1907 zum erstenmal besucht.
Damals hatte er Gutsbarone und deren Mätressen beobachtet, die den Schweiß ihrer Bauern in Champagner umsetz-
ten. Die Revolution habe reinen Tisch gemacht, notierte
er jetzt zufrieden. Auf dem Newski-Prospekt genehmigte
er sich in einem Restaurant der Konsumgenossenschaft
der Petrograder Arbeiter eine ordentliche Mahlzeit von drei
Gängen samt einem Bier. Von seinem Fensterplatz aus
konnte er den Staatsverlag sehen, der ebenfalls ein Kind der
Revolution war und in fünf Jahren 7000 Titel in einer Gesamtauflage von 16 Millionen Exemplaren herausgebracht
hatte.

Arbeit präge die Stadt, »die Arbeit in guter Stimmung.
Man muß das erleben, Schilderungen reichen nicht aus;
man muß sehen, wie die Arbeiter mit Gesang durch diesel-
ben Fabriktore ziehen, in die früher schleichende graue
Schatten verschwanden.« Singende Menschenscharen ver-
folgten den dänischen Gast auf der ganzen Reise. »In der
ersten Zeit konnte ich deshalb kaum schlafen.« Zu jeder
Nachtstunde zogen sie unter seinem Fenster vorbei: »Rote
Soldaten von oder nach der Kaserne, Arbeiter der großen
Elektrizitäts- und Gaswerke zur oder von der Schicht, Rei-
nemachfrauen der großen Bürohäuser. ›Vorwärts, Genosse!‹ und die ›Internationale‹ und ›Vorwärts, Genosse!‹
Aus Sattheit sangen sie bestimmt nicht, in Rußland gibt es

noch immer mehr Arbeit als Brot.« Dies kennzeichnet Nexøs Erzählen: Negative Erscheinungen, wie hier der Hunger, werden erwähnt, dann aber von einem zukunfts-optimistischen Erzählgestus überspült und mitgerissen. Ob Nexø ahnte, daß der Hunger viele Angehörige der Unterschichten von den Metropolen auf das Land getrie-ben hatte? Daß in Petrograd 1920 noch 700 000 von den 2,5 Millionen Einwohnern im Revolutionsjahr übrig-geblieben waren?

Nexø wirft der sozialdemokratischen Presse vor, sie ver-breite lügenhafte Berichte über die russische Arbeitsdis-ziplin. Gerade Sozialdemokraten müßten wissen, »welch starkes Zusammengehörigkeitsgefühl, welche Solidarität dem Proletariat eigen ist«. In Rußland sei die Solidarität der Unterklasse durch die Revolution institutionalisiert worden, während in Gesellschaften des alten Typs Zu-sammenarbeit und Arbeitsleistung nur durch Zwang her-beigeführt werden könnten. Nexø erwähnt freilich nicht, daß Lenin auf dem XI. Parteitag im März/April 1922 De-generationserscheinungen in der Staatsverwaltung kriti-sierte und die Kommunistische Partei eine Bürokratie-debatte führte. Daß es auch in Rußland Inkompetenz und Schlendrian, wie eh und je, gab, sollte er bald am eigenen Leib erfahren. Er ging psychologisierend von der hohen Moral eines jeden Proletariers aus, der sich selbstlos dem Ganzen unterwirft und vom Ganzen nach seinen Bedürf-nissen unterstützt wird (vgl. Kap. 5). Ihn beeindruckte die »innere Gesetzmäßigkeit der Revolution«, deren Idee jeder »als einen Instinkt, als eine tragende Struktur« ver-innerlicht habe, so daß »alle unbewußt in ein und demsel-ben Sinne arbeiten«. Rußlands Wiederaufbau werde des-halb rasch vorankommen. In vier bis fünf Jahren gehöre das Land zu den führenden Weltwirtschaftsmächten.

Der Traum vom Vater

Die ersten Früchte der Revolution allerdings seien den Kindern zugefallen. Für Nexø war das ein sensibles Thema. »Ein Kind ist vor allem eine hungernde Seele, ein sehnendes Herz«, ein warmer Blick bedeute ihm mehr als eine Scheibe Brot. An die Stelle des dumpfen, schläfrigen oder vom Alkohol erhitzten Vaters sei im neuen Rußland ein gewaltiger und starker Vater getreten, der nach Feierabend über den Inhalt der Zeitung diskutiere, »ein Gott beinahe«, an dessen schrundiger Hand am Sonntagnachmittag zu spazieren ein Vergnügen sei. Die emotionale Sprache läßt vermuten, daß diese übermächtige und liebevolle Vaterfigur eine Schaltstelle von Nexøs Identifikation mit dem neuen, im Grunde unbekannten Rußland war. Durch den russischen Vater wurde er von seinem eigenen Vater erlöst. Danach hatte er gesucht. Bereits sein erstes männliches Ideal, den andalusischen Anarchisten Alfonso, hatte er damals, vor zwei Jahrzehnten, als Vater gerühmt, der sich mit seinem kleinen Sohn vertraulich wie mit einem Bruder unterhalten habe (Kap 2).

Rußland war ein fernes Land, dessen Lebensverhältnisse Nexøs Alltag nicht berührten, dessen Sprache er nicht verstand, ein Land mit offenen Fragen, einem säkularen Plan und einer offenen Zukunft, das sich als Projektionsfläche für Nexøs Wünsche und Träume anbot. Pelle, der Proletarier, hatte sich nackt und mit Appetit zum Dienst des Lebens gemeldet, und Lenin hatte 1917 in der Schrift »Staat und Revolution« gefordert, daß die einfachen Leute ihr Schicksal selbst in die Hand nehmen müßten, daß jede Köchin den Staat lenken können sollte. Das junge Rußland hatte Nexøs Herz erobert. Seine Bindung war affektiv, seine Loyalität belastbar, er vertraute.

Um den Unterschied zwischen der alten und der neuen

Welt begreifbar zu machen, erzählt er von seiner dänischen Waschfrau, einer Witwe mit fünf unversorgten Kindern. »Einen Vater haben sie nicht, und die Mutter nehmen wir ihnen weg und stellen sie bei uns in die Waschküche!« In Rußland hätte der Staat die Vaterschaft übernommen. Die neuen Arbeitsgesetze hätten die Kinder davor bewahrt, ihre Mutter fortgehen zu sehen. In Rußland seien die Kinder trotz der Armut glücklicher als in der alten Welt. Allerdings hatten Krieg, Bürgerkrieg und die Hungersnot von 1921/22 zahllose Kinder ihrer Eltern beraubt und dem Elend ausgesetzt. Eine große Zahl obdach- und elternloser Kinder bevölkerte die Straßen und Bahnhöfe der Städte. Bettelei, Kleinkriminalität und Prostitution waren an der Tagesordnung. Dennoch hätten alle Kinder einen Versorger, versichert Nexø und erzählt von den spartanischen Kindersammelstellen, die Betriebe und Gewerkschaften, die Rote Armee und die Tscheka einrichteten. »Das Wichtigste, das Essen, wurde anscheinend immer herangeschafft.« Aus diesen Kindersammelstellen entwickelten sich die Kinderheime.

Nexøs Kinderheim

Nexø war stolz, als ihm die Komintern eröffnete, ein Kinderheim für Opfer von Bürgerkrieg und Hungersnot im fernen Samara sei nach ihm benannt worden. Im Sommer 1922 verfügte die Internationale Arbeiterhilfe von der Ukraine bis zum Ural über mehr als hundert Kinderheime. Versehen mit einem Empfehlungsschreiben des Vorsitzenden des Exekutivkomitees der Komintern, Sinowjew, aber ohne Dolmetscher oder Begleiter, reiste er mit der Eisenbahn von Moskau nach Samara. Die Fahrt dauerte vier Tage. Der Däne Anker Kirkeby, Journalist bei der bürgerlichen Zeitung »Politiken«, der die Stadt an der Wolga ein

Jahr später besuchte, schrieb in seinem »Russischen Tagebuch«, Samara sei dank internationaler Hilfe ein Eldorado
der Kinder geworden, fast jede Straße habe ihr Kinderheim, an der Hauptstraße befinde sich eine Sammelzen-
trale, ein fünfstöckiger Bau, wohin die elternlosen Kinder
gebracht würden. Wie herrenlose Hunde streiften Kinder
durch die Gegend und würden frierend und hungrig,
krank oder gar sterbend aufgegriffen. In einem einzigen
Jahr seien in Samaras Kinderheimen 10500 Kinder untergebracht worden. Kirkeby besuchte auch das Martin-
Andersen-Nexø-Kinderheim. »Im Saal befanden sich ein
Klavier und eine Bühne, über dem Proszenium hingen Lenin und Nexø, beide von den Kindern mit Kohle gezeich-
net. In einer Ecke auf dem Boden lagen die Größeren und
malten prächtige revolutionäre Plakate, in einem Seiten-
zimmer saßen andere und dichteten einen Gruß an ihren
geliebten dänischen Pflegevater. Doch die ›Prosa‹ forderte
auch ihr Recht, während unseres Aufenthalts wurde die
meiste Zeit auf die Diskussion verwendet, ob Nexøs letzte
Dollarsendung (er schickt dem Kinderheim die Einnahmen seiner Vorträge über Rußland) für Winterstiefel oder
Sommerbettzeug verwendet werden sollte.«

Im Dezember 1922, als Nexø das Heim besuchte,
herrschte in der Wolgagegend Mangel an vielen Gütern des
täglichen Bedarfs. Im Nexø-Heim waren 65 hungernde
und frierende Kinder untergebracht. Als er das Heim betrat, waren die Kinder in Reih und Glied aufgestellt. Er
breitete seine Arme aus, als wollte er sie alle umarmen, die
Kinder riefen »Papotschka« und »Papa Nexø« und stürzten
auf ihn zu. Somit war Nexø selbst ein russischer Vater geworden. Im Stadtsowjet hielt er eine Rede über die Bedeutung der Revolution, danach wurde er per Akklamation
zum Ehrenmitglied ernannt. Erneut ergriff er das Wort
und sagte, daß er Rußland als sein Vaterland betrachte. In

»Kraks Blå Bog« (1924), einem dänischen »Wer ist wer?«, führte er an Ämtern und Ehrungen an: »Vorsitzender des Komitees für ökonomischen und kulturellen Austausch mit Rußland, Ehrenmitglied des PEN-Clubs London, des Bodensee-Künstlerbundes und des Sowjets von Samara.« Dabei blieb es, bis die Redaktion 1942 den Eintrag aus Angst vor den deutschen Besatzern strich.

»... glaubt, ich wäre Lenin«

Nexø hielt sich nur drei Tage in Samara auf, dann reiste er nach Moskau zurück, wo Revolutionäre aus aller Herren Länder, insgesamt 408 Delegierte aus 58 Staaten, zum IV. Kongreß der Komintern eingetroffen waren. Nexø war nicht Delegierter, sondern Gast. In einer Pause gruppierten sich im Versammlungssaal des Kreml einige Genossen um ihn, um seinen Samara-Abenteuern zu lauschen. Auch Lenin gesellte sich zu der Runde. Nexø erzählte, wie er in Samara am Bahnhof ankam und sich bei der GPU-Wache, der Nachfolgeorganisation der Tscheka, zu melden versuchte, doch den schnarchenden Wachhabenden nicht aufzuwecken vermochte, so daß er bei der amerikanischen Hilfsorganisation AERA Unterschlupf suchen mußte. Als Lenin die Geschichte hörte, lachte er herzhaft, kratzte sich die Glatze und ging weg. Nexø schildert Lenin im Rückblick als charismatische Persönlichkeit und begnadeten Redner, der die Zuhörer in seinen Bann zu ziehen wußte, während ihn George Grosz als kranken Mann zeichnete, der immer wieder den Faden verlor, so daß ihm Souffleure bald ein Datum, bald ein Wort zuflüsterten. Am 26. Mai 1922 hatte Lenin einen ersten Gehirnschlag erlitten. Einige Tage nach der kurzen Begegnung mit Nexø folgte am 16. Dezember ein zweiter Schlaganfall, der ihn seitdem ans Bett fesselte.

Als Gastgeschenk für Lenin und seine Frau Nadeshda Krupskaja hatte Nexø eine englische Ausgabe des »Pelle« im Gepäck, die er dem Paar »in love« zueignete. Im Reisebuch »Dem jungen Morgen zu« widmet er dem Staatsgründer auffallend wenig Raum, er rühmt etwa dessen Elektrifizierungsprojekt, erzählt aber auch von einer Betriebsversammlung, deren Gast er war. Ein kleiner blonder Junge blickte ihm ernst in die Augen, »und plötzlich schlingt er mir völlig unmotiviert die Arme um den Hals und küßt mich heftig. Er glaubt, ich wäre Lenin.« In seinem Nachruf zwei Jahre später heißt es: »Selten in der Weltgeschichte ist der geistige Inhalt, die Seele einer Klasse oder Bewegung so glücklich verkörpert worden wie das Proletariat durch Lenin.« Nach weiteren zwanzig Jahren sieht Nexø in Lenin die Inkarnation der Träume der Menschheit, einen neuen Jesus und im Kommunismus die Verwirklichung der christlichen Botschaft. »Wir Dänen können uns vielleicht eine schwache Vorstellung machen von der Bedeutung, die Lenin hatte, solange er lebte, wenn wir an Grundtvig denken.«

Russische Enttäuschungen

Enthusiastisch und voller Tatendrang kehrte Nexø nach Dänemark zurück. Auf dem Willkommensfest, an dem auch sein späterer Biograph Børge Houmann teilnahm, erzählte er von den vielen Aufgaben, die er in Rußland geschultert habe. »Er nahm sie so ernst«, berichtete Houmann, »und schilderte sie so detailliert, daß man zeitweise den Eindruck hatte, die Existenz des Proletarierstaates hinge davon ab, ob Genosse Nexø ausführte, was er übernommen hatte.« Mit der Internationalen Arbeiterhilfe (IAH) hatte er vereinbart, persönlich für die Ausgaben

Mit Edvard Gylling, Leningrad 1933. Der Finne Gylling war zwölf Jahre Vorsitzender des Rates der Volkskommissare in Sowjetisch-Karelien, 1938 wurde er hingerichtet.

65. Geburtstag im Schriftstellerverband in Moskau, mit Konstantin Fedin (stehend) und Fjodor Gladkow. Links von Nexø seine Reiseführerin und Dolmetscherin D. Karawkina, die ihn zugleich bespitzelte und in ihren Berichten gut erfaßte.

Vier skandinavische Autoren auf einem Ausflug während des Moskauer Schriftstellerkongresses 1934. Von links: die Schweden Moa und Harry Martinsson (Nobelpreis 1974) sowie der Norweger Nordahl Grieg, der 1943 als BBC-Kriegsreporter über Berlin abgeschossen wurde; er hinterließ Spuren im Werk von Brecht und Peter Weiss.

Ausflug mit Patienten eines Sanatoriums im Kaukasus, 1934. Nexø erholte sich des öfteren in sowjetischen Sanatorien.

Im Hotel National, Nexøs Moskauer Domizil, 1935.

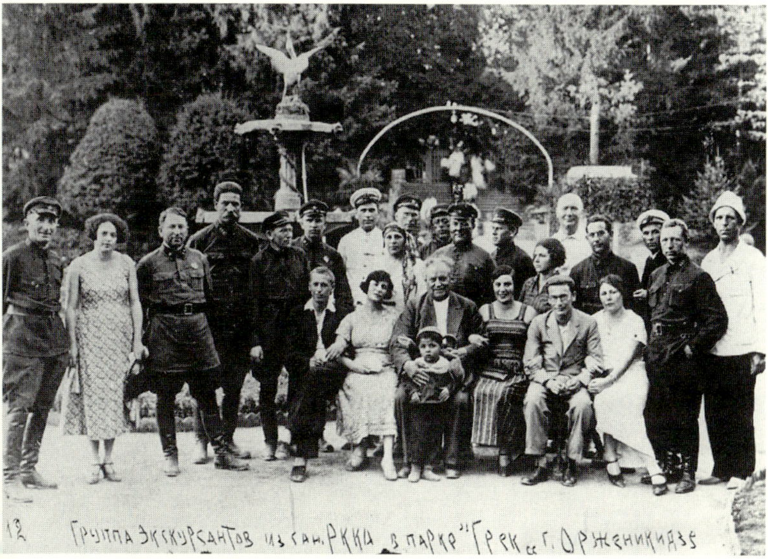

Группа Экскурсантов из Ган. РККИ в парке "Грек" с. г. Орженикидзе

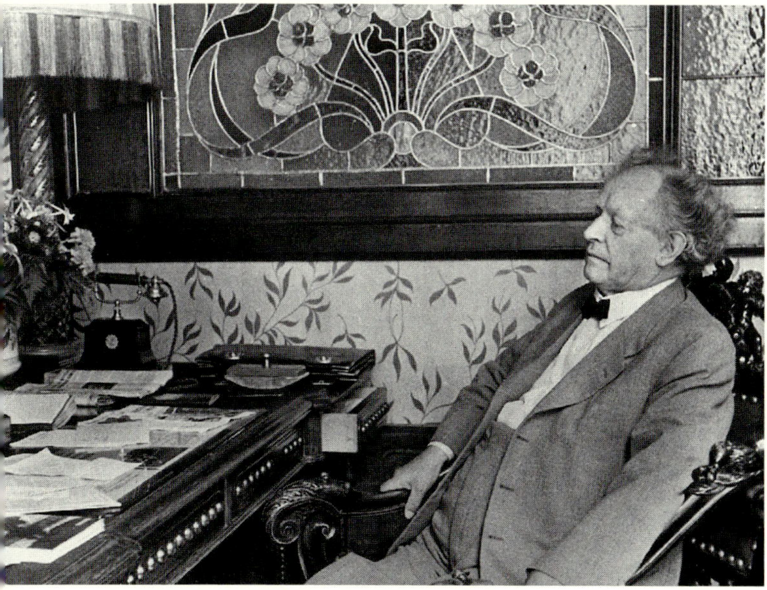

Auf dem Weg von Valencia nach Madrid unter einem Bombardement, 1937. Im Spanischen Bürgerkrieg trug eine aus Dänen, Finnen und Asturiern gebildete Kompanie den Namen Nexøs.

Lidingö bei Stockholm, 13. August 1939, von links: Helene Weigel, Brecht, Hans Tombrock, Nexø, Margarete Steffin. Nexø hatte Brecht während dessen dänischem Exil kennengelernt.

Im Gespräch mit Brecht, der zusammen mit Margarete Steffin Nexøs »Erinnerungen« übersetzte.

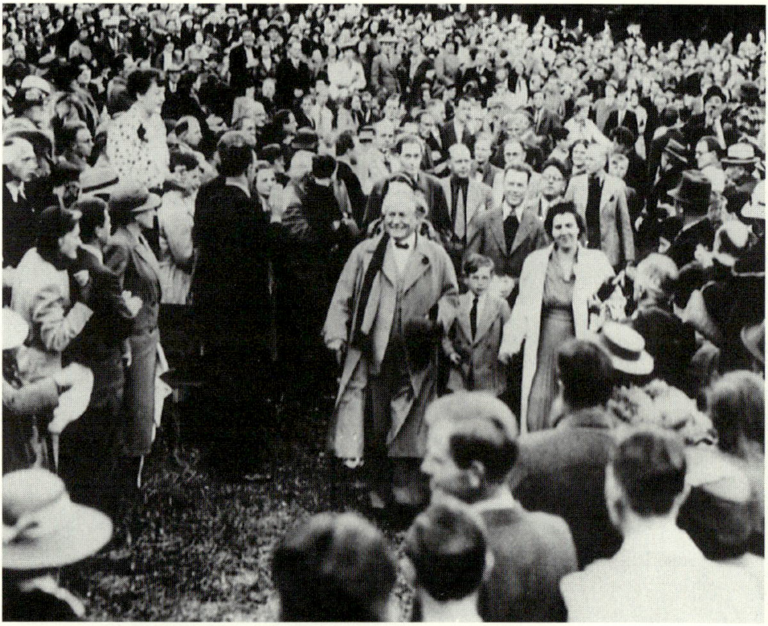

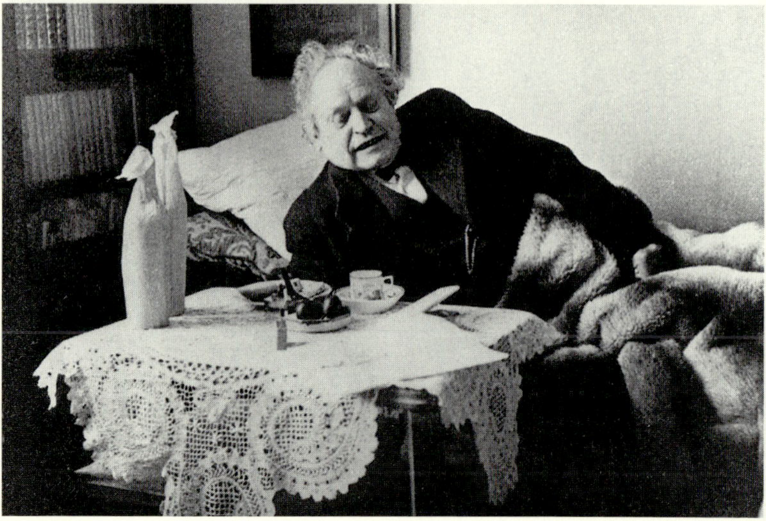

Volksfest der Kommunisten zum 70. Geburtstag im Juni 1939 im Freilichttheater Bellahøj.

Im Gefängnis Frederikssund, wo Nexø vier Tage nach seiner Inhaftierung im Juni 1941 seinen 72. Geburtstag beging.

Fest zum 75. Geburtstag im Volkspark Skansen im schwedischen Exil, mit der sowjetischen Botschafterin Alexandra Kollontai und dem dänischen Botschafter Kruse, 1944. Die Dänische Botschaft in Stockholm betrachtete sich seit dem Herbst 1943 bei der Ausübung ihrer Amtspflichten und der Wahrung der dänischen Interessen als unabhängig von Kopenhagen, wo die Deutschen die Macht übernommen hatten. Bei Kriegsende lebten 20 000 dänische Flüchtlinge in Schweden.

Mit Frau Johanna 1944 nach der Ankunft im sowjetischen Exil in Leningrad, bevor die Familie nach Moskau weiterreiste.

des Kinderheims, das seinen Namen trug, aufzukommen. Er sammelte Geld, viel kam aber nicht zusammen. Dr. Ferdinand Berger, der für die IAH in Samara die Aufsicht über achtzehn Kinderheime führte, setzte Nexø über die Verhältnisse vor Ort ins Bild: Das Personal erhielt keinen Lohn, die Kinder froren. Bald brach die Hilfsarbeit der IAH zusammen. Berger ärgerte sich in einem Brief an Nexø vom 22. Mai 1923 über »die Schweinerei ohne Ende in unserer Moskauer Zentrale«. Zwei Monate später bat er Nexø, alle Geldsendungen einzustellen. Die Fürsorge werde reorganisiert.

Auch als literarischer Agent trat Nexø in Aktion. Im Auftrag des Verlags »Moskowski rabotschi« suchte er in Skandinavien nach sozial orientierten Autoren, die sich für eine Übersetzung ins Russische eigneten. Insgesamt 21 Bücher schickte er nach Moskau, ohne je eine Antwort zu erhalten. Ein weiteres Projekt scheiterte ebenfalls: In Absprache mit dem Volkskommissar für Kunst, Wissenschaft und Unterricht, A. W. Lunatscharski, der 1909 bis 1911 ein zweibändiges Werk mit dem Titel »Christentum und Sozialismus« herausgegeben hatte, bereitete Nexø ein Buch über Dänemark vor. Rußland wolle von Dänemark lernen, erklärte er in einem Interview, Moskau interessiere sich für die Landwirtschaft, aber auch für die Volkshochschule und für Grundtvig. Das Buch werde in einer Millionenauflage Verbreitung finden. Die Krupskaja habe ihn telefonisch über die dänische Volksaufklärung befragt. Tatsächlich findet sich in seinem Notizbuch der Vermerk: »Für Frau Lenin: Material über die dänische Volkshochschule.« Nadeshda Krupskaja war Leiterin der Abteilung für Erwachsenenbildung im Bildungskommissariat. Ursprünglich Sozialdemokratin, hatte sie sich mit Beiträgen zur Massenbildung und allgemeinen Pädagogik einen Namen gemacht. Wer einen »neuen Menschen« schaffen wollte, mußte bei der Erziehung beginnen. In Rußland war 1918 die »Einheitsarbeitsschule« eingeführt worden, die die Lehre der modernen Pädagogik vom natürlichen Lernen mit dem Erfordernis technischer Breitenqualifikation und dem proletarischen Klassenstandpunkt verband, eine Schule für Kopf und Hand. Die Arbeitsschule, so Nexø in seinem Rußlandbuch, nutze den Drang des Kindes, Gegenstände anzufassen und mit ihnen zu hantieren. Sie führe, im Unterschied zur westeuropäischen Paukanstalt, den Unterricht auf »den großen Mutterschoß« aller Erfahrungen und allen Wissens, das Leben, zurück. Die russische Schule erinnerte ihn an Grundtvig, den »am weitesten vorausschauenden Geist, den Dänemark je hervorgebracht hat«. Grundtvig habe die Prinzipien der Arbeitsschule erkannt und sie in der alten Gesellschaft verwirklichen wollen, was nicht gelingen konnte, da sie »Bestandteil des neuen Geistes, des Kommunismus« seien. Selbst eine Einheit junger Rotarmisten, die er beim Exerzieren unter Spielen und Lachen beobachtete, läßt ihn an »unsere Volkshochschuljugend« denken.

Für sein Dänemark-Buch verpflichtete Nexø eine Reihe renommierter linker Autoren, die Artikel über die Kooperationen der Bauern und Arbeiter, die Gewerkschafts- und die Landarbeiterbewegung, die politische Bewegung (Marie Nielsen), die Sozialgesetzgebung, die Volkshochschule (Nexø) und die soziale Literatur lieferten. Die Beiträge, die bei Nexø eintrafen, leitete dieser nach Moskau weiter, wo man auf seine wiederholten Nachfragen jedoch nicht reagierte. Alle Mühe war umsonst gewesen, das Buch kam nicht zustande, die versprochenen Mitarbeiterhonorare blieben aus. Für Nexø, der doch die Arbeitsmoral im neuen Rußland gepriesen hatte, eine herbe Enttäuschung. Seinem Ärger machte er in einem Brief an den sozialdemokratischen Redakteur F. E. Madsen Luft (20. 6. 1924).

Alle Mitarbeiter des Buches seien arme Proletarier, während die Diplomaten der neu eröffneten russischen Legation in Kopenhagen in Saus und Braus lebten. (1924 hatten Dänemark und die Sowjetunion diplomatische Beziehungen aufgenommen.) Noch drei Jahre später ereiferte er sich, der Kommunismus sei eine »große Sache, die schönste und größte Idee, die die Welt gesehen hat«, doch bemächtigten sich ihrer zunehmend Schwadroneure, Glücksritter, Streber und Tagediebe (an Anders Christensen, 9. 1. 1926).

Auf Nexøs Rußland-Buch »Dem jungen Morgen zu« reagierte die bürgerliche Presse mit Ablehnung. Die konservative »Nationaltidende« sprach von einer »einseitigen Apotheose«. »Politiken« beurteilte das Werk als »einseitig, agitatorisch, aber lebendig, in einer kräftigen, malerischen Sprache«. »Aalborg Stiftstidende« spottete, Nexø hätte keinen ungeeigneteren Titel wählen können, denn das Buch zeige »den russischen Proletarier als Herrn auf einem Schiff, das mit gelöschten Lichtern hinaus in eine pechschwarze Nacht steuert, die niemals Tag werden wird«. Nicht genug damit, provozierte die Schrift einen Eklat. Im Vorwort berichtet Nexø: »Schon als Kind begegnete ich dem erbarmungslosen Aufstand des Proletariers, ohne in die Knie zu brechen. Seltsamerweise erschien er mir in russischer Gestalt.« Es war an einem Wintertag auf Bornholm gewesen, als der Acht- oder Neunjährige mit seinen Kameraden Strandgut aus der Brandung barg. Plötzlich tauchte ein Schiff auf, das stoßweise herantrieb. Die Fischer fuhren hinaus und schleppten die Russenschute in den Hafen. Nexø und seine Kameraden beobachteten entsetzt, wie die Besatzung an Land getragen wurde. Der Steuermann »war übersät von Messerstichen, lebte aber«. Alle anderen waren tot, am Kopf hatten sie klaffende Wunden. Der Schiffsjunge Jan Umb, ein Bursche von siebzehn oder achtzehn

Jahren, »jedermanns Hund« an Bord, hatte sich gerächt. Aus dieser frühen Begegnung mit dem russischen Proletariat will Nexø Kraft geschöpft haben. »Wie sollte ich ihn, Jan Umb, bei seiner Rückkehr in Gestalt der Revolution nicht wiedererkennen und lieben wie damals?«

Die Lokalzeitung »Bornholms Avis« ging der Sache nach und kam zu dem Schluß, Nexøs Erinnerung müsse erfunden sein, Jan Umb war nie auf Bornholm gewesen. Diese Recherche zog Nexøs Glaubwürdigkeit in Zweifel. Er redete sich damit heraus, daß er die Geschichte »symbolisch« gemeint habe. Einige Jahre zuvor hatte er die historisch verbürgte Gestalt des Jan Umb allerdings noch in einem anderen Lichte gesehen. Damals, 1911, schilderte er im Artikel »Blutdurst« den Berserkergang der Polizei, die in Moabit im »Blutrausch« auf Demonstranten eindrosch: »Seit der russische Schiffsjunge Jan Umb in meiner Kindheit kaltblütig eine Schiffsbesatzung, der er angehörte, ermordet hatte, hat nichts so unheimlich auf mich gewirkt wie die Moabit-Affäre.«

Nach der Rückkehr aus Rußland erzählte Nexø auf einer Vortragstournee von seinen Erlebnissen. Fast alle Veranstaltungen seien von bürgerlicher Seite arrangiert worden, berichtete er dem Finnen Otto W. Kuusinen (8. 3. 1923), der als Mitglied des Exekutivkomitees der Komintern dessen skandinavische Abteilung leitete. Im Nikolaj-Kirchensaal in Kopenhagen seien über tausend Zuhörer erschienen. Hunderte hätten abgewiesen werden müssen. In bürgerlichen Kreisen bestand ein reges Interesse an Informationen über Rußland. Nexø ergriff deshalb, wie er Kuusinen erläuterte, die Initiative zur Gründung eines »Komitees für ökonomischen und kulturellen Austausch mit Rußland«, kurz Komsamrus, das »nach außen unparteiisch ist, in dessen Kern aber Kommunisten sitzen«. In Dänemark deute sich ein Umschwung der Haltung zu

Sowjetrußland an, »und daran habe ich meinen Anteil«. Doch die nach wie vor durch Streitereien und Fraktionskämpfe blockierte Kommunistische Partei sei so »korrumpiert«, daß sie »sterben« müsse, damit etwas Neues beginnen könne, ärgerte sich Nexø im Brief an Kuusinen. Er empfahl der Komintern deshalb, der Partei jede weitere Unterstützung zu entziehen.

Nexø war so etwas wie ein Kommunist ohne Partei. Der Umschwung, von dem er sprach, war Wunschdenken. Die Misere war groß. Welche Zukunft, so mußte er sich fragen, hatte die zerstrittene revolutionäre Bewegung, die über eine einzige Zeitung verfügte, ein Wochenblatt, das nicht einmal jede Woche erschien? Welche Zukunft hatte eine Bewegung, die bei Wahlen ein paar tausend Stimmen erhielt? War diese Partei jene Avantgarde, die das Bewußtsein der Massen zu erweitern und zielgerichtete Aktionen zur Durchsetzung des gemeinsamen Interesses zu organisieren vermochte? Und Nexøs russische Projekte, waren sie nicht samt und sonders gescheitert? Was war aus dem Kinderheim in Samara geworden? Die Internationale Arbeiterhilfe, deren Exekutivkomitee er angehörte, tadelte er als eine Organisation, die aus 75 Prozent Schwindel und 25 Prozent Unfähigkeit bestehe. Die kommunistischen Verlage übersetzten seine Arbeiten auch ohne sein Einverständnis und rechneten oftmals nicht ab. Die Produktionsfirma »Proletkino« hatte im Ernst geglaubt, die weltweiten Filmverwertungsrechte an allen seinen Arbeiten für lächerliche 1750 Kronen erwerben zu können. Nexø hatte alles gegeben für die Revolution, er war jetzt über fünfzig Jahre alt, nach damaligen Maßstäben ein gesetzter Herr. Und er war krank. Auf der Vortragstournee hatte ihn sein Ischias so fest im Griff, daß er sich eines Morgens im Bett nicht mehr rühren konnte. Im April und Mai weilte er deshalb zur Kur in Baden-Baden.

Dann traf ihn »ein Schicksalsschlag«, der ihn für die nächsten Jahre »aus dem Land kippte« (an Marie Nielsen, 25. 9. 1924). Dem Schriftsteller Jeppe Aakjær hatte er versprochen, auf dem Jenle-Fest eine Rede zu halten. Kurz zuvor schickte er dem Kollegen ein Telegramm: »Verhindert. Habe Stoß in die Herzgrube erhalten. Nexø.« Mit der Weltrevolution hatte der Stoß nur am Rande zu tun, er hatte andere, private Gründe.

Kapitel 7
In der Weimarer Republik

Nexøs zweite Ehe war am Ende. Grethe, seine Frau und Sekretärin, führte ein eigenständiges Leben. Zum Beispiel gehörte sie der Leitung der dänischen Sektion der »Internationalen Arbeiterhilfe« an – ein Engagement, über das er im Erinnerungsroman »Die verlorene Generation«, in dem er von dieser Ehe erzählt, kein Wort verliert. Auch daß sie mit ihm in Moskau weilte, erwähnt er nicht. Seine Frauenaffären hatte sie toleriert. Ihrem Moskauer Tagebuch zufolge drohte er ihr täglich, eine andere Frau zu nehmen. »Ich möchte nur wünschen, daß er keine Kinder mit einer andern bekommt, denn das ist das einzige, worin ich besser bin als jede andere.« In den zehn Ehejahren hatte sie fünf Kinder geboren.

Daß auch Grethe ein Verhältnis hatte, entdeckte Nexø nach der Rückkehr aus Rußland. In seinem Tagebuch gab er auf 21 Seiten seiner Verzweiflung und seinem Selbstmitleid Ausdruck. Über ihre Untreue verfaßte er das Gedicht »Die Wasserleiche«, das er sieben Jahre später in »Politiken« veröffentlichte. »Er konnte sich« – gesteht er in der »Verlorenen Generation« – »Hunderte Male einreden, daß er borniert war, ein Kleinbürger, der der Frau nicht dasselbe Recht zugestand, das er sich selber genommen hatte.« Das Selbstbewußtsein, das Grethe nun auslebte, machte ihm zu schaffen. »Ihre herausfordernden Bewegungen, ihre derbe Art, das Essen zu kauen, alles wirkte fremd auf ihn, fast abstoßend.« Nexø fürchtete das Geschwätz und wollte aus Espergærde wegziehen. Als besonders peinlich empfand er, daß sich die um 21 Jahre jüngere Grethe einen jungen Liebhaber genommen hatte. Doch habe sie einsehen müssen, daß der junge Mann neben Mortens »starker Männlichkeit« blaß und fade wirkte.

Ein Ortswechsel schien angezeigt. Am 9. November 1923, dem Tag nach Hitlers Münchner Putschversuch, trug sich Nexø mit Grethe, den fünf Kindern und seiner Mutter in das Gästebuch der Pension »Zur Krone« in dem zwischen Meersburg und Überlingen gelegenen Fischerdorf Unteruhldingen am Bodensee ein. Das Jahr der deutschen Staatskrise, der französisch-belgischen Ruhrbesetzung, der Hyperinflation ging zu Ende. Für das Kilo Brot, das im Dezember 1919 noch 80 Pfennig gekostet hatte, mußten im Juli 1923 schon 3465 Mark und im Dezember sage und schreibe 399 000 000 000 Mark hingeblättert werden. In Hamburg griffen im Oktober einige hundert Kommunisten zu den Waffen und verschanzten sich drei Tage und drei Nächte. In die SPD-geführten Regierungen von Thüringen und Sachsen wurden kommunistische Minister berufen, worauf Reichspräsident Ebert Truppen nach Leipzig und Dresden beorderte. Per »Reichsexekution« wurden die Kabinette wieder abgesetzt. Ende des Monats wurden KPD, NSDAP und Deutsch-Völkische Freiheitspartei verboten. In Berlin und anderen Städten demonstrierten Scharen ausgehungerter Soldaten. Die Einführung der Rentenmark am 16. November 1923, eine Woche nach Nexøs Ankunft am Bodensee, trug zur innenpolitischen Beruhigung und wirtschaftlichen Stabilisierung ebenso bei wie die Dollarspritze des Dawesplanes. Im Januar 1924 lag der Brotpreis wieder bei 30 Pfennig. Am Bodensee war es still und ruhig.

Drei Jahre zuvor, im Januar 1921, hatte Nexø die Bodenseegegend als Refugium entdeckt. In Meersburg hatte er Zuflucht vor dem windigen dänischen Winterklima gesucht und bald schon Freundschaft mit dem Philosophen Fritz Mauthner geschlossen, der im »Glaserhäusle« hoch über Meersburg residierte, das einst die Droste in dem Gedicht »Die Schenke am See« besungen hatte. »Hier oben war das Dasein wohltuend verschieden von dem unten in der Gemeinde mit ihrer muffigen Atmosphäre und dem feuchten Nebel, der ständig vom See her in die engen Straßen drang«, erinnerte er sich später in der »Verlorenen Generation«. Sein Reiseziel war zwar Italien gewesen, doch hatte die dortige Regierung dem »›staatsgefährlichen‹ Dichtermann« die Einreise verweigert, wie Mauthner im Vorwort des Nexø zugeeigneten Buches »Spinoza. Ein Umriß seines Lebens und Wirkens« (Dresden 1921) kundtat. Bereits im Frühjahr 1922 kündigte Nexø seinen nächsten Besuch an: »Herz mit seltsamer Wärme, Heimweh! Gern fuhr ich selbst für ein paar Wochen nach unten, teils um die Gegend, die ich in Winterbeleuchtung so gut kenne, auch einmal in Sommersonne zu sehen, und last not least – um mit Ihnen, lieber und verehrter Freund, in den schönen Wäldern zu spazieren – und Ihrem weisen Rat zu lauschen.« (An Mauthner, 15. 4. 1922)

Unerwünschte Person

Doch auch in Deutschland stand Nexø im Ruf eines Aufwieglers. Der »Reichskommissar für Überwachung der öffentlichen Ordnung«, eine Art Verfassungsschutzbehörde, rüffelte die Deutsche Botschaft in Kopenhagen, weil sie ihm ohne weiteres ein Einreisevisum ausgestellt hatte. Der »Reichskommissar« teilte deshalb im Januar 1921 dem Außenministerium mit, der Däne gelte als unerwünschte Person. Visumersuchen seien nicht mehr von der Kopenhagener Botschaft, sondern vom Außenministerium zu bearbeiten, das seinerseits das Plazet des »Reichskommissars« einzuholen habe. An alle Polizeistellen erging die Anweisung, Informationen über Nexø zu melden. Die Polizeidirektion München berichtete, er sei im März 1920 beim Gastwirt Gregor in Neuried in Begleitung der 17jährigen Tochter Erika des Kommunisten Dr. Schollenbruch sowie der Frau des berüchtigten Kommunisten Erich Mühsam und einer weiteren, nicht identifizierten Mannsperson beobachtet worden. »Sämtliche 4 Personen sollen mit Ledermappen versehen gewesen sein.« Es bestehe der Verdacht, daß Nexø als russischer Kurier agiere und bolschewistisches Agitationsmaterial einschmuggele. Die Einreise zur Teilnahme an der Beerdigung Ludwig Thomas wurde ihm im August 1921 genauso verweigert wie etwas später das Visum für einen viermonatigen Aufenthalt im Kurhaus St. Leonhard bei Überlingen. Daraufhin bat er Mauthner um dessen Vermittlung. Dieser wandte sich an Walther Rathenau, der von Mai bis Oktober 1921 als Wiederaufbauminister dem Kabinett Wirth angehörte. »Ich werde schon morgen ›Pelle‹ an Minister Dr. W. Rathenau schicken, und hoffe von Herzen daß er den Zauberstab besitzt & das verbotene Land aufmacht«, schrieb Nexø am 15. Oktober an Mauthner, um zugleich zu versichern, daß er sich nicht in deutsche Angelegenheiten einmischen werde. »Es reisen doch so viele ausländische Kommunisten nach Deutschland: Chaplin, Gorki u.s.w.«

Auch der Unabhängige Sozialdemokrat (USPD) Rudolf Breitscheid griff im Oktober 1921 den »Fall Nexø« auf und richtete im Reichstag eine Anfrage an den Außenminister. In seiner Antwort erklärte dieser am 2. November, er verstehe den Wirbel nicht, es bestehe kein Einreiseverbot für Andersen Nexø. Er verschwieg allerdings, daß das Verbot erst am Vorabend aufgehoben worden war. Am 30. Oktober hatte er den »Reichskommissar für Überwachung der öffentlichen Ordnung« ersucht, Nexø die Einreise künftig zu gewähren, ihn aber diskret zu überwachen. Im Überwachungsapparat herrschte deshalb Hochspannung, als der berüchtigte Däne einreiste und sich in Richtung Süddeutschland begab. Was mochte er im Schilde führen? Und was befand sich in seinen Koffern? Der Polizeimeister der Stadt Konstanz an der Grenze zur Schweiz erstattete dem »Reichskommissar« Meldung, in der Stadt mache das Gerücht die Runde, Nexø beabsichtige, drei Kisten Moskauer Gold in die Schweiz zu transportieren. Rathenau ließ einige Wochen später, am 13. Dezember, Mauthner wissen, er habe eine Aufenthaltsbewilligung für Nexø erwirkt. Das war für das Landeskriminalamt in Karlsruhe der Anlaß, erneut beim »Reichskommissar« zu intervenieren, worauf die Deutsche Botschaft in Kopenhagen die Gemüter mit der Auskunft beruhigte, Nexø sei aus gesundheitlichen Gründen an den Bodensee gezogen, sein Bekanntenkreis bestehe fast ausschließlich aus Literaten, von Rußland sei er enttäuscht, seine politischen Ansichten würden in Dänemark nicht ernst genommen, er gelte als »Salon-Revolutionär«. Die Aufenthaltsbewilligung mußte regelmäßig erneuert werden, die Überwachung durch den »Reichskommissar« blieb bestehen.

Schweiz: »Klammer Kellergeruch«

Am andern Ufer des Sees winkte die Schweiz, ein Land, von dem Nexø eine romantische Vorstellung hatte. Doch wurde er bald eines Besseren belehrt. »Hier in Süddeutschland begannen viele zu lächeln, wenn er das Land in Zusammenhang mit dem Wort Freiheit nannte. ›Saturiert‹, sagten sie bloß und lachten – ›satt und selbstzufrieden!‹« Mauthner klärte ihn darüber auf, daß man in der Schweiz noch immer vom Mittelalter zehre. Der Weltkrieg habe das Land weder physisch noch psychisch getroffen. Der Geldsack sei das einzige, das den Eidgenossen jucke. Kein Wunder, daß Nexø dieses sonderbare Land besuchen wollte. Eine Einreiseerlaubnis wurde ihm zunächst verweigert. Auf Mauthners Rat wandte er sich mit seinem Anliegen an den Zürcher Sozialdemokraten Hermann Greulich, worauf ihm ein Aufenthalt von vierzehn Tagen bewilligt wurde. Strengstens untersagt war ihm allerdings das Abgeben öffentlicher Äußerungen und Kommentare. Zwei Polizisten hefteten sich an seine Fersen. Die Beschattung war so auffällig, daß es Nexø nicht wagte, Leute zu besuchen, die er gern getroffen hätte, aber nicht kompromittieren wollte. Sein Eindruck war, daß eine dünne Oberschicht von Bank- und Geschäftsleuten, im Verein mit der kompakten Masse des Kleinbürgertums, alles daransetze, auch nur den Anflug von Liberalität fernzuhalten, wie er treffend bemerkte. Über dem Land, das die Vermögen von Europas Millionären verwahre, liege ein »klammer Kellergeruch«. Das Ziel eines guten Schweizers sei es, Geld zu raffen, um ein Haus zu kaufen und von den Mietern zu leben.

In Deutschland wollte sich Nexø neu orientieren, und schon bald lernte er auf einer Eisenbahnfahrt seine dritte Frau kennen. Er war 56, als er im März 1925 die 21jährige deutsche Beamtentochter Johanna Maj heiratete. Der Altersunterschied zwischen ihm und seinen drei Frauen war frappant. Mit 29 hatte er die 17jährige Margrethe Thomsen und mit 44 die 23jährige Grethe geheiratet. Mit Johanna wird er nochmals drei Kinder zeugen. Ihm glückte es, in ein und demselben Jahr Vater und Großvater zu werden.

Die Ehe mit Johanna war weit unproblematischer als seine beiden vorangegangenen. Im Erinnerungsroman »Jeanette« läßt Nexø seine dritte Frau sagen, sie freue sich auf seine Mutter, fürchte sich aber ein wenig vor ihr, denn sie sei sicherlich sehr klug. »Morten nickte nachdrücklich. ›Das ist sie!‹« Die Mutter zog sich nach der zweiten Scheidung des

Sohns aus dessen Leben ins Altenheim nach Kopenhagen zurück, wo sie zwei Jahre später starb. Johanna führte Nexøs Sekretariat und war zugleich eine Hausfrau ganz nach seinem Geschmack.

»... in einen Verlag eingestiegen«

Nach der Ankunft am Bodensee trat Nexø 1923 der Kommunistischen Partei Deutschlands bei. Er nahm Kontakt zu dem Kunsthändler, Antiquar, Verleger und Schriftsteller Oskar Wöhrle (1890–1946) auf, mit dem er seit einigen Jahren bekannt war und der in Konstanz einen linken Verlag gegründet hatte. Wöhrle, der aus dem Elsaß stammte, war ein Abenteurer. Flucht aus der Fremdenlegion, Teilnahme am Ersten Weltkrieg, Wirken als Arbeiter- und Soldatenrat, Exil in Prag waren Stationen seines Lebens. 1937 kehrte er nach Deutschland zurück, wo er mit den Nazis paktierte. Den Verlag hatte Wöhrle bereits vor dem Krieg in Stuttgart gegründet, im Frühjahr 1920 übersiedelte er nach Konstanz, wo er das Haus »Zur Flasche« erwarb, das für ein halbes Jahrzehnt zum Anziehungspunkt für lokale Künstler- und Literatenkreise wurde. Daß er die Fassade von einem Künstler bemalen ließ, sorgte für öffentliche Entrüstung. Die städtische Denkmalkommission wurde bemüht, in deren Gutachten es hieß, die Malerei sei als »Dokument unserer Zeit und ihrer grellen Zerrissenheit künstlerisch interessant, aber ein Schlag ins Gesicht dem bürgerlichen Gemeinschaftsgefühl«.

»Ich bin in einen Verlag eingestiegen, den Genosse Oskar Wöhrle und ich zu einem Proletarierverlag, am liebsten von Weltbedeutung, nach vorn kämpfen wollen«, schwärmte Nexø Marie Nielsen vor, der Mitkämpferin aus den Tagen der Sozialistischen Arbeiterpartei (25. 9. 1924).

Unzufrieden mit dem Editionstempo seines deutschen Verlags, Albert Langen in München, hatte Nexø noch vor dem Umzug nach Deutschland Wöhrle mit einem Darlehen ausgeholfen, als dieser den »Lotterieschweden« herausgab. Im Paragraphen 4 des Vertrags vom 14. März 1922 war vereinbart worden: »Als einmaliges Honorar erhält der Verfasser ein Bild (Oel auf Holz, holländische Schule, angeblich van de Velde).« Wöhrle ernannte Nexø zum Leiter der skandinavisch-russischen Abteilung der Firma. In dieser Eigenschaft verhandelte er mit skandinavischen Autoren, so mit der Norwegerin Sigrid Undset, die wenige Jahre später den Nobelpreis erhielt, er bereitete eine große Hans-Christian-Andersen-Ausgabe vor sowie einen Band des dänischen Erzählers Steen Steensen Blicher. Auch eigene Werke nahm er ins Programm: das Rußlandbuch »Dem jungen Morgen zu« (1923) in einer Auflage von 10 000 Exemplaren, die Romane »Eine Mutter« (1923) und »Sühne« (1924) sowie das Spanienbuch »Sonnentage« (1924). Zudem unterstützte Nexø den Verlag, der am Rande des Bankrotts operierte, mit kräftigen Zuschüssen.

Im Herbst 1924 verband er die Trennung von seiner Familie mit einem Umzug nach Konstanz. Die Villa in Espergærde verkaufte er, für Grethe und ihre fünf Kinder erwarb er ein Haus in Hagnau am Bodensee. Mit Hilfe einer Hypothek der Reichenauer Sparkasse erstand er in Allensbach ein altes Bauernhaus in der Nähe des Landungsstegs, das er Anfang August 1925 bezog und im Lauf der Jahre um- und ausbaute.

Oscar Wöhrle, dem auch der Konstanzer Seeverlag gehörte, hatte sein Geschäft zu rasch ausgebaut und seinen beiden Verlagen eine eigene Druckerei angeschlossen, so daß er zeitweise 24 Angestellte beschäftigte. Bereits bei der Entgegennahme des Ölgemäldes gewährte Nexø ein Darlehen von 1000 dänischen Kronen, was, bei einsetzendem Währungszerfall, 64516 Mark entsprach. (Ein Ei kostete im Februar 1922 2,50 Mark, im August bereits 7,50 Mark.) Im selben Jahr folgten weitere 500 Kronen, danach 616 Dollar. Im November 1923 schickte Nexø 483 Dollar und 5 Pfund nach Konstanz, im Dezember 1000 Goldfrancs, am 9. Januar 1924 1000 Goldmark, am 12. Januar überwies er vormittags 3000 Schweizer Franken und nachmittags nochmals 2000. Als er im Juni 1924 in Baden-Baden zur Kur weilte, erreichte ihn Wöhrles dringende Bitte: »Wäre es dir vielleicht doch möglich, raschestens 5–6 Tausend Mark flüssig zu machen?« Um Wöhrle zu helfen, hatte Nexø sein Honorarkonto beim Kopenhagener Aschehoug-Verlag längst überzogen. Am 17. Mai 1924 hatte ihm Aschehoug mitgeteilt, seine Schulden beliefen sich auf 16 460 Kronen, weitere Vorschüsse könnten nicht gewährt werden. Im Juni machte Nexø Kassensturz und summierte Wöhrles Schulden auf 35 300 Kronen, nicht gerechnet Honorare, Reisekostenerstattung und Zinsen. Er war, ohne über die nötigen Mittel zu verfügen, als Wöhrles Financier aufgetreten. Im Frühjahr 1924 mußte Wöhrle den Seeverlag verkaufen.

Die Nachricht von Wöhrles finanziellem Kollaps erreichte Nexø am 20. März 1925, dem Tag der Trauung mit Johanna Maj. Die ganze Affäre offenbart seine Bereitschaft zu selbstlosem Einsatz, seine Vertrauensseligkeit und Gutgläubigkeit, Charakterzüge, die auch in seiner Haltung gegenüber der Sowjetunion zur Geltung kamen. Immerhin glaubte er sich auf die KPD als Bürgin verlassen zu können. Doch darin hatte er sich getäuscht. Inzwischen hatte Wöhrle ohne Nexøs Wissen einen Teil der Restauflagen seiner Bücher dem Seeverlag in Konstanz verkauft, einen andern Teil nahm ein Fabrikant in Stuttgart als Pfand. Was übrigblieb, schanzte er einem Papierlieferanten in Berlin zu. Die verworrenen Eigentums- und Schuldverhältnisse machen, wie der Bodenseechronist Manfred Bosch ausführt, eine Rekonstruktion der Verlagsliquidation fast unmöglich. Jedenfalls stellte das Amtsgericht Konstanz im Dezember 1925 das Konkursverfahren mangels Masse ein. Das Haus »Zur Flasche« wurde im März 1926 zwangsversteigert, um die Buchtitel und Lagerbestände fanden jahrelange Auseinandersetzungen statt.

Nexø war schockiert und fühlte sich von Wöhrle genauso wie von der KPD betrogen. Noch sieben Jahre später ereiferte er sich in einem Brief an Georg Lukács vom 2. Januar 1932 über die Parteileitung, die insgeheim die Verlagswerte nach Berlin gebracht und ihn mit einem riesigen Schuldenberg im Stich gelassen habe. Sein Zorn richtete sich insbesondere gegen Willi Münzenberg, den Vorsitzenden der Internationalen Arbeiterhilfe und Medienmogul, den er im Erinnerungsroman »Die verlorene Generation« unter dem Namen Silberberg auftreten läßt, wie er vor einem Gasthaus am Bodensee, in einen Pelzmantel gehüllt, einem Rolls Royce entsteigt. »Ihm folgte der Chauffeur, der ein paar Broschüren trug.« Nexø reiste nach Berlin, um den mit Münzenberg eng befreundeten sowjetischen Botschafter Nikolai Krestinski zu bitten, dem Verlag mit einem Darlehen aus der Klemme zu helfen. Im Vorzimmer des Diplomaten wurde er gebeten, sein Anliegen auf einen Zettel zu notieren, worauf umgehend der Bescheid kam, der Botschafter könne ihn leider nicht empfangen. »Bewahre mich, o Gott, vor meinen Parteigenossen! Mit meinen Gegnern werde ich allein fertig« (an J. W. Hartmann, 24. 5. 1926), seufzte er in einem Brief an einen amerikanischen Professor. Sieben Jahre wird es dauern, bis er die Schulden abgetragen hat. Aus alldem zog er die Konsequenz und erklärte seinen Austritt aus der KPD.

Am Bodensee wenigstens konnte er sich erholen. »Meine kleine Frau, die eine Zeitlang Sekretärin im Landtag von Baden war – und sie war sehr tüchtig –, gefällt es hier so richtig, wo sie kochen und flicken und putzen kann« (an Georg Bolgann, 19. 9. 1925). Für eine Tourismusbroschüre seiner neuen Wohngemeinde verfaßte er den Beitrag »Was ich an Allensbach so gern habe«. In dem Abschnitt »Mein kleines Idyll« heißt es: »Hier verlaufen die Tage pastoral, herrscht der Patriarchalismus noch, deshalb wohl gestalten sich die Lebensschicksale in breitester Menschlichkeit.« Im Sommer 1925 begaben sich Nexø und Frau Johanna auf Hochzeitsreise nach Dänemark. Doch kein einziger der alten kommunistischen Mitstreiter wurde besucht.

Am Bodensee blühte Nexø auf. Der luxemburgische Schriftsteller Norbert Jacques, der mit seinem Roman »Dr. Mabuse, der Spieler« Ruhm erlangte, wohnte ebenfalls am See und verkehrte mit Nexø. In seinen Memoiren »Mit Lust gelebt« erinnert er sich: »Auch Andersen Nexö hatte wie Dietrich der Gotiker einen Stock mit einer ansehnlichen Kugel als Knauf, schieres unkommunistisches mit 900 gestempeltes Silber. Wenn er daherkam, unter seinem repräsentablen breiten Hut, konnte man meinen, Gottvater selbst schritte durch Konstanz und führte seine Weltkugel spazieren. Seinen Zusammenhang mit dem Gedankengut seiner politischen Weltanschauung brachte er vor allem durch die Tatsache zum Ausdruck, daß in seinem Haus das Dienstmädchen mit am Tisch aß und er Gäste, die zum erstenmal kamen, raten ließ, wer von den noch mitgeladenen Feen die aus der Küche sei.«

Und Deutschland? Auf einem Morgenspaziergang begegnet Nexøs Alter ego Morten in der »Verlorenen Generation« einem Kriegsheimkehrer in einer zerfetzten Uniform. Der Mann bittet um Tabak, und Morten reicht ihm seinen Beutel. Im Hafen versammeln sich währenddessen viele Menschen: ein General wird erwartet. Der Dampfer läuft ein, und auf der Kommandobrücke prunkt der General in seiner

Uniform. Die Menge schreit »hurra, hurra«. Da stürmt der Soldat nach vorn und die Laufplanke hinauf. »So siehst du also aus!« brüllt er. »Ich hab unter dir fünf Jahre gedient, und heute seh' ich dich zum ersten Mal!« Und er versetzt dem General ein paar Ohrfeigen. Man überwältigt ihn und schleppt ihn an Land. Die Menge, die eben noch dem General zugejubelt hat, ergreift, zu Mortens Freude, die Partei des Soldaten und zwingt die Polizisten, den Mann laufenzulassen.

Flirt mit den Sozialdemokraten

Nexø freute sich über den Aufschwung der SPD, während die Kommunisten Rückschläge zu verkraften hatten. 1924, als der Reichstag zweimal gewählt wurde, verlor die KPD zwischen Mai und Dezember über eine Million Stimmen, während die SPD fast zwei Millionen dazugewann. Nexø im September 1924 an Marie Nielsen: »Die Sozialdemokraten hier unten haben mich als guten Proletarier wiederentdeckt, nachdem ich fünf, sechs Jahre lang in Ungnade war, nicht besprochen und nicht gedruckt wurde. Jetzt kämpft die Presse darum, meine Sachen im Feuilleton zu bringen. Ich sehe darin ein Stimmungsbarometer, das wachsende Gefühl oder ein wachsender Wunsch nach einer – Einheitsfront.« Auch in Dänemark waren die Sozialdemokraten erfolgreich. Von 1924 bis 1926 stand Thorvald Stauning der ersten sozialdemokratisch geführten Regierung vor. Ab dem 17. September 1924 brachte der Kopenhagener »Social-Demokraten« »Ditte Menschenkind« als Fortsetzungsroman, obwohl die Parteipresse wenige Jahre zuvor die beiden letzten Bände dieses Werks als von Moskau indoktriniert verhöhnt und abgelehnt hatte. In einem Interview mit »Politiken« antwortete Nexø auf die Frage, ob er noch immer Kommunist sei: »Ich bin Sozialist. Das ist doch dasselbe. Sozialdemokrat

hingegen bin ich nicht.« Nexø träumte von einer einheit-
lichen Unterklassenbewegung. Im Juni 1924, nach dem
Scheitern des Hamburger Aufstandes und dem Verbot der
KPD, glaubte der V. Weltkongreß der Komintern, in Faschismus und Sozialdemokratie zwei Seiten ein und desselben Werkzeugs der großkapitalistischen Diktatur dingfest
machen zu können. Neun Monate später beschloß eine Erweiterte Tagung des Exekutivkomitees der Komintern die
Bolschewisierung der kommunistischen Parteien: ihre Re-
organisation zu Kampfparteien mit quasimilitärischer Struktur. Mit innerer Geschlossenheit und ideologischer Klarheit
sollten die aufgeriebenen Kräfte in einer Einheitsfront von
unten neu formiert werden – gegen die Hauptstütze des Kapitals, die reformistische Führung der SPD und der Gewerkschaften.

Die SPD ihrerseits verabschiedete 1925 ihr Heidelberger
Programm, dessen Ziel es war, die Sozialdemokratie zur
großen Volkspartei zu entwickeln. Parlamentarische Zusammenarbeit mit bürgerlichen Parteien und Teilnahme an
Koalitionsregierungen wurden begrüßt. Das Wirtschafts-
programm des sozialdemokratischen Chefideologen Rudolf
Hilferding versprach die Entwicklung des Kapitalismus der
freien Konkurrenz zum staatlich gelenkten, organisierten
Kapitalismus als unmittelbarer Vorstufe des Sozialismus.
Dieses Programm imponierte auch Nexø. Am 9. November 1925 schrieb er an Georg Bolgann, den Leiter der Kopenhagener Genossenschaftsdruckerei und Vorsitzenden
des Komitees für ökonomische und kulturelle Zusammenarbeit mit Rußland: »Wie Du siehst, ist 9. November. Also
der 7. Geburtstag der deutschen Revolution. Hier wird aber
aus diesem Anlaß kein Lärm geschlagen; der Tag ist als öffentlicher Festtag abgeschafft, und statt dessen sind ein
oder zwei kirchliche Feiertage eingeführt worden. Ich
glaube, es ist gut so, das deutsche Volk ist wie der Riese im

Märchen, der von Gänsen zertreten werden mußte, bevor er sich als Königssohn erheben konnte.« Nexø veröffentlichte jetzt wieder im »Social-Demokraten«, u. a. über Deutschland, wo sich die SPD, gemeinsam mit den Intellektuellen, als Triebkraft der gesellschaftlichen Entwicklung profiliere.

Rhetorisches Brio

In Deutschland entfaltete Nexø, der noch vor vier Jahren als unerwünschte Person gegolten hatte, eine rege Vortragstätigkeit. Erwin Ackerknecht, der Direktor der Stettiner Stadtbücherei und spätere Direktor des Schiller-Nationalmuseums, ergriff die Initiative und organisierte für ihn eine einmonatige Vortragstournee, die Termine folgten Schlag auf Schlag: am 19. Oktober 1926 referierte er in Stettin, am 20. in Charlottenburg/Berlin, am 21. in Greifswald, am 24. in Neukölln/Berlin, am 25. in Spandau, am 26. in Steglitz, am 27. in Lübeck und am 30. in Hamburg. Vom 31. Oktober bis zum 6. November hielt er sich in Malmö und Kopenhagen auf, wo er seine Mutter und Freunde besuchte, Geschäfte tätigte, sich um einen Gedichtband kümmerte, einen Vortrag hielt und von den Sozialdemokraten gefeiert wurde. Danach kehrte er nach Deutschland zurück. Es folgten Auftritte am 7. November in Kiel, am 8. in Bochum, am 9. in Dortmund, am 10. in Duisburg, am 11. in Recklinghausen, am 12. in Essen, am 13. in Wanne-Eickel, am 15. in Buer, am 16. in Köln, am 17. in Osnabrück und schließlich am 18. November in Kassel.

In einem Brief an Henrik Pontoppidan erklärte er das so: »Man muß doch sein Brot dort holen, wo es dem guten Gott einfällt, es hinzulegen.« Nach seinem Notizbuch beliefen sich die Einnahmen aus seiner Vortragstätigkeit in den Jahren 1925–1929 auf 14 710 Mark, wobei diese Rechnung insofern lückenhaft ist, als Nexø zahlreiche in Zeitungen angezeigte Vortragsabende in seinem Notizbuch nicht festgehalten hat. Zu seinen Helfern gehörte Reinhard Buchwald (1884–1983), ein deutscher Grundtvig-Leser und Schiller-Biograph, den Nexø 1912 im Insel-Verlag kennengelernt hatte, wo Buchwald als Prokurist angestellt war. Der Sozialdemokrat Buchwald setzte sich als Regierungsrat im Thüringischen Volksbildungsministerium für die Volks- und Erwachsenenbildung ein.

Insbesondere an Volkshochschulen war Nexø ein begehrter Gast. Sein rhetorisches Brio überstrahlte alle anderen Redner. Wo er auftrat, in Deutschland, Österreich, der Tschechoslowakei und der Schweiz, fast immer sprach er vor vollem Haus. Doch von den sozialen Kämpfen, die in Deutschland tobten, drang nichts in die Säle, in denen er seine Vorträge hielt. Wer von ihm eine politische Rede erwartete, wurde enttäuscht. Agitation hätte er sich nicht erlauben können. Seine Aufenthaltsgenehmigungen waren befristet und mußten immer wieder verlängert werden. Den Zeitungsreferaten zufolge hatte er im wesentlichen drei Themen im Angebot: die dänische Volkshochschule, Arbeiterkultur und »die Kindheit des Dichters«. Er erzählte die Geschichte des armen Jungen, der es zu etwas gebracht hatte. Und jeden Abend beschloß er mit einer Lesung. Von kommunistischer Seite erntete er Kritik. Nexø verliere kein Wort über die riesigen Kräfte, die die russische Revolution freigesetzt habe, monierte der spätere Kulturgewaltige der DDR Alexander Abusch. Der Redner verwandle seine bitteren Jugenderlebnisse in muntere Erinnerungen. Bevor Nexø 1926 in Prag auftrat, schrieb er den tschechischen Kommunisten, er verstehe sich als klassenbewußter Proletarier, der mit Vertretern beider Lager gleich gern verkehre. Er gehöre keiner Partei an und betrachte es als seine Mission, die Kluft innerhalb der Arbeiterbewegung zu überbrücken. Am lieb-

sten wäre er von Kommunisten und Sozialdemokraten gemeinsam nach Prag eingeladen worden, ließ sich dann aber
von den Sozialdemokraten engagieren, da sie mehr Zuhörer
mobilisieren und ein höheres Honorar zahlen konnten.

Nexø beherrschte die deutsche Sprache, er referierte frei
und ohne Manuskript. Als die Volksbühne in Frankfurt am
Main zur Aufbesserung des Honorars eine Rundfunkaus-
strahlung des Vortrags vorschlug, verwies er auf die Zensur,
die die Vorlage eines Manuskripts verlange, während er sich
an keinen ausgearbeiteten Text halten könne (23. 8. 1929).
Ein Manuskriptrest des Vortrags über die Arbeiterkultur ist
jedoch erhalten geblieben: »Die Unterklassenbewegung ist
ja keine rein ökonomische Bewegung; sie ist eine geistige
– ja religiöse – Bewegung, mit weiterem Ziel, als irgendein
Programm fassen kann. Die Eroberung des Brotes ist nur
die erste Etappe in einem Feldzug gegen alles Unrecht; der
Aufbruch der Massen ist in letzter Instanz ein unübersehba-
rer Zug von Seelen, die der unterirdischen Schattenwelt, in
die sie verstoßen waren, müde geworden sind und sich jetzt
empor kämpfen zum Licht und zu menschlichen Verhältnissen im Guten und Bösen!« Solchen Gedanken, die Nexø bereits 1913 in der Dynæs-Rede geäußert hatte, konnten die
meisten seiner Zuhörer zustimmen. In allen Vorträgen bekräftigte er seine Haltung als Sozialist und seine Liebe zu
Deutschland. Das deutsche Volk müsse jetzt neue Ideale finden, damit es Europas Führung übernehmen könne.

Idyll am Bodensee

Während Nexø in den Volkshochschulen über seine Kindheit sprach und Deutschlands Größe pries, experimen-
tierte eine junge Generation deutscher Künstler mit neuen
Formen. In der von politischer Instabilität und einer wirt-

schaftlichen Scheinblüte geprägten Zeit pulsierte das kulturelle Leben. Erwin Piscator machte mit Filmen, Projektionen und Massenauftritten politisches Theater. Deutschland produzierte in den zwanziger Jahren mehr Filme als alle übrigen europäischen Länder zusammen. Fritz Langs utopischer Stummfilm »Metropolis« (1927) war eine Auseinandersetzung mit der modernen Arbeitswelt, doch an den Kinokassen ein Mißerfolg. Walter Gropius gründete das Bauhaus. George Grosz, mit dem Nexø 1922 nach Rußland gereist war, zeichnete Christus am Kreuz mit Gasmaske und Soldatenstiefeln und wurde wegen Gotteslästerung angeklagt. Eine politische Justiz ging gegen linke Autoren vor, etwa gegen Johannes R. Becher, der des Hochverrats beschuldigt wurde. Es bildeten sich Solidaritätskomitees. Nexø jedoch waren die Hände gebunden, er bangte um seine Aufenthaltsbewilligung.

In seinem Bodensee-Idyll war er Teilnehmer eines anderen Diskurses. Seine Vorträge bewirkten kein Mißfallen von seiten des Bürgertums. In Jackett und gestreiften Hosen war er stets sorgfältig gekleidet, um den Hals hatte er eine Schleife aus farbigem Stoff gebunden, und auf dem Kopf trug er den breitrandigen Hut. Die weißen Locken, die er allmorgendlich liebevoll bürstete, waren sein Stolz. Sein Habitus war der des Dichterfürsten. Ein Unkundiger hätte ihn für einen Patriarchen oder Erzbischof gehalten, unkte Halldór Laxness. Im selben Jahr 1929, in dem Alfred Döblins »Berlin Alexanderplatz« die Gemüter erregte, legte Nexø den Bauernroman »Im Gottesland« (»Midt i en jærntid«: wörtlich: »Mitten in einer Eisenzeit«) vor, der auf Bornholm im Ersten Weltkrieg spielt und davon erzählt, wie der Kapitalismus und das Spekulationsfieber in die Landwirtschaft vordringen und die alten Werte zerstören. Ausführlich werden Grundtvig und Bjørnson zitiert. »Das eben war der Unterschied zwischen den alten und den neuen

Bauern: die Älteren als die Brotanbauer, die sie waren, gönnten allen das Brot; die Jüngeren gaben den Überschuß lieber dem Kapital, als daß sie einem Menschen mehr Brot gegeben hätten.« Mit dem Stoff aus dem ländlichen Leben befand sich Nexø in einer nordischen Tradition. Laxness veröffentlichte zwei Jahre später seinen ideologiekritischen Bauernroman »Sein eigener Herr«. Nexø erklärte, danach befragt, was er vom deutschen Kulturleben halte: »Sie sind noch unabgeklärt, sie sind suchend. Die junge deutsche Literatur hat das Neue in der neuen Form gesucht. – Aber mir scheint nun, man sollte Inhalt, nicht Form suchen.«

»Mir geht es gewiß zu gut hier unten«, meldete er nach Dänemark, »ich werde als Schriftsteller und Mensch verwöhnt – vielleicht bekommt mir das nicht. Ich vermisse die Peitsche aus Ärger und Mißmut.« (An K. K. Nicolaisen, 1. 9. 1927) Der Schriftsteller Johan Skjoldborg, der ihn am Bodensee besuchte, berichtete, in Deutschland hätten sich regelrechte »Pelle«-Gemeinden gebildet. In einem Interview mit »Politiken« erklärte Nexø: »Ein Nebengebäude haben wir als Versammlungslokal eingerichtet. Den ganzen Sommer über erhalten wir massenhaften Besuch von Menschen, die meine Bücher gelesen oder meine Vorträge gehört haben. Bald trifft ein Wanderverein ein, bald eine Hochschule.« Kürzlich habe er im Garten ein älteres Ehepaar beobachtet. Die beiden hätten ein Plätzchen gesucht und ihre alten, geflickten Rucksäcke abgenommen. Nexø staunte, als sich herausstellte, daß es sich um Ministerialdirektor Paul Kaestner und Gattin handelte, um jenen Mann, der über das preußische Schulwesen, 110000 Lehrer und 4 Millionen Kinder, herrsche und Lust verspürt habe, den Autor des »Pelle« persönlich kennenzulernen. Nexø fühlte sich getragen von dem Respekt, der ihm in Deutschland entgegengebracht wurde. An den Maler Valdemar Secher schrieb er am 9. Juli 1926: »Meine ganze Arbeit ist die Konsequenz meiner Stellung als Schriftsteller, als proletarischer Schriftsteller, als führender proletarischer Schriftsteller, was ich nun in den Augen der Welt geworden bin. Der Spaß daran ist gering; ich lebe mein Leben nicht mehr nach meinem eigenen Kopf – aber es ist nun mal so und läßt sich nicht ändern.« Als ihm ein deutscher Leser vorwarf, er »verbürgerliche« in seiner Villa am Bodensee, und fragte, warum er in seinen Vorträgen weder Rußland noch die Millionen von Arbeitslosen in Deutschland erwähne, antwortete er gereizt: »Eine Bahnstation von hier, in Station Reichenau, ist eine Irrenanstalt; und unter den vielen Kranken ist einer, der jede fünf Minuten hochklettert und ›Nieder mit dem Kapitalismus! Es lebe die Weltrevolution!‹ schreit.« (An Hugo Hertwig, 17. 2. 1930)

Nobelpreis?

Nexø war so populär geworden, daß ihn die deutschen Volkshochschulen und Volksbibliotheken 1930 als Nobelpreiskandidaten ins Gespräch brachten. Die Idee stammte von Hugo Iltis, dem Leiter der Volkshochschule im tschechischen Brünn. Die Eingabe an die Schwedische Akademie trug 107 Unterschriften. Nexøs Kandidatur konnte jedoch nicht berücksichtigt werden, da die Statuten des Preises weder Volkshochschulen noch Volksbibliotheken als nominationsberechtigte Institutionen anerkennen. Erwin Ackerknecht gelang es ein Jahr später, Alfred Döblin als Antragsteller zu gewinnen. Döblin war Mitglied der Preußischen Akademie der Künste, womit den Statuten entsprochen war. Im Februar 1931 wurde die Kandidatur öffentlich bekannt. Während der Kopenhagener »Social-Demokraten« positiv reagierte, meinte ein bürgerliches Blatt spöttisch, der Sturz des Fliegers werde tief sein. Deutsche Zeitungen sprachen von einem marxistischen

Manöver. Der Gutachter des Nobelkomitees hob Nexøs »Üppigkeit« und seine »frischen Schilderungen« hervor, stieß sich aber an der, wie er formulierte, oft unnatürlichen Sprache. Nexøs Erzählen sei mitunter dunkel, manche Episoden würden abrupt und unvorbereitet eingefügt. Die Romane hätten eine ermüdende Länge und wirkten mit ihren vielen Details umständlich. Solch harsche Kritik war nichts Ungewöhnliches. Das Komitee beschloß gleichwohl, Nexøs weitere Entwicklung zu verfolgen. Als er 1950 ein zweites Mal vorgeschlagen wurde, verwies man aber auf die Nomination von 1931 und meinte lapidar, seit damals seien keine neuen Faktoren hinzugekommen. Als 1937 der Lyriker und spätere Nazisympathisant Valdemar Rørdam nominiert wurde, forderte Harry Søiberg den Schriftstellerverband auf, eine Unterschriftensammlung zu Nexøs Gunsten zu organisieren, erhielt jedoch postwendend die Antwort, daß dies nicht statutenkonform wäre. Auch andere dänische Autoren standen in Wartestellung. Johannes V. Jensen wurde seit 1925 nicht weniger als achtzehnmal nominiert, ehe das Komitee 1944 seine Bedenken überwand und ihm den Preis verlieh.

1929 wurde Nexø sechzig Jahre alt. Sein 50. Geburtstag war, ein halbes Jahr nach der Trennung von der Sozialdemokratie, kaum beachtet worden. Seine damalige Frau hatte ihm eine rote Fahne geschenkt. Jetzt nahm sich Dänemarks Sozialdemokratische Partei, deren Mitglied er nicht war, des 60. Geburtstages an. Die Partei, die einst der Devise »Erst Brot, dann Geist« gefolgt war, führte seit 1924 eine eigenständige Kulturpolitik nach dem Motto »Brot *und* Geist«. Da galt es, den Autor der beiden großen Proletarierromane »Pelle« und »Ditte« in die sozialdemokratische Tradition einzubinden. Zudem konnte Nexøs Bauernroman »Im Gottesland«, der die Zukunft in die Hand eines Sozialisten legt, für die sozialdemokratische

»Sukzessionstheorie« vereinnahmt werden, der zufolge die politische Macht von der Oberklasse über die Bauern-klasse zur Arbeiterklasse wanderte. Der Roman wurde im April 1929 ausgeliefert, während Stauning seine zweite Re-gierung bildete, nachdem er in den Wahlen die bäuerliche Venstre bezwungen hatte, die von 1926 bis 1929 regiert, die Steuern gesenkt und die Sozialausgaben gekürzt hatte. Nexø spielte den ihm zugedachten Part in der sozialdemo-kratischen Geburtstagsinszenierung, wohl ohne sich des-sen bewußt zu sein. Die Partei feierte die Heimkehr des verlorenen Sohnes. Am Vormittag wurde im mondänen »Bellevue Strandhotel« im Kopenhagener Villenvorort Klampenborg ein Frühstück für ausgewählte Gäste ser-viert, unter ihnen Ministerpräsident Stauning und Unter-richtsminister F. J. Borgbjerg. Stauning ergriff das Wort und überbrachte die Grüße jener Klasse, der er selbst als ehemaliger Zigarrensortierer angehört hatte. Abends or-ganisierte die Partei für das Fußvolk ein volkstümliches Huldigungsfest. Auch hier waren die sozialdemokrati-schen Granden präsent, während ein von der Parteijugend organisierter Fackelzug durch den Volkspark zog. Tau-sende Kopenhagener feierten. Der Unterrichtsminister gab sich in seiner Ansprache klassenbewußt: »Er ist weder Seminarist noch Akademiker. Gott sei gelobt. Er ist ein Sohn der Arbeiterklasse, und gerade deshalb hat er der Ar-beiterklasse in so hohem Maße voranhelfen können.« In der zum Ärger der Bürgerlichen vom Rundfunk über-tragenen Hauptrede pries der Abgeordnete Hartvig Frisch Nexøs neues Buch »Im Gottesland« als »meisterlichen Roman« und den Autor selbst als »Lehrling der Grundtvi-gianer«. Es sei nur folgerichtig, sagte Frisch im Sinne der »Sukzessionstheorie«, daß »Grundtvigs demokratischer Gedanke und geistiger Freisinn unter den veränderten Be-dingungen der Gegenwart in einem Vollblutsozialisten zur

Blüte kommen«. Vom Dach eines Gebäudes aus wandte sich Nexø, von Tausenden Fackeln beleuchtet, an die Menge und rezitierte zum Dank einige Verse Bjørnsons. Das »geistige Gepäck«, d. h. die Kultur, führte er aus, sei lebenswichtig für die welthistorische Mission der Arbeiterbewegung, die »mit unserer Schicht der letzten und untersten Schicht den Weg ans Licht« ebnen müsse. Die Partei nannte er freilich nicht beim Namen, es war die »Bewegung«, von der er sprach und die er beschwor.

»Politiken« und »Social-Demokraten« veröffentlichten seitenweise Geburtstagsgrüße. Auch aus Rußland trafen Glückwünsche ein. Der Stadtsowjet Samaras, dessen Ehrenmitglied Nexø seit seinem Besuch im Jahre 1922 war, übermittelte einen proletarischen Gruß, und auch Madame Kollontai, die sich gerade in Oslo aufhielt, meldete sich zu diesem Festtag. Aus Moskau schickte man ein Telegramm, das zu mancherlei Spekulationen Anlaß bot: »Internationales Buero revolutionaere Literatur beglückwünscht Jubileum alten Kaempfers. Erwarten Entwicklung zum proletarischen Schriftsteller. Es lebe proletarische Schoepfung Neksoes«. Vorsitzender des Büros war der ungarische Schriftsteller Béla Illés. Die bürgerlichen Blätter gaben sich ironisch. Als sich Nexø nach dem Fest in einem Hotel einlogierte, um sich auszuruhen, konnte man lesen: »Der Proletarier auf Landpartie«. Spöttisch reagierte auch das kommunistische »Arbejderbladet«, das den »Jubelgreis« mit seinen früheren Aussprüchen über Ministerpräsident Stauning konfrontierte.

»Jugend treibt Kommunismus voran«

In Deutschland nahmen die Arbeitslosigkeit und die Streiks dramatisch zu, es häuften sich die Straßenkrawalle. Knapp zwei Monate vor Nexøs Geburtstag hatte Berlins

SPD-Polizeipräsident Karl Zörgiebel die Maidemonstratio-
nen untersagt. Als sich die Kommunisten über das Verbot
hinwegsetzten, ließ Zörgiebel auf die demonstrierenden
Arbeiter schießen. 31 Tote, auch zufällige Passanten, Hunderte Verletzte und Verhaftete waren die traurige Bilanz.
Bald nach dem Geburtstag entschloß sich Nexø, seinen
Wohnsitz am Bodensee aufzugeben und nach Dänemark
zurückzukehren. Er verlor das Vertrauen in die deutsche
Sozialdemokratie. Einen Monat nach der sozialdemokratischen Geburtstagshuldigung erklärte er in einem Interview:
»Die Jugend unserer Zeit treibt den Kommunismus voran,
deshalb sind ihre Ideale wertvoller als die früherer Jahrzehnte.« Im Juli 1929 unterzeichnete er gemeinsam mit
deutschen Kommunisten einen Aufruf gegen Kriegsvorbereitungen, in dem es heißt: »Der Weltimperialismus arbeitet
mit Hilfe der Sozialdemokratie daran, die Sowjetmacht einzukreisen.« Nexø erinnerte sich an die Zeit vor dem Ersten
Weltkrieg, als die SPD den pazifistischen Kurs verlassen
und ihren »Burgfrieden« mit Kaiser, Kapital und Generälen
geschlossen hatte. Schon während der sozialdemokratischen Geburtstagsfeier scheint er sich nicht wohl gefühlt
zu haben. Er sei von ihm gleichgültigen Menschen, die von
ihm sonst auch nichts wissen wollten, nach deren Programm herumgeschubst worden, klagte er in einem Brief an
den Schriftsteller Hans Povlsen vom 10. August 1929.

Die Unterzeichnung des kommunistischen Aufrufs gegen Kriegsvorbereitungen war für einen Linken, dessen
Aufenthaltsbewilligung ablief und auf den der »Reichskommissar für Überwachung der öffentlichen Ordnung«
ein Auge geworfen hatte, ein waghalsiges Bekenntnis. Ein
halbes Jahr zuvor gehörte er noch nicht zu den Unter-
zeichnern eines ähnlichen Aufrufs des kommunistischen
Schriftstellers Henri Barbusse. Am 24. Juli 1929 teilte
»Social-Demokraten« mit, Nexø habe ein Haus in Hillerød

erworben. Das Städtchen lag in schmucker Umgebung, mit dem Schloß Frederiksborg als touristischer Attraktion, 30 Kilometer von Kopenhagen entfernt und zählte im Jahre 1921 5500 Einwohner. Ein Provinzblatt fragte: »Wie wird Herr Andersen Nexø sein revolutionäres Gewissen mit der Tatsache aussöhnen, daß er sich zu einem großen Villen-Besitzer und Kapitalisten entwickelt?« Am 1. März 1930 bezog er mit seiner Familie den ansehnlichen Besitz. Am Abend vor seiner Abreise aus Allensbach wurde er zum Ehrenbürger ernannt.

Deutsche und dänische Verlagsprobleme

Finanziell war er noch immer auf Deutschland angewiesen. Der Verlag Albert Langen in München und (in einer billigeren Volksausgabe) die Büchergilde Gutenberg in Berlin brachten seine gesammelten Werke in großen Auflagen heraus. Langen hatte sich 1912 vertraglich verpflichtet, alle Bücher Nexøs auf deutsch herauszubringen. »Ich würde heute noch nicht ordentlich existieren können, wenn es nicht den literarischen Snobismus der Leute in Wien, Königsberg, Frankfurt usw. gäbe, die ein verhältnismäßig anständiges Honorar bezahlen, damit ich komme, spreche und vorlese«, seufzte er in einem Brief (an Otto Rung, 3. 1. 1930). Albert Langen, ab 1931 Langen-Müller, der sich zu einem führenden Verlag des »Dritten Reiches« entwickelte, hatte bereits nach dem Ersten Weltkrieg eine konservativen Kurs eingeschlagen und bot einem linken Schriftsteller kaum ein angemessenes Umfeld. Zum Kreis der Hausautoren gehörte schon damals Hanns Johst, der spätere Präsident der Reichsschrifttumskammer. Aber auch Erwin Guido Kolbenheyer oder Hans Grimm veröffentlichten hier. Der Verlagsgründer Albert Langen, ein

Schwiegersohn Bjørnsons, war bereits 1909 gestorben. Wie die Verlagshistorikerin Helga Abret aufgrund einer Analyse der »Börsenblatt«-Anzeigen nachgewiesen hat, führte der Verlag nach dem Ersten Weltkrieg ideologische Wertungen in die Werbung ein, und selbst Nexø wurde in den Anzeigen als anti-modernistischer Schriftsteller vorgestellt, dessen Werk die mystische Liebe zur Scholle preise. Nexø verspürte selber ein Unbehagen und stellte dem Verlag, um einen Bruch zu provozieren, »neue straffe Vorderungen (wie grosse Auflage und entsprechend volkstümliche Preise)« (an Erwin Ackerknecht, 30. 11. 1932).

Nexøs großer Wunsch indessen war eine dänische Gesamtausgabe. Als er sich im Januar 1929 zu einem Kurzbesuch in Kopenhagen aufhielt, erklärte er gegenüber der sozialdemokratischen Abendzeitung »Klokken 5«, er sei gekommen, um eine Ausgabe seiner gesammelten Werke vorzubreiten. Mehrere Verlage würden sich darum bewerben. Die Wirklichkeit sah anders aus. Nexø wandte sich an Gyldendal, Aschehoug und Hasselbalch, doch deren Interesse war gering. Dann versuchte er, eine Kooperation zwischen Gyldendal und drei linken Organisationen – der Genossenschaftsdruckerei, den gewerkschaftlichen Konsumvereinen und dem Buchbinderverband – anzubahnen, was an Gyldendal scheiterte. Schließlich plante er selbst, in Zusammenarbeit mit der Genossenschaftsdruckerei und dem Buchbinderverband, die Ausgabe zu produzieren, und erklärte sich sogar bereit, auf Honorare zu verzichten. An Georg Bolgann, den Leiter der Genossenschaftsdruckerei, schrieb er: »Mit diesem Vorschlag bringe ich ein Opfer, ich tue das gern, um endlich einmal meinen Traum, einen dänischen Proletarierverlag, verwirklicht zu sehen.« (5. 3. 1929) Zwei Wochen später teilte ihm Bolgann mit, die Stellungnahme des »Weiterbildungsverbandes der Sozialdemokraten und Arbeiter« zu seinen Plänen sei »wenig ermutigend« ausgefallen. Daraufhin gab Nexø das Vorhaben auf. Inzwischen hatte sich Aschehoug unter der Bedingung, daß Nexø einem Ausverkauf seiner früheren Bücher zustimme, bereit erklärt, den neuen Roman »Im Gottesland« zu verlegen. Da er bei Aschehoug noch immer über 12 000 Kronen Schulden hatte, blieb ihm keine andere Wahl.

Einladung in die Sowjetunion

Kaum war er aus Deutschland zurückgekehrt, erklärte er der konservativen »Nationaltidende«: »Wenn doch alle Länder so wohlgeordnet wären wie Sowjetrußland.« Im Juli 1930 bat ihn das »Internationale Büro für revolutionäre Literatur« (IBRL) um einen Beitrag zu einer Enquete über die Frage, wie er sich verhalten würde, falls die Imperialisten die Sowjetunion überfielen. »Mich dafür einsetzen, daß der Krieg zur Revolution wird«, war seine Antwort. Noch immer veröffentlichte er gelegentlich in »Social-Demokraten«. Am 5. Juni 1931 trat er in seinem neuen Wohnort Hillerød als Redner auf der Verfassungsfeier der Sozialdemokraten auf. Er zweifle nicht, rief er in den Saal, daß es bald ein vom Proletariat geschriebenes Grundgesetz geben werde.

Während seiner Deutschland-Jahre unterhielt Nexø zur Sowjetunion, abgesehen von der Verbindung zu seiner Übersetzerin, nur geschäftliche Kontakte. Jetzt aber, am 8. August 1931, lud ihn der Direktor des Staatsverlags für Belletristik, W. Solowjow, nach Rußland ein. Als dies bekannt wurde, fragte eine Zeitung, ob er Mitglied der Kommunistischen Partei sei. Er antworte: »Nein«, doch, so fügte er hinzu, sympathisiere mit der Partei und mit der Unterklasse als solcher. Solange Kommunisten und Sozialdemokraten getrennt marschierten, sei er bestrebt, in beiden Lagern Gehör zu finden. Damit lag er nicht auf der Linie der Komintern, die seit 1928 die Sozialdemokraten als »Sozial-faschisten« und ärgste Feinde des Kommunismus einstufte.

Einen Monat nach dem Eintreffen der Einladung war Nexø bereits in Moskau. »Literaturnaja gaseta« druckte am 9. September 1931 sein Grußwort als Faksimile: »Bei der Ankunft in meinem Vaterland – dem Vaterland aller Prole-tarier – sende ich den Arbeitern der Hand und des Geistes einen kameradschaftlichen Gruss.« Die »Internationale Ver-einigung revolutionärer Schriftsteller« (wie das IBRL inzwi-schen hieß) gab dem Gast ein Fest, dessen Höhepunkt die Ansprache des Vorsitzenden des »Instituts für Literatur, Kunst und Rhetorik«, Nussimow, bildete, der in den Archi-ven der Partei »ein höchst kostbares Dokument« gefunden hatte, einen Brief, den Lenin am 2. Juli 1912 aus Warschau an die Redaktion der »Prawda« geschickt hatte. Lenin schrieb, er sei auf »einen sehr geeigneten Roman aus dem Arbeiterleben« gestoßen, »der aus der Feder des bekannten dänischen Schriftstellers Nexö, den die ernste sozialistische Presse den skandinavischen Gorki nennt, herrührt«. Dieses Buch müsse in der »Prawda« veröffentlicht werden, mit der Übersetzung solle unverzüglich begonnen werden.

In Leningrad folgte die kalte Dusche, als man dem Gast den Begrüßungsartikel der »Krasnaja gaseta« übersetzte, der behauptete, Stärke und Bedeutung verdanke »Pelle« einzig und allein dem Einfluß Gorkis, der den proleta-rischen Entwicklungsroman geschaffen habe. Zudem ge-langten Nexøs Novellen nicht über ein »abstraktes Mora-lisieren« hinaus, und sein Rußlandbuch von 1923 würdige den harten, schonungslosen Klassenkampf zu wenig. Die-sem Wechselbad von Lob und Tadel war Nexø auch bei späteren Rußland-Fahrten ausgesetzt. Immer wieder wur-de er an Gorki gemessen, was er nur schlecht verwand.

Rußland, so erklärte er der »Literaturnaja gaseta«, habe

ihm die Kraft gegeben, eine Fortsetzung des »Pelle« zu verfassen, die sich mit der neuen Psychologie und den neuen
sozialen Verhältnissen beschäftige. Doch dazu wird es nicht
kommen. Am 4. Oktober und nach 10000 zurückgeleg-
ten Kilometern kehrte er nach Dänemark zurück. Er sei
»überwältigt«, gestand er in einem Interview. In Rußland
herrsche, anders als im Westen, Optimismus und Zu-
kunftsvertrauen. Europa werde die »ökonomischen Gesell-
schaftsformen« der Sowjetunion zügig übernehmen müssen. In Rußland sei gelungen, worüber die klügsten Hirne
Europas vergeblich brüteten: die Abschaffung der Arbeitslosigkeit. »Jetzt, da ich nach Hause komme, fragt man
mich, ob sich die Sowjetunion halten kann. Mir scheint,
man sollte viel eher fragen: Kann sich Westeuropa halten?«
Dies äußerte Nexø angesichts der Wirtschaftskrise, in die
der Westen nach dem Börsencrash vom Oktober 1929
gestürzt war, einer Arbeitslosenrate, die in Deutschland
zwischen 1929 und 1932 von 14,4 auf 44,4% explodierte,
sowie der drohenden Gefahr des Faschismus. Die Wahlen
vom September 1930 hatten die NSDAP mit einem Stim-
menanteil von 18,3% zur zweitstärksten Fraktion im
Reichstag gemacht. Im schwedischen Ådalen schoß 1931
das Militär in eine Arbeiterdemonstration und tötete fünf
Menschen. Weit über Skandinavien hinaus sorgte der mit
Betrügereien verbundene Konkurs des schwedischen
Streichholzmonopolisten Ivar Kreuger, der sich 1932 in
Paris das Leben nahm, für Aufsehen. In der Sowjetunion
hatte 1928 die Industrialisierungswelle des ersten Fünfjahrplans eingesetzt. Im Februar 1931 verkündete Stalin, in
zehn Jahren müsse nachgeholt werden, was in anderen Län-
dern in fünfzig oder hundert Jahren geschaffen worden sei.
»Entweder tun wir das, oder man wird uns zerschmettern.«
Was Nexø, der Autor des Bauernromans »Im Gottesland«,
auf seiner dreiwöchigen Rundreise durch Rußland jedoch

nicht wahrgenommen hatte, war die Zwangskollektivie-
rung der Landwirtschaft, die »Liquidierung des Kulaken-
tums als Klasse« (Stalin).

Nach der Rückkehr begab er sich ein weiteres Mal auf
eine Vortragstour durch Dänemark. Die Menschen wollten
ihn hören, überall strömten sie ihm zu, überall schilderte er
die Sowjetunion in leuchtenden Farben. Die Vorträge sti-
mulierten auch das Interesse an seinen Büchern. 1931 war er
laut einer Bibliotheksstatistik der dänische Autor mit der
höchsten Ausleihfrequenz. Im Frühjahr 1932 absolvierte er
seine letzte Vortragstournee durch Deutschland und Österreich, bevor die Faschisten die Macht übernahmen.

An Georg Lukács, der den Auftrag hatte, über ihn einen
Artikel zu verfassen, schrieb er am 2. Januar 1932: »Was nun
die politische Entwicklung betrifft, war ich immer revolutionär; für den demokratischen Schwanz als Schmuck und An-
hängsel des Proletariers, für die Sozialdemokratie, bin ich nie
eingetreten.« Schon 1913 habe er »intuitiv« die Linien auf-
gezeigt, die »heute in Sowjetrussland als Richtlinien befolgt
werden«. Aus taktischen Gründen gehöre er keiner Partei an,
da ihm eine solche Mitgliedschaft den Zugang zur breiteren
Öffentlichkeit verschließen würde. »Dass ich mit Herz und
Seele Kommunist bin, weiss natürlich jedes Kind.«

In diesem Jahr 1932 manövrierte er sich ein weiteres Mal
in eine Gegenposition zur Sozialdemokratie. Er gehörte,
nach Aufforderung durch Henri Barbusse, zu den Initiatoren des dänischen Antikriegskomitees, das sich im Hinblick
auf den kommunistisch gesteuerten internationalen Antikriegskongreß bildete, der für August in Amsterdam geplant
war. Stauning hatte die Parteimitglieder aufgerufen, das
Antikriegskomitee nicht zu unterstützen. Zu dem Kreis der
Initiatoren des Kongresses gehörten neben Barbusse Maxim
Gorki, Romain Rolland, Albert Einstein, Heinrich Mann,
Theodore Dreiser, Upton Sinclair, John Dos Passos und an-

dere mehr. Am 28. und 29. August versammelten sich in Amsterdam 2000 Menschen. Nexø wurde ins Präsidium gewählt. Willi Münzenberg zog die Fäden. Auch Halldór Laxness, als Repräsentant der revolutionären Linken Islands, nahm an der Veranstaltung teil. Nexø reiste, anders als Laxness, in der Einsenbahn auf den harten Bänken der III. Klasse. Vom Isländer darauf angesprochen, antwortete er, solange es Leute gebe, die in der III. Klasse reisten, reise er mit ihnen. Nach der Rückkehr aus Amsterdam war Nexø drei Monate lang krank.

Polarisierung in Dänemark

In Dänemark wurde 1932 gewählt. Bürgerliche Kreise sympathisierten mit faschistischen Ideen. So bekannte der spätere konservative Außenminister Ole Bjørn Kraft in seiner beim noblen Gyldendal-Verlag erschienenen Schrift »Faschismus – Geschichte, Lehre, Gesetz« (1932), der Faschismus könne »sogar alte, demokratische, parlamentarische Gesellschaften zu nützlichen und zeitgemäßen Reformen inspirieren«. Das Wahlprogramm der DKP hingegen tat das dänische System als »Humbugdemokratie« ab und erklärte die Sozialdemokraten zum Hauptfeind: »Unsere ganze Kraft muß darauf gerichtet sein, diese sozialfaschistische Partei zu spalten.« Am 5. Oktober wurden Büros der DKP in Kopenhagen ohne richterliche Anordnung von der Polizei durchsucht. Waffen wurden laut Polizeirapport nicht gefunden, jedoch das Mitgliederverzeichnis beschlagnahmt. Dänemark befand sich in einer Wirtschaftskrise, ein Drittel der gewerkschaftlich Organisierten waren arbeitslos gemeldet. Den Kommunisten gelang mit dem Gewinn von zwei Mandaten der parlamentarische Durchbruch. Ministerpräsident Stauning seinerseits verkündete: »Wir bekämpfen die

Diktaturbewegung, die den Namen Kommunismus trägt, und wir bekämpfen die verschiedenen Formen des Faschismus, die sich jetzt auch hier im Lande regen.« 1933 richtete der nationale Gewerkschaftsbund ein Agitationskomitee ein, das die Aufgabe hatte, Faschismus und Kommunismus gleichermaßen zu bekämpfen. Der Theoretiker der Sozialdemokraten Hartvig Frisch, der an Nexøs 60. Geburtstag eine Ansprache gehalten hatte, machte in seinem Buch »Pest über Europa« (1933) die Angst vor dem Bolschewismus für den Aufstieg des Faschismus mitverantwortlich. Stauning lancierte den Slogan »Dänemark für das Volk!«, gegen den die kommunistische Losung »Proletarier aller Länder, vereinigt euch!« chancenlos blieb.

Als Nexø im März 1933 von einer Erholungsreise nach Italien und Deutschland zurückkehrte, wurde er von »Ekstrabladet« gefragt, ob die Sozialdemokraten, die in Preußen bis 1932 mitregiert hatten, bevor ihr Ministerpräsident Otto Braun von Reichskanzler von Papen weggeputscht wurde, Hitlers Machtergreifung hätten verhindern können. Statt die Arbeiterwaffe des Generalstreiks zur Verteidigung ihrer legalen Macht einzusetzen, warteten sie auf den Schiedsspruch des Leipziger Reichsgerichts. Nexø antwortete: »Die jungen deutschen Sozialdemokraten sind Humanisten, Pazifisten und literarisch Interessierte – wie übrigens auch bei uns in Dänemark. Sie diskutieren gern über Literatur, nicht aber über Klassenpolitik. [...] Sie haben sich als schlapp und humanistisch erwiesen in einem Deutschland, das sich das nicht leisten konnte.« Solche Äußerungen provozierten Widerspruch. Der Chefredakteur des »Social-Demokraten«, H. P. Sørensen, entgegnete, der Terror der Kommunisten habe den Nazis den Weg bereitet. Nexø bespucke im Schutz des demokratischen Dänemark jenen Teil des deutschen Proletariats, der ehrlich für Sozialismus und Weltfrieden gestritten habe: »Du warst, wie Du selbst sagst, Mitarbeiter des ›Social-Demokraten‹, und zugleich hast Du Dich an getarnten Aktionen beteiligt, mit denen die Kommunisten die Spaltung der Arbeiterbewegung in Dänemark betrieben, im Antikriegskomitee, am Antifaschistenkongreß und vielem anderen. Als ich Dich aber vor einigen Tagen im ›Arbejderbladet‹ als Spender von 50 Kronen zugunsten des Kampffonds der Kommunistischen Partei zur Bekämpfung der Sozialdemokratie aufgeführt sah – ja, da war ich, milde gesagt, erstaunt. Lieber Andersen Nexø! Damit hast Du Deinen Standpunkt gewählt.«

Ähnlich wie 1918 setzte Nexø mit einer Geldspende ein Zeichen. Damals hatte er den Inhaftierten des Kopenhagener November-Aufstandes 100 Kronen geschickt als Signal seiner Distanzierung von der Sozialdemokratie. Jetzt blies er zum Kampf. Den demokratischen Schweif, den die Sozialdemokraten Karl Marx anheften wollten, habe er schon immer als widerwärtig empfunden, betonte er einmal mehr. Das Wort Sozialdemokrat erinnere ihn an das Wort Nationalsozialist. Mit seiner Karriere beim »Social-Demokraten« war es damit endgültig vorbei.

Kapitel 8
Zwischen Hitler und Stalin

Als am 27. Februar 1933 der Reichstag brannte, stand für die Nazis fest, daß es sich um eine kommunistische Verschwörung handelte. Noch in derselben Nacht erließ der Reichspräsident eine Verordnung »zum Schutz von Volk und Staat«, mit der er verfassungsmäßige Grundrechte außer Kraft setzte. Die Reichtagsbrandverordnung eröffnete die Möglichkeit, die Abwehr »kommunistischer staatsgefährdender Gewaltakte« mit aller Härte zu betreiben, sie schränkte die Redefreiheit und das Versammlungsrecht ein, erlaubte Eingriffe in das Briefgeheimnis und erklärte Beschränkungen des Eigentumsrechts »auch außerhalb der sonst hierfür bestimmten Grenzen« für zulässig. Mehr als 11 500 Sozialdemokraten und Gewerkschafter, vor allem aber Kommunisten wurden verhaftet. Die zur Hilfspolizei erklärte SA terrorisierte, folterte und mordete. Am 5. März 1933 fanden in einem Klima der Einschüchterung die letzten Mehrparteienwahlen statt. Die NSDAP errang 17,2 Millionen Stimmen, die SPD 7,2 Millionen, die KPD trotz massiver Behinderung 4,8 Millionen. Am 23. März legte Hitler dem Reichstag ein Ermächtigungsgesetz vor, mit dessen Hilfe Parlament und verfassungsmäßige Kontrollorgane endgültig ausgeschaltet wurden. Zu der Abstimmung waren die Abgeordneten der KPD bereits nicht mehr zugelassen. Alle Fraktionen mit Ausnahme der SPD stimmten zu. Im Juni wurde auch die SPD verboten. Die bürgerlichen Parteien lösten sich selbst auf.

Die Kommunisten machten mobil. Willi Münzenberg gab anonym ein »Braunbuch über Reichstagsbrand und Hitlerterror« heraus, das die These vertrat, ein geheimes Kommando der Nazis habe den Brand selbst gelegt. Das »Braunbuch« erschien im Herbst 1933 in der kommunistischen Universum-Bücherei, die von Berlin nach Basel umgezogen war, und enthielt ein Vorwort des britischen Oberhausmitglieds Lord Marley sowie Beiträge von Prominenten, so auch einen Essay Nexøs, der die Wurzeln des Nazismus im »preußischen Junkerland« ortete: »Von hier flog sie aus, die Brut. Schon verhärtet in der Kindheit durch den täglichen Anblick der unmenschlich behandelten Landarbeiter daheim, noch mehr verroht durch die Studentenzeit, den Korpsgeist, die Trinkgelage und die Verachtung für die zivile Bevölkerung, ›ertüchtigten‹ sie sich durch Mensuren und stellten der Regierung des großen, fleißigen, treuherzigen Volkes das Kontingent der Offiziere, Landräte und der höheren Beamten, nicht zuletzt auch die höheren Funktionäre der Polizei, welche aus den qualifiziertesten Landarbeitersöhnen von daheim den mit Recht berüchtigten ›Schutzmann‹ machten.«

Nexø beschreibt in seiner Mentalitätsstudie den Obrigkeitsstaat als Vorschule des Faschismus. Breite Schichten hätten sich nicht vom »Herrengeist und dem daraus entspringenden Sklavengeist« zu befreien vermocht. Zu den Schuldigen der Misere zählte er die SPD, der es nicht gelungen sei, »den Proletarier zum Selbstbewußtsein zu wecken«. Zum Kampf gegen die faschistische Bestie tauge keine Arbeiterbewegung, »die mit Pazifismus und Humanismus spielt und bürgerliche Tugenden und Untugenden nachäfft«. Jetzt müsse der Boden neu aufgeworfen werden. »Machen wir es wie in Sowjetrußland, fangen wir neu an mit Bataillonen von Traktoren.«

»Deutschfeindliche Betätigung«

Am 10. Mai, gut drei Monate nach dem Reichstagsbrand, organisierte die Deutsche Studentenschaft in Berlin und anderen Universitätsstädten die Verbrennung »undeutschen Schrifttums«. »Zersetzende Schriften nicht tragbarer Autoren« wurden in die Flammen geworfen. Die KPD-nahe »Arbeiter-Illustrierte-Zeitung« erschien bereits in Prag. Nexøs Bücher wurden zwar nicht dem Feuer übergeben, doch bereits am 8. März, drei Tage nach den Reichstagswahlen, hatte ihm Langen-Müller mitgeteilt, der Verlag werde die »Gesammelten Werke« nicht fortsetzen und verzichte auch auf die Veröffentlichung des ersten Bandes der »Erinnerungen«. Die monatliche Vorschußzahlung von 150 Mark werde eingestellt. Ein halbes Jahr später, am 9. Oktober 1933, gab Langen-Müller im »Börsenblatt« per Inserat bekannt: »Unter den Namen der Mitarbeiter einer der im Ausland erscheinenden Emigrantenzeitschriften steht, wie wir soeben erfahren haben, Martin Andersen Nexö. Wir sehen in solcher Mitarbeit eine deutschfeindliche Betätigung und haben deshalb mit sofortiger Wirkung die Auslieferung seiner Bücher eingestellt.«

Die Büchergilde Gutenberg, die als Kulturinstitution der Werktätigen eine preiswerte Volksausgabe der »Gesammelten Werke« vertrieb, wurde nach der Machtübernahme durch die NSDAP gleichgeschaltet und der Deutschen Arbeitsfront eingegliedert. Am 2. August 1935 teilte die Gilde Nexø mit, die Restbestände seiner Werke seien »an die Staatspolizeistelle für den Landespolizeibezirk Berlin ausgeliefert und durch diese eingestampft worden«: von »Familie Frank« 401 gebundene und 2025 Roh-Exemplare, von »Sonnentage« 722 gebundene und 5500 Roh-Exemplare, von »Pelle« 320 gebundene und 606 Roh-

Exemplare, von »Proletarier-Novellen« 907 gebundene und 5941 Roh-Exemplare, von »Stine« (»Ditte«) 7 gebundene und 2841 Roh-Exemplare. Nexø wurde vom Schutzverband Deutscher Schriftsteller (SDS), dem er seit 1926 angehört hatte, ebenso ausgeschlossen wie vom PEN-Club Deutschland. Bis zum Ende der Naziherrschaft blieb ihm der deutsche Markt verschlossen.

Zum erstenmal unter den neuen Verhältnissen trat Nexø auf dem »Skandinavischen Arbeiterkongreß gegen den Faschismus« am 14./15. April 1933 in Kopenhagen auf, den Dänemarks Kommunistische Partei mitorganisiert hatte. Auch einige Sozialdemokraten nahmen trotz des strikten Verbots ihrer Parteileitung an der Veranstaltung teil. Aus Paris reiste Henri Barbusse an, der Begründer der als »Intellektuellen-Internationale« bekannten »Clarté«-Bewegung und Sekretär des Weltkomitees gegen Faschismus und Krieg. Nexø saß herausgehoben an einem eigenen kleinen Tisch neben dem Rednerpult. In seiner Ansprache bezeichnete er den Faschismus als Kapitalismus ohne Maske. Wenn Hitler auf demokratischem Weg die Macht erlangt habe, sei mit der Demokratie einiges nicht in Ordnung, rief er in den Saal. Die Sozialdemokratie müsse von ihrem »demokratischen Fettschwanz« befreit werden, der wie der Schafsschwanz ein Leckerbissen für die Oberklasse sei. Die bürgerliche Demokratie müsse von einer Diktatur des Proletariats abgelöst werden. Nexø erläuterte seine Thesen im Artikel »Antifaschismus ist Sozialismus«, dessen Abdruck das kommunistische »Arbejderbladet«, das um sozialdemokratische und andere Hitler-Gegner warb, verweigerte. Der Artikel erschien im Mai 1933 in der Emigrantenzeitschrift »Antifaschistische Front« in Kopenhagen.

Rußland-Buch »Zwei Welten«

Noch immer war Nexø parteilos. Im Sommer 1933 brach er ein weiteres Mal in Richtung Rußland auf. In Samara, der Stadt an der Wolga, die er 1922 zum erstenmal besucht hatte (Kap. 5), traf er einen jungen Mann, der sich als Zögling jenes Heims vorstellte, das einst Nexøs Namen getragen hatte. »Wir haben Sie für Marx gehalten«, sagte ihm der Mann, »Marx ohne Bart.« Seine Erlebnisse und Erfahrungen verarbeitete Nexø zu seinem zweiten Rußland-Buch »Zwei Welten« (1934). Nexø hatte einige Mühe, das Manuskript unterzubringen. Keiner der großen bürgerlichen Verlage war zu einer Veröffentlichung bereit, der kommunistische »Arbejderforlaget« machte ökonomische Gründe für die Ablehnung geltend. Schließlich landete das Manuskript beim Frem-Verlag des Ex-Kommunisten Rudolf Broby-Johansen, der mit der DKP im Streit lag und Anschluß an die norwegische linksintellektuelle »Mot dag«-Gruppe gefunden hatte. »Frem« vertrieb Kunstbücher und sozialistische Klassiker und fand vor allem Anklang mit einer »Populären Zeitschrift für sexuelle Aufklärung«. Der kommunistische Abgeordnete Arne Munch-Petersen kritisierte den Autor in »Arbejderbladet« (3. 6. 1934), weil dieser das Buch, das die Rolle der Partei beim Aufbau der Sowjetunion nicht gebührend würdige, in einem konterrevolutionären Verlag herausgebracht habe. Er bezweifelte, ob Nexø überhaupt in die KP aufgenommen werden könne. »Doch das Werk ist, wie gesagt, besser als der Dichter.« Im Dezember 1934 wurde er erneut von Munch-Petersen zurechtgewiesen, als er in einer Buchbesprechung in »Arbejderbladet« die Ansicht vertrat, das westeuropäische Proletariat versuche sich auf kleinbürgerliche Art durch die Zeit der großen Umwälzungen hindurchzumogeln. Das Ideal dieser Werktätigen sei eine Arbeitslosenkasse, von der sich gut leben lasse. Munch-Petersen kanzelte Nexø, den er distanzierend mit »Sie« ansprach, in einem Brief vom 15. Dezember 1934 ab. Der Artikel, der wegen der Unachtsamkeit eines Redaktionsmitglieds in das Blatt gelangt sei, drücke nicht die Auffassung eines klassenbewußten Kommunisten aus, sondern demoralisierende Verzweiflung. Nexø verwechsle die sozialdemokratischen Führer mit den sozialdemokratischen Arbeitern. Es gelang dem Gescholtenen gerade noch, eine öffentliche Polemik Munch-Petersens abzuwenden.

Nexøs Rußland-Buch »Zwei Welten« strotzt allerdings von sozialistischem Optimismus. Abgetrennt von Europa, wo der Faschismus Triumphe feierte, sollten in der Sowjetunion ab 1928 Fünfjahrpläne das rückständige Agrarland in forciertem Tempo in einen hochentwickelten Industriestaat verwandeln. Im Westen waren nach dem »Schwarzen Freitag« vom Oktober 1929 die Märkte zusammengebrochen, die Arbeitslosigkeit stürzte Millionen Menschen ins Elend. In leuchtenden Farben schildert Nexø in »Zwei Welten« die Lebensbedingungen der russischen Arbeiter, die angeblich keine Arbeitslosigkeit kennen und keinem Hauseigentümer ein Viertel des Lohnes als Miete abliefern, die keine Ersparnisse anzulegen brauchen für Krankenkasse, Sommerferien und Lotterielose und nur geringe Steuern zahlen, deren Frauen mitverdienen und durch Kinderhorte, Tagesheime und Schulküche von der häuslichen Arbeit entlastet werden.

Zeitungsberichte über die Hungersnot der Jahre 1933/34, die Millionen Menschen den Tod brachte, tat Nexø als Räubergeschichten ab. In der Sowjetunion könne allenfalls der eine oder andere Pope als bedürftig gelten. In Dänemark erregten damals zwei Schriften des in Berlin ansässigen Sowjetflüchtlings Raphael Abramowitsch einiges Aufsehen. »Bolschewikische Diktatur, Fünfjahrpläne und

die Sozialdemokratie« (1932) berichtete über die Liquidierung der Kulaken, »Die politischen Gefangenen in der
Sowjetunion« (1933) handelte von Stalins Lagern. Nexø
wies die Enthüllungen des Russen, der dem Exekutivkomitee der (sozialdemokratischen) II. Internationale
angehörte, als Schwindel zurück. Die Schrift über die politischen Gefangenen hatte Abramowitsch im Auftrag der
»Kommission der sozialistischen Internationale zur
Untersuchung der Stellung der politischen Gefangenen«
verfaßt. Er zitierte darin Molotows Rede auf dem VI. So-
wjetkongreß, in der sich der Vorsitzende des Rats der
Volkskommissare zum Einsatz von Strafarbeit äußerte
und einräumte, daß zwei Millionen Bauern im Zuge der
Kollektivierung deportiert worden seien, wovon sich eine
Million weiterhin in Lagern befänden. In Nexøs Augen
war Abramowitsch als Sozialdemokrat von vornherein ein
unglaubwürdiger Zeuge. Wenn einer wie er, der angeblich
dem Proletariat nahestehe, Hirngespinste verbreite, werde
die Sache bösartig, ärgerte er sich in »Zwei Welten«. Der
Menschewik Abramowitsch versuche, die westeuropäischen Arbeiter, die zu naiv seien, sein Ränkespiel zu
durchschauen, gegen ihre russischen Kameraden aufzu-
hetzen.

Stalins Kanal

Nexø beschäftigt sich im weiteren mit einem Großprojekt
des ersten Fünfjahrplans, dem Weißmeer-Ostsee-Kanal,
der von November 1931 bis Juni 1933 auf einer Länge
von 227 Kilometern in nur 20 Monaten errichtet wurde.
Die Bauarbeiten im harten Klima Kareliens wurden von
der GPU verwaltet, wie die Nachfolgeorganisation der
Tscheka von 1922 bis 1934 hieß. 120 000 Gefangene aus
den Lagern der GPU waren als Arbeitskräfte eingesetzt.

Baumaschinen waren Mangelware. Für Tausende wurde der Kanal zum selbstgeschaufelten Grab. 4,5 Millionen Sprengungen, die viele unerfahrene Arbeiter das Leben kostete, wurden ausgeführt. Unterkühlung, Unterernährung und Arbeitsunfälle waren die häufigsten Todesursachen. Ohne die Tscheka, rühmt Nexø, »bestünde vielleicht das neue Rußland heute nicht mehr, jedenfalls nicht auf so hohem moralischem Niveau«. Ein ehemaliger Strafarbeiter erzählt, wie der Kanalbau Egoisten in gemeinschaftsfähige Menschen verwandelte. Ein anderer versichert, daß die Gefangenen ihren Kanal liebten, der GPU sei es gelungen, auch dem Abgestumpftesten klarzumachen, daß er an einem großen Werk mitwirke. Die Russen seien stolz, den Kanal mit russischen Technikern und Ingenieuren und mit russischem Material gebaut zu haben. Nexø rühmt die Selbstverantwortung und Selbstverwaltung der Gefangenen, die aus ihren Reihen die Köche und den Ordnungsdienst rekrutiert und für Weiterbildung, Kultur und Unterhaltung gesorgt hätten. Die Tagesration je Mann habe aus 1300 Gramm Brot und 200 Gramm Fleisch oder Fisch bestanden.

Seinem Notizheft vertraute er aber auch skeptische Gedanken an, die er vom Buch fernhielt: »Viele Kommunisten haben die Tendenz, alles in, wie sie es nennen, ›marxistischem Licht‹ zu betrachten, zu behaupten, daß selbst Sonne und Mond unter dem Kommunismus anders rotieren müssen, proletarisch rotieren müssen. Wir sind in dieser Hinsicht nicht viel besser als die bürgerliche Wissenschaft, die das Gewicht der Sonne auf das Pfund genau angab, aber nicht in der Lage war, Brot an die Hungernden auszuteilen. Wir wollen bestimmen, wie unsere Enkel ihre Koteletts braten sollen, und vergessen, für die Koteletts zu sorgen.«

Kurz bevor Nexø den Kanal besichtigte, hatte Gorki im August 1933 in Absprache mit der GPU eine sechstägige

Kanal-Exkursion für 120 Autoren und Künstler aus allen Teilen der Sowjetunion organisiert. 36 von ihnen verfaßten danach ein glorifizierendes Buch mit Fotos des prominenten Konstruktivisten Alexander Rodtschenko, der außerdem im Journal »UdSSR im Bau« (1933), ähnlich wie Nexø, eine realitätsferne Sicht vom Bau des Kanals bot. Allerdings stand der Däne, im Unterschied zu den Russen, in keiner Zwangssituation.

Zweierlei Diktatur

Im Mai 1934 reiste Nexø erneut in die Sowjetunion. Seinen 65. Geburtstag würdigte die »Iswestija« mit einem ausführlichen Artikel ihres Auslandredakteurs Karl Radek: »Der Schuhmacher, der nicht bei seinem Leisten blieb. Eine Huldigung für den Dichter des Sozialismus und des Realismus«. Auf dem Geburtstagsfest der Zeitschrift »Oktjabr«, die den ersten Band der »Erinnerungen« veröffentlichte, bekannte Nexø: »In die Sowjetunion kommen ist wie nach Hause kommen.« Er rühmte die Sowjetunion als Vaterland des Weltproletariats, »das alle seine Träume, selbst seine kühnsten Wünsche erfüllt«. Eigentlich hätte mit dem Übergang zum Sozialismus der Nationalstaat überwunden sein sollen, doch war Stalin der Meinung, solange der Sowjetstaat mit seiner weltgeschichtlichen Pioniertat allein stehe, habe auch der Proletarier ein Vaterland. Das entsprach dem Empfinden Nexøs, der bereits 1922 auf seiner ersten Rußlandreise Zuflucht beim »russischen Vater« gesucht hatte (Kap. 5).

Nach der Geburtstagsfeier erholte er sich in einem Sanatorium in Kislowodsk im Kaukasus, wo er eine Kur für Herz- und Kreislaufkrankheiten absolvierte und sich so wohl wie seit langem nicht mehr fühlte. Hier las er die Essaysammlung »Der Haß. Deutsche Zeitgeschichte«, in der Heinrich Mann Personal, Machttechniken und gesellschaftliche Auswirkungen des Faschismus untersuchte. Mann war im Februar 1933 aus der Akademie der Künste, deren Sektion Dichtkunst er geleitet hatte, ausgeschlossen worden und nach Frankreich emigriert. Nexø machte gegen Manns Buch einige Vorbehalte geltend. Millionen hätten auf die Stimme des »geistigen Deutschlands« gewartet, schreibt er dem Kollegen Ende Juli. Deshalb sei es bedauerlich, daß dieser den Schritt »zu uns« nicht wage, sondern im Niemandsland zwischen Nazideutschland und dem Vaterland des Proletariats verharre. Heinrich Mann, der 1932/33 Aufrufe zur Aktionseinheit von KPD und SPD unterzeichnet hatte, bekannte freilich in seiner Schrift: »Der herannahende Kommunismus ist das Wirkliche, es bricht sich Bahn durch den Schwindel der Hitlerei. Dabei bleibt es, sollten auch die ersten Versuche scheitern oder ausarten.« Manns Buch erschien noch 1934 auf russisch im Staatsverlag Moskau, während in Dänemark die deutsche Ausgabe des Amsterdamer Querido-Verlags durch den kommunistischen Arbejderforlaget vertrieben wurde. Nexø mißfiel besonders, daß Mann »ein Deutschland mit persoenlicher Freiheit, eine Demokratie anstrebe, wo die Armen in Freiheit hungern, die Reichen sich in Freiheit satt essen und die Literaten frei ueber alles und allen raillieren koennen«. Ob sich Mann so fatal vergreife, weil er als Deutscher die Demokratie nicht miterlebt habe? Wer die kleinen Leute mit Diktatur einzuschüchtern versuche, erhalte die Antwort: »es gibt zweierlei Diktatur, die Diktatur des Proletariats, die eine gute und notwendige Sache ist, weil sie der einzige Weg zu menschlich besseren Zustaende ist, und die Diktatur der Oberklasse, die verschiedene Formen aufweist, von denen die Demokratie die boesartigste ist, weil sie sich mit unseren Idealen camoufliert um uns leichter beizukommen.«

Was die Demokratie anbelangte: 1933 war das dänische Sozialwesen grundlegend umgestaltet worden. Bis dahin hatte die Armenfürsorge ihre Leistungen wie Almosen verteilt und die Empfänger in eine demütige Haltung gezwungen. Die Sozialreform, die u. a. Gesetze über die öffentliche Fürsorge und die Volksversicherung umfaßte. begründete Leistungsansprüche und war ein erster Schritt auf dem Weg zum Wohlfahrtsstaat, der sich nach dem Zweiten Weltkrieg entfaltete. Der Architekt des Reformwerks, der sozialdemokratische Minister K. K. Steincke, galt als scharfer Antikommunist.

In jener Zeit mit ihren faschistischen und kommunistischen Diktaturen war es für ein kleines Land wie Dänemark mit seiner exponierten geographischen Lage eine Notwendigkeit, den inneren Zusammenhalt zu festigen. Die Sozialdemokratie war auf die parlamentarische Zusammenarbeit mit der linksliberalen »Radikale Venstre« angewiesen, die im Ausbau des Sozialwesens den Weg sah, das Land gegen die Bedrohungen aus dem Osten und dem Süden zu immunisieren. Eine faschistische Radikalisierung des Kleinbürgertums fand trotz Wirtschaftskrise nicht statt. In den Folketingswahlen 1935 gewannen die Sozialdemokraten mit Staunings Schlagwort »Dänemark für das Volk« 46 % der Stimmen, während die Kommunisten auf 1,6 % sitzenblieben.

Am 25. Juli 1934 wurde in Wien der austrofaschistische Kanzler Engelbert Dollfuß, der im Februar in blutigen Straßenkämpfen einen sozialdemokratischen Aufstand niedergeschlagen hatte, bei einem nationalsozialistischen Putschversuch ermordet. Am 27. Juli schlossen in Frankreich die Sozialistische und die Kommunistische Partei ein Abkommen zur Aktionseinheit. Am 2. August starb Reichspräsident Hindenburg, am 19. August befürworteten in einer Volksabstimmung 89 Prozent die Personaleinheit von Reichskanzler und Staatsoberhaupt.

Kongreß in Moskau: nichts als Ärger

Am 17. August begann unter Gorkis Vorsitz und mit über tausend Teilnehmern der Erste Allunionskongreß der Sowjetschriftsteller, zu dem sich Nexø aus dem Kaukasus nach Moskau begab. 1932 hatte die Partei alle Autorenvereinigungen aufgelöst und die letzten Avantgardisten ihrer Medien beraubt. Gorki grenzte in seiner Kongreßrede den sozialistischen Realismus sowohl vom kritischen Realismus als auch vom Modernismus ab, den er als Ausdruck eines Bürgertums im Verfall geißelte. Zum Helden der Dichtung müsse »der durch die Arbeitsprozesse geprägte Mensch« gemacht werden. Der sozialistische Realismus wurde als verpflichtende Methode in das Statut aufgenommen. Drei prominente Parteiführer nahmen sich die Zeit für einen Auftritt. Wer den ästhetischen Direktiven der Stalinisten künftig auswich oder gegen den Strom schwamm, hatte mit Mißachtung, Ausschluß, Druckverbot, aber auch mit Deportation und Zwangsarbeit zu rechnen.

Karl Radek, der Nexø noch im Juni mit einem ausführlichen Geburtstagsartikel gewürdigt hatte, erwähnte ihn in seinem Grundsatzreferat über die Weltliteratur und die Aufgaben der proletarischen Kunst nur mehr am Rande. Er pries André Gide, Romain Rolland und vor allem die sowjetische Literatur, verwarf James Joyce und Marcel Proust und fand anerkennende Worte für Shaw, Dreiser und Upton Sinclair, die die Verrottung des Kapitalismus dargestellt hätten. Die Literatur der deutschen Antifaschisten überging er, was Willi Bredel und Wieland Herzfelde zu heftigem Protest veranlaßte. Auch Nexø fühlte sich vernachlässigt. In seiner auf deutsch gehaltenen Rede erinnerte er an die für den Aufbau einer proletarischen Literatur geleisteten Vorarbeiten, insbesondere an zwei von

Radek vergessene Helden, Jaroslav Hašeks Schwejk, den er als genialen Ausdruck einer revolutionären Volksseele interpretierte, und seinen eigenen klassenbewußten Proletarier Pelle. Beide bildeten das Portal zur neuen Welt. Der von Radek gerühmten Sowjetliteratur bescheinigte Nexø Optimismus, doch vermißte er den Humor, und auch die Gefühle kämen zu kurz. Die Sowjetliteratur vermittle oft den Eindruck, die Menschheit habe erst mit der Revolution zu existieren begonnen.

Tags darauf packte er die Koffer und reiste noch vor Abschluß des Kongresses nach Dänemark zurück. Es war der Kongreß Gorkis gewesen, für den Nexø keine freundschaftlichen Gefühle hegte. Der dänische Übersetzer Ejnar Thomassen berichtete von einem Fest, auf dem der tadshikische Delegierte »dem großen Gorki« zu huldigen gedachte. Nexø habe daraufhin seine Teilnahme mit der Begründung abgesagt, er denke nicht daran, zu Gorki in die Audienz zu pilgern. Fünf Jahre zuvor hatte Gorki dem Kopenhagener »Social-Demokraten« auf die Frage, ob er die skandinavische Literatur kenne, geantwortet: »›Ja, aber leider nicht genügend. Knut Hamsun schätze sich sehr.‹ – ›Andersen Nexø?‹ – ›Nur ein Name.‹ – ›Sein Pelle der Eroberer ist doch ins Russische übersetzt?‹ – ›Ich habe ihn aber nicht gelesen. Kamban hingegen schon. Kamban habe ich gelesen. Er ist ein hervorragender Künstler.‹« Knut Hamsun, der Nobelpreisträger von 1920, ergriff im Zweiten Weltkrieg die Partei der deutschen Okkupanten seiner norwegischen Heimat. Und auch der in Dänemark ansässige und dänisch schreibende Isländer Guðmundur Kamban hatte faschistische Sympathien; am 5. Mai 1945, dem Befreiungstag, wurde er in Kopenhagen auf offener Straße von Widerstandskämpfern erschossen. 1937 kritisierte Nexø in einem Gespräch mit sowjetischen Behörden, daß die Schriftsteller im Lande zu wenig Freiheit genössen, daß aber, da Gorki jetzt gestorben sei, Hoffnung auf Besserung bestehe. Das Klischee vom »Gorki Dänemarks«, das Nexø gerne angeheftet wurde, ärgerte ihn. Auch später betonte er immer wieder, er habe nicht unter Gorkis Einfluß geschrieben, so etwa 1952 in einem Brief an Alexander Dymschitz, Kulturoffizier in der sowjetischen Militäradministration in Berlin, der eine biographische Studie über ihn verfaßt hatte: »Ist es notwendig, [...] so eng nationalistisch über Literatur zu schreiben, wie Sie es hier tun? Wenn Sie z. B. regelmäßig, wenn Sie was Wertvolle bei mir finden, auf Maxim Gorki als Vorbild zeigen? In meinen eigentlichen Kampf- und Wachstumsjahren, die Zeit bis zur Oktoberrevolution, war Gorki fast unbekannt in Skandinavien.« (9. 7. 1952) Auch Klaus Gysi, der Lehrmaterial über Nexø für den Schulunterricht in der DDR hatte zusammenstellen lassen, wies er zurecht: »Sie schreiben: – ›gleich allen anderen Dichtern, die sich den großen Russen zum Vorbild nahmen!‹ Was Sie eigentlich bei dem Satz gedacht haben?«

Tschüs, Andersen Nexø!

In übler Laune war Nexø von Moskau abgereist. Er hatte sich zur Sowjetunion als Vaterland bekannt, war aber von der väterlichen Autorität nicht voll angenommen worden. Sein Unbehagen konnte er weder an Radek noch an Gorki abreagieren. Da kam es ihm zupaß, daß er auf der Rückfahrt in Stockholm von einem Reporter des Kopenhagener »Ekstrabladet« abgefangen wurde. Nexø, der krank war und 40 Grad Fieber hatte, ließ nun seinen Zorn an seinen Landsleuten aus. Die Schlagzeilen beanspruchten ein ganzes Drittel der Frontseite: »Dänemarks Luft nicht zum Einatmen / Dänemark das schlimmste aller Länder! / Martin Andersen Nexø verunglimpft sein Vaterland / Und nähert sich – im Eilzugstempo! – dem Dänemark , das er so inbrünstig zu hassen scheint.« »Nein, die Luft in Dänemark ist miefig, sie schmeckt nach Schimmel, und ich glaube nicht, daß ich sie allzu lange einatmen kann«, hatte er dem Journalisten gesagt, und weiter: »Es ist ein Unglück, wie willenlos sich Westeuropa den Konjunkturen hingibt, das schlimmste von allen Ländern ist bald Dänemark, wo man sich damit abfindet, daß ein Herr Pürschel« – der konservative Politiker und Militärrichter Victor Pürschel – »die größte wissenschaftliche Begabung des Landes, Niels Bohr, öffentlich und gedruckt als Idioten bezeichnet, und niemand widerspricht dieser Absurdität [...].« Niels Bohr hatte soeben in Charkow, Leningrad und Moskau wissenschaftliche Vorträge gehalten und vor der Gefahr gewarnt, die der Menschheit vom faschistischen Deutschland drohe, gegen die Kommunisten, Sozialisten, Radikale und Liberale zusammenstehen müßten. Auch die Schriftstellerin Karin Michaëlis – sie hatte 1933 Brecht nach Dänemark eingeladen – kehrte von einer Rußlandreise zurück und veröffentlichte begeisterte Berichte in »Politiken«. Nexø dankte ihr brieflich: »Bolschewo und der Weißmeerkanal, die ganze prächtige Geschichte über die Verbrecher, die zu Menschen werden, indem sie ein menschliches Leben führen dürfen, ist das schönste Erlebnis meines Lebens.« (7. 9. 1934)

Nexøs Sprüche waren für die bürgerliche und sozialdemokratische Presse ein gefundenes Fressen: »Tschüs, Andersen Nexø« wurde getitelt oder »Können wir Andersen Nexø nach Rußland loswerden?«. Der Rußlandfahrer Nexø seinerseits rief den Sozialdemokraten zu: »Hände weg von der Sowjetunion! Dänische Arbeiter dürfen sich nicht damit abfinden, in der Nachhut zu marschieren.« Die sozialdemokratischen Zeitungen handelten schäbig, wenn sie sich zur Sammelstelle für all den Schmutz machten, mit dem die proletarische Republik beworfen werde. Auch das »Kampfblatt der Konservativen Jugend« hätte Nexø und mit ihm alle anderen Kommunisten nur zu gerne an die Grenze gestellt: »Raus mit ihnen! Raus mit den Sowjetagenten in Wissenschaft und Kunst und ihren schmutzigen Waffen gegen unsere nationale Kultur.« Der spätere sozialdemokratische Ministerpräsident Hans Hedtoft überschrieb einen Beitrag für die Zeitschrift »Socialisten«: »Andersen-Nexø in Moskaus festen Diensten«. Erstmals wurden von konservativer Seite Forderungen laut, Nexø das staatliche Schriftstellerstipendium zu entziehen. Da mochte die sozialdemokratische Provinzpresse in Nexøs Wohnort Hillerød nicht zurückstehen und verbreitete Histörchen über ihn als »kapitalistischen Arbeitgeber seines Gärtners«, den er miserabel bezahle. Es stelle sich die Frage, ob der Stadt mit einem solchen Einwohner gedient sei. In einem Brief an Erwin Piscator und andere deutsche Künstler im Moskauer Exil fand Nexø bittere Worte für die Menschenjagd, der er in Dänemark seit seiner Rückkehr aus Moskau ausgesetzt sei. Finanziell sei er »vollkommen blokiert«. Man verfolge auch seine Frau und die Kinder. Das »hiesige sozialdemokratische Käseblatt« notiere sogar »unsere Einkäufe in den Läden – Butter oder Margarine« (28. 12. 1934).

»Sie bespuckten meine Frau und nannten sie Bolschewikendirne«, beklagte er sich in »Ekstrabladet« und kündigte den Wegzug der Familie an. »Social-Demokraten« kommentierte: »Die Arbeiterklasse in Hillerød nimmt ohne Wehmut Abschied von Herrn Andersen Nexø.« Die Nexøs übersiedelten in ein kleines Haus am billigen Rand von Dänemarks reichster Gemeinde Gentofte bei Kopenhagen. Auch hier waren sie ständigen Pöbeleien der »Konservativen Jugend« ausgesetzt. Anderthalb Jahre lang hielten sie durch, bevor sie in das Dorf Stenløse bei Kopenhagen weiterzogen. Doch die Bauern der Gegend waren dem kommunistischen Dichter feindlich gesinnt. In Stenløse erhielt er Morddrohungen. Ein Lokalreporter beobachtete eine Limousine, der eine pelzbekleidete Dame mit ihren Kindern entstieg, um beim Konditor Kuchen mit Schlagsahne zu kaufen. Im Auto habe der Dichter höchstpersönlich gesessen und über das Verhältnis zwischen dem Idealisten, der einst »Pelle« schrieb, und dem Kapitalisten, der einen Prozeß gegen sein Dienstmädchen anstrebte, nachgedacht. Tatsächlich hatte Nexø gegen sein Dienstmädchen wegen Diebstahls Anzeige erstattet. Diese Anekdote hielt sich im öffentlichen Bewußtsein und wurde auch später bei passender Gelegenheit aufgewärmt.

Russische Rapporte

In Dänemark von Reportern bedrängt, wurde Nexø auch in Rußland genau beobachtet. Die Betreuung des Gastes oblag der »Gesellschaft für kulturelle Kontakte mit dem Ausland« (VOKS). Die Dolmetscherin M. A. Orlowa, die ihm 1931 drei Wochen lang zur Seite stand, bekräftigte, Genosse Nexø sei »ein wahrer Freund der UdSSR«. Zwar habe er hin und wieder »unsere Fehler« bemerkt, sogleich aber seinen »felsenfesten Glauben« kundgetan, daß die Mängel behoben würden. Über die Fehler könne er »nur hier und nur mit uns« sprechen. Im Ausland widme er sich einzig »unseren Errungenschaften«. 1933, als er Stoff für das Buch »Zwei Welten« sammelte, äußerte er den Wunsch, Prominenten wie Lenins Witwe Nadeshda Krupskaja und Maxim Gorki zu begegnen. »Er sprach« – so der Skandinavien-Referent von VOKS R. Stilmark – »von seinem brennenden Wunsch, Genossen Stalin zu treffen, aber ich brach solche Gespräche kategorisch ab, danach hörte er auf, davon zu reden.« Stilmark empfahl seinen Vorgesetzten, Nexøs finanzielle Lage gebührend zu bewerten. Der Bruch mit den Sozialdemokraten habe ihn hart getroffen. Aus Deutschland erhalte er keine Honorare mehr. 1936 war es um Nexøs Finanzen besonders schlecht bestellt. In Erwartung einer Verfilmung von Pelles Jugend durch die sowjetische Organisation Meshrapom hatte er sich die eine und andere Anschaffung gegönnt. Doch die Filmpläne zerschlugen sich, und auch der neue Band der »Erinnerungen« verkaufte sich nicht gut. Von sowjetischen Verlagen wurde Nexø teilweise in Valuta honoriert. An Sergej Tretjakow schrieb er im Juni 1937, daß er »dank der sowjetisch-russischen Honorare« sein Haus umbaue und eine Zentralheizung einrichte, was gehobenem Standard entsprach. Georgi Dimitroff, der Vorsitzende der Komintern, und der Sowjetische Schriftstellerverband trugen Sorge, daß ihm angesichts seiner schwierigen finanziellen Lage gute Konditionen eingeräumt wurden, um seine materielle Existenz auch im Blick auf die Zukunft zu sichern, wie der stellvertretende Leiter der Agitprop-Abteilung der Komintern, Rudolf Appelt, in einem Notat an Dimitroff festhielt.

1934, als Nexø, wie beschrieben, auf dem Schriftstellerkongreß irritiert reagierte, zeigte sich Stilmark enttäuscht. Im Beisein eines Attachés der dänischen Botschaft habe Nexø seinen revolutionären Ton erheblich gedämpft und auf taktlose Art behauptet, die Ausstellung sowjetischer Kunst in Kopenhagen vom Mai 1933 sei ein Mißerfolg gewesen, obwohl alle Zeitungen einschließlich der reaktionärsten die Schau als das herausragende Ereignis der Saison gewürdigt hätten. Stilmark war empört, weil sich Nexø vor dem dänischen Diplomaten beschwerte, er sei gezwungen gewesen, seine Kongreßrede unmittelbar nach Radeks vierstündigem Vortrag zu halten. Man habe von ihm verlangt, die Rede abzulesen, was er sonst nie tue. Das Manuskript habe er zwei Tage zuvor dem Präsidenten, d. h. wohl Gorki, aushändigen müssen und es erst kurz vor dem Auftritt zurückerhalten. Die Presse habe den Text gedruckt, er habe jedoch frei gesprochen und ganz andere Dinge erzählt. Nexøs freimütige Äußerungen im Beisein eines »Bourgeoisie-Diplomaten« weckten Stilmarks Mißtrauen, der ein »Doppelspiel« nicht mehr ausschließen wollte.

In Moskau wollte man nun Gewißheit haben, und als Nexø ein Jahr später wieder im Lande war, wurde er von Stilmarks Vorgesetztem Kuljabko zu einem Gespräch geladen. Die Protokollführerin Karawkina hielt fest, Nexø habe bereitwillig Personen angegeben, die in Dänemark die öffentliche Meinung zum Vorteil der Sowjetunion beeinflussen könnten, z. B. die Journalistin Ellen Hørup, die als Aktionärin der Zeitung »Politiken« eher als andere Mitarbeiter einschlägiges Material lancieren könne. Nach der Unterredung wurde Nexø erneut als echter Freund der Sowjetunion eingestuft.

Ab und zu kam es zu kleineren Zwischenfällen. Als er 1935 von der Krim ein Manuskript nach Dänemark schicken wollte, erklärte ihm Karawkina, erst müsse die Zustimmung der Zensurbehörde eingeholt werden. Er verlor die Fassung und telegraphierte der dänischen Botschaft in Moskau, mit deren Hilfe er das Manuskript per Kurier nach Dänemark befördern lassen wollte. Von Jalta ging die Reise weiter nach Kharaks, in das Sanatorium des Zentralkomitees, wo man Nexøs Ankunft vergessen und keinen Empfang vorbereitet hatte. Karawkina rapportierte, Nexø, der Ehrenbezeugungen aller Art zu schätzen wisse, habe sofort abreisen wollen, es sei dann aber gelungen, einige Kurgäste zusammenzurufen, die einen Empfang improvisierten und den Dänen in warmen Worten begrüßten.

Flüchtlingshilfe in Dänemark

Hitlers Machtübernahme machte auch Dänemark zu einem Exil-Land. Der unter den Schutz des »dänischen Strohdachs« geflohene Bertolt Brecht dichtete: »Immer fand ich den Namen falsch, den man uns gab: Emigranten. / Das heißt doch Auswanderer. Aber wir / Wanderten doch nicht aus, nach freiem Entschluß / Wählend ein anderes Land. [...] / Sondern wir flohen. Vertriebene sind wir, Verbannte.« (»Über die Bezeichnung Emigranten«) Nexø engagierte sich mit ganzer Kraft für die Verbannten. Unter seinem Vorsitz bildete sich im August 1933 ein Hilfskomitee für die Opfer des Nazismus. Doch erbrachten die Spendenaktionen nur bescheidene Summen, so daß das Komitee bereits im Spätsommer 1934 seine Tätigkeit wieder einstellte. Auf eine Anfrage des emigrierten Schriftstellers Alfred Ostermoor antwortete Nexø im September 1934: »Die einzige hier im Lande, die zu mir halten, haben kein Geld. Ich selber habe auch kein; ich werde von allen Seiten ökonomisch boykottiert und fühle mich – hier im eigenen Lande – als ein politischer Emigrant.« Nexø beherbergte Flüchtlinge auf der Durchreise, zum Beispiel Hermann Duncker, der bereits 1919 bei ihm Asyl gefunden hatte.

Die sozialdemokratisch-radikale Regierung Stauning führte eine restriktive Flüchtlingspolitik. Die Zahl der registrierten Flüchtlinge, die nur schwer eine Arbeitserlaubnis erhielten, belief sich auf einige hundert, doch muß mit einer Dunkelziffer illegaler, zumal kommunistischer Flüchtlinge gerechnet werden. Die Flüchtlingshilfe lag bei privaten Organisationen, der Staat hielt sich fern. Nach dem Fiasko des »Hilfskomitees« engagierte sich Nexø in der Roten Hilfe, die kommunistische Flüchtlinge betreute. Andere Organisationen nahmen sich jüdischer, so-

zialdemokratischer oder intellektueller Flüchtlinge an.
Dänemarks Rote Hilfe war eine Sektion der 1922 in Moskau gegründeten »Internationalen Organisation für Unterstützung der Kämpfer der Revolution« (MOPR), die in
Deutschland unter dem Namen »Internationale Rote
Hilfe« (IRH) agierte. Die Anerkennung durch die Rote
Hilfe führte in der Regel zur Gewährung des Aufenthalts,
doch waren Kommunisten verschärften Asylbedingungen
unterworfen

Auch die Rote Hilfe litt unter finanziellen Sorgen. Dänischen Sozialdemokraten war es strikt verboten, die kommunistische Organisation zu unterstützen. Sie vermittelte
einen täglichen Mittagstisch bei einer Arbeiterfamilie, gab
Lebensmittel aus, wies Schlafstellen zu und zahlte eine
Unterstützung von 1 bis 2 Kronen je Woche. Die vom Matteotti-Komitee betreuten sozialdemokratischen Exilanten
waren in einer besseren Lage. Als das Außenministerium
im Juni 1936 ein Treffen der Hilfsorganisationen mit dem
Hochkommissar des Völkerbundes für Flüchtlingsfragen
plante, wurde die Rote Hilfe übergangen. Vergeblich intervenierte Nexø bei Außenminister Peter R. Munch. In seinem Erinnerungsroman »Jeanette« wirft er Justizminister
K. K. Steincke (alias Stenlille) und Premier Stauning (alias
Pelle) vor, sie hätten den Nazis nicht die Stirn zu bieten gewagt, womöglich gar mit ihnen sympathisiert. Kommunistische Flüchtlinge seien zu Kriminellen erklärt und nach
Deutschland abgeschoben worden. Tatsächlich setzten die
Behörden bereits in den dreißiger Jahren kommunistische
Flüchtlinge unter Druck, das Land zu verlassen. Den Justizminister charakterisiert Nexø als »gewissenlosen, juristisch ausgebildeten Sozialdemokraten«, der die »sadistische Menschenjagd« als Sport betrieben habe. Während der
deutschen Besetzung wurde die Rote Hilfe 1941 für illegal
erklärt.

Volksfront der Intellektuellen

In den dreißiger Jahren polarisierte sich das politische Klima. Im bürgerlichen Lager waren zum Teil Patrioten am Werk, die Hitler und Mussolini bewunderten und den Bolschewismus ächteten, während die Kommunisten und zunehmend auch Linksintellektuelle den Faschismus bekämpften und der Sowjetunion vertrauten. Vom Beginn der dreißiger Jahre an wurde der Antifaschismus zum Bezugspunkt der »kulturradikalen Bewegung«, deren Themen in den zwanziger Jahren Ästhetik und Psychoanalyse, Sexualität und Marxismus gewesen waren. Die Linksintellektuellen sahen im Faschismus eine Bedrohung jener Werte und Haltungen, für die sie einstanden. 1934, im Jahr nach der Verbrennung »undeutschen Schrifttums«, feierte der Dänische Schriftstellerverband sein vierzigjähriges Jubiläum mit der Teilnahme an der Einweihung eines Nazi-Schriftstellerhauses in Travemünde, in dem ständig eine Wohnung für Autoren aus dem Norden kostenlos bereitstand.

Die Komintern vollzog 1935 die Wende zur Propagierung einer Volksfront mit den Sozialdemokraten. 1935 war auch das Geburtsjahr der dänischen Vereinigung »Freisinniger Kulturkampf«. Vermutlich ging der Anstoß zur Gründung dieses Klubs von Linksintellektuellen von Nexø aus (28. 12. 1934 an Piscator u. a.). Er wandte sich an Poul Henningsen, der als Architekt und Kulturkritiker im Brennpunkt des öffentlichen Interesses stand. Der lud seine Freunde ein, so daß sich am 10. Februar 1935 etwa hundert Personen im »Grand Café« in Kopenhagen versammelten. Nexø und Henningsen fehlten krankheitshalber. Der Philosophieprofessor Jørgen Jørgensen erklärte in einer Ansprache, daß »der Sieg der Reaktion in einer Reihe von Ländern die reaktionären Kräfte in Dänemark gestärkt« habe, weshalb die Bildung einer Kulturfront und die Gründung einer Zeitschrift geboten erscheine. Am 7. April fand im Grundtvig-Haus die Gründungsversammlung statt, zu der sich laut »Social-Demokraten« rund 300 Personen, »Akademiker, Künstler, Lehrer und andere Geistesarbeiter«, einfanden.

Im Vorstand saßen Parteilose neben bürgerlichen Radikalen, Sozialdemokraten und Kommunisten. Der sozialdemokratische Parteisekretär Alsing Andersen warnte seine Parteigenossen allerdings vor dem Beitritt zu dieser, wie er sich ausdrückte, kommunistischen Tarnorganisation, zu deren Gründern der von flammendem Haß auf die Sozialdemokratie getriebene Schriftsteller Andersen Nexø gehöre, der in seiner »blauäugigen Anbetung der Sowjetunion« geradezu »lächerlich« wirke. Die Vereinigung brachte ab Juni 1935 die Zeitschrift »Kulturkampen« heraus, die sich mit Fragen der Sexualmoral ebenso beschäftigte wie mit Architektur, Pädagogik und Politik, in der jedoch die Sowjetunion nicht kritisiert wurde. Als ein Leser bei der Redaktion anfragte, weshalb Nexø der sowjetischen Diktatur huldigen dürfe, erhielt er vom Redaktionsleiter Jørgen Jørgensen die Antwort, Demokratie bedeute nicht, daß man sich von allem distanzieren müsse, was in einem Land geschieht, dessen Regierungsform vielleicht nicht demokratischen Idealen entspreche. Den Todesstoß versetzte dem »Freisinnigen Kulturkampf« der Hitler-Stalin-Pakt, der eine Neuorientierung der DKP erforderlich machte.

Ausdruck des Volksfrontkurses der Komintern war der Erste Internationale Schriftstellerkongreß zur Verteidigung der Kultur, zu dem sich im Juni 1935 in Paris 250 Autoren aus 38 Ländern einfanden, um fünf Tage lang vor Hunderten Zuhörern über die Frage zu diskutieren, was sie gegen den Vormarsch der Faschisten leisten konnten. In Frankreich hatten die sozialistischen Parteien und die Kommunisten als Antwort auf rechtsradikale Unruhen eine Allianz geschlossen. Die »Front populaire« gewann 1936 die Wahlen, zerbrach aber 1938 wieder. Die nahezu einhellige Parteinahme der Schriftsteller für die Sowjetunion trat gerade dort zutage, wo vereinzelte Stimmen Kritik anmeldeten. Als Gaëtano Salvemini und Magdalena Paz, die als Trotzkistin galt, das Idealbild der Union mit der Wirklichkeit der Verbannung des einstigen Komintern-Mitarbeiters Victor Serge konfrontierten, schlug ihnen eine Welle der Empörung entgegen. Anna Seghers erwiderte: »Der Fall Serge gehört nicht hierher. In einem Hause, das brennt, kann man nicht einem Menschen helfen, der sich in den Finger geschnitten hat. Und wir befinden uns in den Ländern der bürgerlichen Ordnung in einem brennenden Haus.« André Gide bekannte, das Vertrauen in die Sowjetunion sei »der größte Beweis unserer Liebe«, wofür er mit brausendem Beifall bedankt wurde. André Breton hingegen forderte Freiheit des künstlerischen Schaffens in der Sowjetunion und sagte: »Nicht durch stereotype Erklärungen gegen den Faschismus und den Krieg wird es uns gelingen, den Geist und den Menschen von den alten Ketten, die ihn behindern, und von den neuen, die ihn bedrohen, für immer zu befreien. Gelingen wird es uns durch die Bekundung unserer unerschütterlichen Treue zu den Emanzipationskräften des Geistes und des Menschen [...]. ›Die Welt verändern‹, sagte Marx; ›das Leben ändern‹, sagte Rimbaud. Diese beiden Losungen sind für uns nun eine.« Die Ansprache provozierte Tätlichkeiten, Breton wurde des Saales verwiesen.

Nexø warf in seiner Ansprache den Schriftstellern und Intellektuellen vor, sie hätten in weiten Teilen Europas versagt und bildeten trotz ihres Wissens die Nachhut der Menschheit. Die Aufklärung habe in Westeuropa nicht revolutionierend gewirkt. Noch immer werde in den Schulen Verständnis für die Oberschicht geweckt, den hungernden Proletarierkindern werde Mitleid mit den Problemen der Reichen beigebracht. »Die wunderbare Tatsache Sowjetrußland« habe nicht nur die Reaktion, sondern auch das Kleinbürgertum und die »verkleinbürgerlichte Arbeiterschaft« in Angst und Schrecken versetzt. Die Reaktion bilde einen Ring um die Sowjetunion, die Zeit sei reif, die antifaschistischen Kräfte in einer Einheitsfront zu fassen. Entscheidend sei die »Verbrüderung zwischen den kämpfenden Intellektuellen und dem kämpfenden Proletariat«. Der Kapitalismus habe die Spaltung zwischen intellektueller und körperlicher Arbeit vertieft, den Arbeiter zu einem Teil der Maschine erniedrigt. Anzustreben sei die Verschmelzung der geistigen und manuellen Fähigkeiten der Menschen. »Der Proletarier ist dem Intellektuellen politisch nicht unterlegen.« Zu oft habe man dem Proletariat falsche Ideale wie Humanismus und Pazifismus gepredigt, der Entwicklung dadurch vorgegriffen und, »was Endziel sein sollte, als wünschenswert für heute dargestellt«. Raubtiere könnten mit Humanismus nicht erlegt werden. Insbesondere dürfe der Arbeiter sein wichtigstes Kampfmittel, den Streik, nicht humanisieren, Wasser- und Gaswerke und andere lebenswichtige Betriebe dürften von Streiks nicht verschont werden.

»... deren Sache!«

Ende 1935 ließ die Nachricht von der Ermordung des Leningrader Parteisekretärs Sergej Kirow aufhorchen. 13 Personen wurden als »Verräter« zum Tode verurteilt und hingerichtet. Berichte über Fraktionskämpfe in der KPdSU verunsicherten manchen Anhänger der Sowjetunion, einige wandten sich an Nexø mit der Bitte um eine Erklärung,

so der Jurist und Co-Redakteur der Zeitschrift »Kultur-
kampen« Kai Hoffmann, der erfahren hatte, daß Edvard
Gylling, der Vorsitzende des Rats der Volkskommissare
der Karelischen Autonomen Sozialistischen Sowjetrepublik, gestürzt, vielleicht sogar getötet worden sei. Nexø
kannte Gylling seit 1919 persönlich. 1922 und 1933 hatte
er ihn in Karelien besucht und noch 1934 im Rußlandbuch
»Zwei Welten« gelobt: Der Freund und Kamerad Gylling
habe nach der Revolution die scheinbar unmögliche Aufgabe gemeistert, das rückständige Karelien in eine moderne Gesellschaft zu verwandeln. In Karelien sei der Sprung
vom Alten Testament zur Anwendung neuester wissen-
schaftlicher Verfahren gelungen. Als sich Nexø in Petrosawodsk von Gylling verabschiedete, fand er ihn unter lauter
kaffeetrinkenden und politisierenden Menschen, etwas abseits, in eine Schrift über die Rolle des Raseneisensteins bei
der Urbarmachung von Heideland vertieft. »Sein stets
freundliches Gesicht strahlte noch heller. ›Das ist gut, das
hier‹, sagte er und trommelte auf das Buch. ›Es wird uns
einen großen Schritt weiterhelfen.‹« Nexø ahnte nicht, daß
es ein Abschied für immer war. In den Jahren des »Großen
Terrors« eliminierten Verhaftungen und Erschießungen
auch die indigenen politischen Eliten des Landes. 1938
wurde Edvard Gylling hingerichtet.

Kai Hoffmanns Anfrage brachte Nexø in Erklärungsnot
(8. 1. 1936). Er spricht Hoffmann als Freund, ja »aufrich-
tigen Freund« der Sowjetunion an, doch sind es nicht die
Worte eines kritischen Intellektuellen, wenn er, ähnlich
wie Gide auf dem Pariser Kongreß, persönliche Zuneigung
mit Politik verwechselt und fortfährt: »Wen man liebt,
dem glaubt man, auch wenn man nicht jeden seiner
Schritte kontrollieren kann […].« Nexø wollte an seinem
Bild von der Sowjetunion als Hoffnungsträger und Alter-
native unbedingt festhalten. Er war überzeugt, daß die Be-

Rückkehr aus dem Moskauer Exil, umringt von Widerstandskämpfern, Juni 1945.

80. Geburtstag in Berlin mit Wilhelm Pieck und Frau Johanna, 1949.

Empfang zum 80. Geburtstag in Berlin, von links: Frau Johanna, der SED-Vorsitzende Otto Grotewohl, der Stadtkommandant von Berlin Generalmajor Kotikow, Anna Seghers sowie rechts Johannes R. Becher und Arnold Zweig.

Verleihung des Nationalpreises I. Klasse für Kunst und Literatur,
1951; links der Präsident der DDR, Wilhelm Pieck.

In der Ehrenwohnung auf dem Weißen Hirsch in Dresden, die die
Familie Nexø 1952 bezog, im Gespräch mit dem Vorsitzenden der
Dänischen Kommunistischen Partei und späteren CIA-Mitarbeiter
Aksel Larsen.

Verleihung der Ehrenbürgerschaft der Stadt Dresden, 10. Mai 1953.

84. Geburtstag 1953 mit Frau Johanna in Holte bei Kopenhagen, Nexøs letztem dänischem Haus, das er veräußerte, als er in die DDR übersiedelte. Der »Martin Andersen Nexø Fonds« kaufte es zurück, um es der Nachwelt zu erhalten.

Letzte Aufnahme

hörden gegen Gylling richtig handelten, und wenn Hoffmann eine Erklärung wolle, »weshalb man Gylling abgesetzt hat – ich gestehe, daß ich dem Satz anhänge: das ist deren Sache!«. Die unwirsche Sprachgeste, die jede Nachfrage im Keime ersticken möchte – ob sie nicht auch Zeichen einer Verdrängung ist? »Die Sowjetunion zu erhalten und vorwärtszuführen, auf allen Seiten von Feinden umgeben, die vor keiner Gemeinheit zurückschrecken, um ihr den Garaus zu machen«, sei ein harter Kampf. Die Idealisten, die eine »neue«, »bessere Welt« schaffen, wüßten, daß zupacken müsse, wer Unkraut jäte, schloß er mit einem Bild, das er 1918, vor bald zwanzig Jahren, geprägt hatte.

Peter Weiss referiert aus dem Abstand von Jahrzehnten, in seiner 1975/78 vorgelegten »Ästhetik des Widerstands«, eine Diskussion, die der norwegische Schriftsteller Nordahl Grieg und die Historikerin Lise Lindbæk 1938 während des Spanischen Bürgerkriegs über parteitreue Literatur führten: »Wir sind Kommunisten, sagte er, wir schweigen, innerhalb des von uns selbst gezogenen Ringes. Mit unserm Schweigen erkennen wir die von der Partei ausgegebenen Gebote an. Wir fragen nicht nach den Gründen des noch tieferen Schweigens [...]. Wir schweigen, in der Annahme, oder in der Überzeugung, daß es wichtige Gründe für diese Vorgänge und Verordnungen gibt, doch während wir schweigen, in der Hoffnung, in der Gewißheit, daß uns die Partei zu einem späteren Zeitpunkt ihre Entscheidungen erklären wird, treten wir ein in die Gedankenregion, in der uns der Drang zusetzt, nicht nur für unsere Zeit, sondern auch für eine Epoche zu schreiben, in der das Wahrheitsbedürfnis alles jetzt Zurechtgelegte durchbrechen wird. Wir wissen, daß uns die Partei einmal, wenn sie den Augenblick für richtig ansieht, alle Zusammenhänge in ihren heute oft schwer durchschaubaren

Beschlüssen erhellen wird, denn sie wäre keine leninistische Partei, wollte sie ihre Handlungen der Begreifbarkeit entziehen.«

Moskauer Prozeß: »menschlich und schlicht«

Im Oktober 1935 überfiel Mussolini Abessinien, im März 1936 marschierte die Wehrmacht in das entmilitarisierte Rheinland ein, im Juli eilten Mussolini und Hitler dem gegen die Volksfront-Regierung putschenden General Franco in Spanien mit Waffen und Truppen zu Hilfe. Die Faschisten rückten aus und eroberten Terrain. Die westeuropäischen Demokratien hielten sich zurück. Als Mitglied des internationalen PEN wurde Nexø 1937 zur Feier von Alexander Puschkins 100. Todestag nach Moskau und Leningrad eingeladen. Auf Wunsch der Gastgeber legte er die Reise so, daß er dem Prozeß gegen Angehörige eines »sowjetfeindlichen trotzkistischen Zentrums«, dem zweiten der drei großen Moskauer Schauprozesse, teilweise beiwohnen konnte. Im Vorjahr hatte Staatsanwalt Wyschinski den Prozeß gegen das »trotzkistisch-sinowjewistische terroristische Zentrum« mit der Forderung abgeschlossen: »Erschießt sie wie die tollwütigen Hunde.« Am 23. Januar notierte Dimitroff, der Vorsitzende der Komintern, in sein Tagebuch: »[...] Andersen Nexö u. a. zur Teilnahme eingeladen.« Der Prozeß gegen Radek, Pjatakow, den ehemaligen Finanzkommissar Sokolnikow und 14 weitere Angeklagte, die beschuldigt wurden, mit Trotzki, Deutschland und Japan gegen die Sowjetunion konspiriert zu haben, fand vom 23. bis zum 29. Januar statt. Im Gerichtsaal saß Nexø neben Lion Feuchtwanger und anderen Westeuropäern. Die Angeklagten waren geständig. Dreizehn wurden zum Tode verurteilt, vier, unter ihnen

Radek und Sokolnikow, zu langjährigen Haftstrafen. Bereits am Tag nach der Urteilsverkündigung veröffentlichte die »Prawda« unter der Überschrift »Trotzki, der Feind der Menschheit und der Demokratie« eine Erklärung Nexøs, der den Prozeß auch im schwedischen und englischen Programm von Radio Moskau kommentierte. Deutsch erschien der Text in der Komintern-Zeitschrift »Rundschau über Politik, Wirtschaft und Arbeiterbewegung« (6/1937) in Basel. Es habe ihn nicht überrascht, »Lenins alte Garde«, Revolutionäre wie Sinowjew und Radek, auf der Anklagebank zu finden, bereits Lenin habe diese Männer wegen Fraktionsbildung ermahnt. »Wären die Pläne der Angeklagten von Erfolg gekrönt gewesen, so würde die Sowjetunion als proletarische Republik aufhören zu bestehen und würde sie durch die Abgabe von Territorien an Japan und Deutschland verstümmelt. Sie befände sich auf dem Wege der Umwandlung in einen faschistischen Staat.« Zeitungen, die den Prozeß als Farce bewerteten, machten sich zu Komplizen der Verbrecher.

Nexø, Feuchtwanger, Heinrich Mann und Brecht rechtfertigten die Moskauer Prozesse, aber auch der Botschafter der USA, Joseph Davies, hatte nach den Geständnissen der Angeklagten den Eindruck einer legitimen Rechtsprechung. Ernst Bloch schrieb: »Sie [die Angeklagten] haben ein großes Spiel gegen die Partei gespielt, sie haben sich mit dem faschistischen Teufel verbündet, um das Spiel zu gewinnen, und haben es verloren. Sie sind politische Verbrecher und Schädlinge großen Ausmaßes geworden und gestehen dies auch ein.« Der italienische Emigrant Ignazio Silone hingegen fragte in der »Basler Arbeiter-Zeitung«, nachdem er erfolglos versucht hatte, den Artikel in der Moskauer Exilzeitschrift »Das Wort« zu veröffentlichen, welchen Wert Proteste gegen faschistische Polizei und Gerichtsbarkeit hätten, wenn Oppositionelle in Rußland nicht in die

Lage versetzt würden, ihre Unschuld durch Zeugen und unabhängige Anwälte zu beweisen. Der Trotzkismus sei durch den Prozeß noch nicht erledigt, mahnte Nexø in der »Prawda«. Der Hydra sei nur ein Kopf abgeschlagen, »die revolutionäre Arbeiterschaft hat in bezug auf den Begriff Opposition neue Erfahrungen gemacht« (»Rundschau«). Auch Halldór Laxness, der 1938 dem Verfahren gegen Bucharin und andere beiwohnte, verhöhnte »bürgerliche Schriftsteller«, die sich von der Sowjetunion abwandten, allen voran André Gide, als »Verräter«.

Nun wurden in den Prozessen als Beweise der Anklage Briefe mit Weisungen angeführt, die den Angeklagten aus dem Ausland durch Emissäre überbracht worden seien. Diese Briefe existierten jedoch nur in den erfolterten Geständnissen. Sie konnten in keinem der drei Trotzkistenprozesse als Beweismittel präsentiert werden, da sie von den Angeklagten angeblich vernichtet worden seien. Staatsanwalt Wyschinski erklärte in seiner Schlußrede, bei »Verschwörungen« dürfe man nicht nach Beweisen fragen. Indizien hätten eine »weit größere Überzeugungskraft«. Die Aussagen und Geständnisse, die durch andere Geständnisse bestätigt würden, bildeten für Wyschinski die Beweise. Lion Feuchtwanger, der – anders als Nexø – von Stalin empfangen wurde, überliefert in seinem Bericht »Moskau 1937« Stalins Reaktion, als er ihn darauf ansprach: »Stalin machte sich ein bißchen lustig über diejenigen, die viele schriftliche Dokumente verlangten, ehe sie sich dazu bequemten, an eine Verschwörung zu glauben.« Feuchtwanger gab sich mit Stalins Antwort zufrieden. Nexø vertrat denselben Standpunkt. An den Redakteur des Prager »Sozialdemokrat«, Karl Kern, schrieb er: »Die Wahrheit ist doch, daß es tausender Beweisstücke verschiedener Art gab: Briefe, Photos von Briefe, ehe sie vernichtet wurden, Zeugenaussagen, boshafte Sabotagehandlungen, die sich erst durch die Eingeständnisse der Angeklagten als Sabotagehandlungen herausstellten.«

Die Atmosphäre im Gerichtssaal schilderte er in der »Prawda«: »Ich habe oft Gerichtsverhandlungen beigewohnt, nie aber solchen, die sich so menschlich und schlicht abspielten, wie diese. Keinen Augenblick hatte man das Gefühl von erhabenen Richtern und unterworfenen Angeklagten; eher von Menschen, die im Namen der Gesellschaft anderen, die sich vergangen hatten, dazu verhalfen, sich über ihre Fehler klar zu werden. Trotz der unheimlichen Wucht des Anklagematerials und der schweren Verbrechen, die die Angeklagten Punkt für Punkt, der unerbittlichen Menge von Indizien gegenübergestellt, eingestehen mußten, waren sie in den Augen der Richter bis zum letzten Augenblick Menschen. Alle siebzehn saßen nebeneinander, konnten miteinander verhandeln, hatten das Recht, sich jederzeit in die Gerichtsverhandlung einzumischen, Fragen zu stellen, Aussagen zu korrigieren oder zu ergänzen. Hier hatte man endlich – was so selten in einem Gerichtssaal vorkommt – den Eindruck von absoluter Redefreiheit; der Ankläger begnügte sich durchaus damit, Fragen zu stellen und ließ die Angeklagten reden.« (»Rundschau«, Basel, 6/1937)

Nexøs Statement ist ein Bekenntnis zur Sowjetunion. Wenn er die menschliche Atmosphäre dieses Prozesses mit dreizehn Todesurteilen rühmt, darf nicht vergessen werden, daß er selbst aus einem Land kam, in dem die letzte Hinrichtung 1892 stattgefunden hatte und die Todesstrafe für zivile Verbrechen seit 1933 abgeschafft war. Doch die Wirklichkeit wollte er ebensowenig wahrhaben wie 1936 beim Verschwinden seines karelischen Freundes Edvard Gylling. Die Idealisten, die eine »neue Welt« schaffen, wüßten, daß zupacken müsse, wer Unkraut jäte, hatte er damals erklärt. Das war seine Formel für die Heiligung

der Mittel durch ihren Zweck. Für Nexø war die Sowjetunion, im Einklang mit deren offiziellen Rhetorik, die
»neue Welt«, das Land, in dem der »neue Mensch« geschaffen wurde. 1936 hatte er in der Zeitschrift »Sovjet i Dag«
(»Sowjetunion heute«) bekannt: »Die Revolution in Rußland ist der Beginn einer völlig neuen Ära der Menschheit;
[...] der Sieg der Planökonomie bedeutet einen mächtigen
kulturellen Vorstoß, er wird den Ausgangspunkt einer
neuen leuchtenden Epoche der Entwicklungsgeschichte
der Menschheit bilden. [...] Ohne das Unternehmen Sowjetunion wäre die Menschheit – festgefahren, wie sie ist –
gezwungen gewesen, ihre kulturellen Errungenschaften
wieder zunichte zu machen, bis die ganze Welt ein einziges
Drittes Reich geworden wäre.« In der Zeitschrift »Nyt
Land« erklärte er 1940, er »liebe diese neue Welt für alles
das Gute, das dort wachsen darf, das in dieser Gesellschaft
gehegt und gepflegt wird, der ersten wirklich menschlichen Gesellschaft«. Das war Nexøs moralisch aufge-
ladene Variante von Feuchtwangers Lobpreis der Sowjetunion als der »Diktatur der Vernünftigen«.

Auch Feuchtwanger, der zusammen mit Nexø im Gerichtssaal saß, hatte den Eindruck, »als hätten Angeklagte,
Staatsanwalt und Richter das gleiche, ich möchte sagen,
sportliche Interesse, die Geschehnisse lückenlos aufzuklä-
ren«. Marie Nielsen hingegen, Nexøs Mitkämpferin aus
den Tagen der Sozialistischen Arbeiterpartei, wurde 1936
zum zweitenmal aus Dänemarks Kommunistischer Partei
ausgeschlossen, weil sie die Seriosität der Anklage im
ersten Moskauer Trotzkistenprozeß bezweifelt hatte. 1937
veröffentlichte sie das Buch »Der Kampf um Trotzki«, in
dem sie Stalins Rivalen gegen dessen Anklagen verteidigte.
Nexø freilich behauptete in einem Brief an den sozialdemokratischen Redakteur Karl Kern in Prag, ohne Rückhalt in der Wirklichkeit: »Bei uns im Norden sind alle an-

gesehene Rechtsgelehrte der Demokratie und auch die meisten, die politisch konservativ sind, nach dem Lesen des stenographischen Referats der Meinung, daß der Trotzky-Prozess durch und durch nach demokratischen Prinzipien geführt wurde, und dass die Urteile gerecht waren.« Wenn sich Nexø nicht irremachen ließ, dann auch deshalb, weil für ihn, der sein Leben im Rückblick der »Erinnerungen« als Kampf mit dem Chaos begriff, der feste Halt der Gruppe notwendig war, was Züge eines Wirklichkeitsverlusts annehmen konnte.

Rußlands Bevölkerung atme erleichtert auf, berichtete er im März in der dänischen Zeitschrift »Sovjet i Dag« (Sowjetunion heute), sie habe lange mit dem ängstlichen Gefühl gelebt, »giftiges Gewürm zu nähren, ohne klar zu wissen, was von ihrer Lebenskraft schmarotzte. Jetzt ist das Schlangennest ausgehoben, und das unheimliche Gefühl weicht der Freude darüber, daß das Gewürm getötet ist.« Nexø hielt sich mit seiner Metaphorik im Bereich der offiziellen Terminologie. Auf Plakaten, in Karikaturen, Artikeln und Reden wurde das Feind- und Schreckbild mit dämonologischen Tiermetaphern wie »heimtückische Giftschlangen«, »Schädlinge«, »Ungeziefer« belegt. Nexø, auf dem der enorme Zwang der Polarisierung lastete, hatte sich die Notwendigkeiten des Apparates zu eigen gemacht. Künftige Zeiten, so prophezeite er, würden die Moskauer Prozesse begreifen als »Wahrzeichen am Beginn einer neuen Epoche«, die bezeugten, »daß es dem Alten fast gelungen wäre, das Junge mit sich ins Grab zu ziehen«.

Nexø saß in der Falle jenes geschlossenen Systems, das er 1918 in seiner Rede auf dem Kongreß der Sozialistischen Arbeiterpartei beschworen hatte. Als Vorbild revolutionärer Disziplin hatte er den mittelalterlichen Gefolgschaftsdienst angepriesen und der jungen Partei einen Vers

Bjørnsons ins Stammbuch geschrieben: Der Missionskönig beantwortet die Frage der Bauern, was sie von ihm zu
erwarten hätten. »Fallen vor Christi Angesicht, verlieren
euer Gut und alle, die ihr habt lieb.« (Kap. 5) Auf Kritik
und Fragen skeptischer linker Kollegen reagierte er gereizt. Auf der Rückreise von Moskau äußerte er während
einer Veranstaltung in Oslo: »Es gibt einige Intellektuelle,
die nur darauf warten, etwas zu finden, das sie der Arbeiterbewegung vorwerfen können. Sie nennen sich Sozialisten, aber leider sind die meisten von ihnen nur auf einer
Stippvisite bei der Arbeiterbewegung. Sie wollen zurück
ins Bürgertum, zu den guten Posten.« (»Arbejderen«,
Oslo, 5. 3. 1937)

Nicht nur exponierte Kader wurden beseitigt. Nach
NKWD-Statistiken wurden allein im Zeitraum 1937/38
durch verschiedene Gerichte 681 692 Menschen zum Tod
durch Erschießen verurteilt. Verhaftet waren in diesem
Zeitraum 2,5 Millionen Menschen, 1938 befanden sich
1,9 Millionen Menschen im GULAG. Andere Schätzun-
gen über die Zahl der Opfer liegen beträchtlich höher.
Auch unter den deutschen Politemigranten in Moskau
herrschte ein Klima der Angst. »Wenn im Büro einer der
Mitarbeiter nicht zur Arbeit erschienen war, nahmen seine
Kollegen an, er sei in der Nacht durch die ›Organe des
NKWD‹ verhaftet worden. Sofort ergaben sich für jeden
einzelnen zahllose Frage: wie wird das Verhältnis des
Verhafteten zu mir vom NKWD ausgelegt werden? [...]
Äußerlich war aber jeder bestrebt, entweder unberührt zu
erscheinen oder zu zeigen, daß er diese Verhaftung seit
langem erwartet habe«, schrieb Herbert Wehner in seiner
Autobiographie. Johannes R. Becher beschwor 1956 in
einer (1988 veröffentlichten) Romannotiz die »dschungel-
hafte Atmosphäre, worin keiner dem anderen mehr traut,
der Jäger zum Gehetzten wird und der Gehetzte wieder

zum Jäger wird und die politische Aufgabe sich darin erschöpft, andere zu liefern«. Nexø als prominenter und
umworbener Gast war davon nicht betroffen.

Eintritt in die DKP

Kurz bevor Nexø nach Dänemark zurückfuhr, notierte
Dimitroff am 27. Februar in seinem Tagebuch: »Gespräch
mit dem dänischen Schriftsteller Andersen Nexö.« Nach
seiner Rückkehr stellte Nexø am 24. März 1937 ein Gesuch um Aufnahme in Dänemarks Kommunistische Partei. In seinem politischen Lebenslauf für das Kontrollkomitee der Partei schrieb er, er habe die vergangenen fünfzehn Jahre »im Einvernehmen mit der Komintern« keiner
Partei angehört. Seine Aufgabe habe er darin gesehen, den
Bruderzwist im Proletariat auszugleichen, »und das wurde
von der Führung der Komintern anerkannt«. Ein Jahr später wurde er ins Zentralkomitee der DKP gewählt. Erneut
forderten konservative Blätter, dem Kommunisten das
staatliche Schriftstellerstipendium zu entziehen. In Dänemark herrschte Kulturkampfstimmung. Hitler beeindruckte auch bürgerliche Kreise. So war eine Woche nach
dem Judenpogrom der »Kristallnacht« in der Zeitung »Jyllands-Posten« in Århus zu lesen: »Wenn man die europäische Judenfrage während Jahrzehnten verfolgt hat,
kann man die Animosität der Deutschen gegenüber den
Juden bis zu einem gewissen Grad verstehen, auch wenn
man von den Rassetheorien absieht, die für die national-
sozialistische Weltauffassung so wichtig sind. Selbst in Dänemark, wo die Juden nie eine so dominierende Stellung
wie in den mitteleuropäischen Ländern erobert haben, hat
man in den letzten Jahren ihre ungünstigen Eigenschaften
bemerkt.«

Bürgerkrieg in Spanien

In Spanien tobte der Bürgerkrieg, die Republik war in Gefahr. Nachdem aus den Wahlen eine Volksfront-Regierung hervorgegangen war, putschten im Juli 1936 die Generäle. General Franco wurde am 1. Oktober zum Führer der Nationalisten ausgerufen, die von Deutschland, Italien und Portugal mit Truppen und Waffen versorgt wurden. Die westeuropäischen Demokratien betrieben eine Nichtinterventionspolitik, so daß die Sowjetunion als jene Macht erschien, die Spanien vor dem Faschismus bewahren wollte. Freiwillige strömten in das Land und kämpften in den Internationalen Brigaden auf seiten der Republik. Am 27. April 1937 legten deutsche Bomber die Stadt Guernica in Schutt und Asche. Am 20. Mai 1937 erhielt Nexø telegraphisch eine von André Malraux, Louis Aragon, André Chamson und Jean-Richard Bloch unterzeichnete Einladung für den Zweiten Schriftstellerkongreß zur Verteidigung der Kultur. Paris war auch diesmal offizielle Kongreßstadt, doch wurden insgeheim Sitzungen in Valencia und Madrid vorbereitet. Am Abend des 30. Juni trafen knapp hundert Autoren in der spanischen Botschaft in Paris ein, von wo aus ein Konvoi von dreißig Autos ohne Militärschutz in Richtung Spanien aufbrach. Ziel war die provisorische Hauptstadt Valencia. Die erste Sitzung fand in dem kurz zuvor von Granaten getroffenen Rathaus statt. Der sozialdemokratische Ministerpräsident Negrin hieß den Kongreß willkommen. Nexø wurde zum Präsidenten gewählt. Der dänische Journalist Sigvard Lund erinnerte sich später in »Arbejderbladet« (26. 6. 1939): »Formlos erhob er sich von seinem Platz im prachtvollen amphiteaterartigen Kuppelsaal und nahm sich zum Entsetzen vieler Spanier, die äußere Formen unter allen Umständen beachten, den Kragen ab. […] Für Nexø war es, als stände er wieder auf heimatlichem Boden. Sein tiefes Ver-

ständnis für das spanische Proletariat und dessen Kampf gab
ihm eine Sicherheit und eine seelische Kraft, die ihm gleichzeitig eine äußere Würde verlieh, die jener der Spanier in
nichts nachstand – trotz seines kragenlosen Halsbundes und
obwohl der Schweiß über seinen mächtigen Nacken rann.«
In seiner Rede erzählte er von seinen ersten Spanien-Reisen.
Damals, als junger Mann, habe er erfahren, daß in keinem
andern Land die Armen so viel Solidarität aufbrächten.

Im Februar 1937 war dänischen Staatsangehörigen die
Beteiligung am Spanischen Bürgerkrieg gesetzlich verboten
worden, gleichwohl kämpften 550 junge Dänen in Spanien,
von denen nur 220 in ihre Heimat zurückkehrten. Im Frühjahr 1938 erhielt Nexø einen Brief von der Aragón-Front.
Eine Einheit, die aus Dänen, Finnen und Asturiern bestand,
hatte beschlossen, den Namen »Martin Andersen Nexø
Kompanie« zu tragen. »Erfreut und bewegt« dankte er für
diese »größte Ehrenbezeigung« seines Lebens, für diesen
»Ritterschlag«.

Nexø im Rückblick: »Ein seltsamer Kongreß – ein wun-
derbarer Kongreß! Das mit akademischer Sorgfalt vorbe-
reitete Programm löst sich auf, statt dessen dringt das Leben
– brutal und erhaben – in den Kongreßsaal ein. [...] Die
ganze Zeit bebt die Erde, und alle losen Teile klirren unter
dem Gedröhn des Artilleriekampfes. Gleichzeitig erscheint
Deputation auf Deputation, um uns zu grüßen: die Fabrik-
arbeiterinnen, die Jugend, die Frontkämpfer.« In der Nacht
des 5. Juli 1937 erschütterte ein Bombardement Madrid,
auch das Hotel Victoria, in dem die Kongreßteilnehmer lo-
gierten, war betroffen. Nexø, inzwischen 68 Jahre alt geworden, hatte starke Nerven. Nordahl Grieg berichtet, wie
sich einige Kollegen im Zimmer des Dänen versammelten,
»und dort lag der alte Kämpe auf seinem Bett und tat, was er
konnte, um die Nerven zu beruhigen, indem er Bornholmer
Wiegenlieder sang – ein unvergeßliches Erlebnis«.

Kapitel 9
Zweiter Weltkrieg und Exil

In diesen Jahren des politischen Kampfes arbeitete Nexø intensiv an seinen »Erinnerungen«. Drei Wochen vor dem 70. Geburtstag im Juni 1939 lieferte Gyldendal den letzten Band aus. Der Aschehoug-Verlag, in dem zuletzt Nexøs Roman »Im Gottesland« (1929) erschienen war, hatte sich auf das Projekt nicht einlassen wollen. Das opulente vierbändige Werk, das zwischen 1932 und 1939 auf den Markt gelangte, traf auf ein wohlwollendes Presseecho. »Politiken« (1. 12. 1935) glaubte sich an Hans Christian Andersens »Märchen meines Lebens« erinnert, ein Buch, das Nexø für »wunderlich« hielt und deshalb nicht mochte. Kühl reagierte hingegen »Social-Demokraten« (10. 6. 1939): »NICHTS«, bemängelte das Blatt in Großbuchstaben, vermöge Nexøs Distanzierung von der sozialdemokratischen Arbeiterbewegung zu erklären, was ohnehin nicht zu erwarten war, da die »Erinnerungen« nur bis zum Jahre 1894 reichen.

Brecht als Übersetzer

Die »Erinnerungen« haben auch ihre deutsche Entstehungs- und Rezeptionsgeschichte. Der Geschäftsführer der Büchergilde Gutenberg Bruno Dreßler hatte in den zwanziger Jahren erlebt, wie Nexø in seinen Vorträgen die Deutschen mit seinen Kindheitserinnerungen verzauberte. Im April 1932 entstand bei einem Treffen der beiden die

Idee, den Mitgliedern der Gilde diese Geschichten als preiswertes Weihnachtsbuch anzubieten. Nexø machte sich unverzüglich ans Werk. An Erich Knauf, den literarischen Leiter der Büchergilde, schrieb er am 5. Mai 1932: »Ich habe mir Scheuklappen angelegt und sitze von früh morgens bis spät in die Nacht über meinen Schreibtisch gebeugt. Die Erfahrungen von der letzten Vortragsreise kommen mir dabei zu Gute. Man drückt sich fast überall um das Honorar, so daß ich mit einem Unterschuss von 500 Mrk. nach Hause kam; und nach einer derartigen Missernte wuchert das Sitzfleisch.« Bereits Anfang September lag der 1. Band in einem Übersetzungsmanuskript »einer Frau Hoffmeyer in Hannover« vor, das Nexø nicht überzeugte (an Wieland Herzfelde, 4. 10. 1932). Die Büchergilde lehnte das Manuskript mit der Begründung ab, die Mitglieder würden ein so schmales Buch kaum kaufen (12. 10. 1932), was Nexø als Ausrede empfand. Weitere Versuche, die Arbeit unterzubringen, scheiterten, zuletzt im April 1934 bei Wieland Herzfelde, dem Leiter des neugegründeten Prager Faust-Verlags, der auf die radikale Verschlechterung der finanziellen Lage verwies.

Nach der Gleichschaltung der Büchergilde 1933 war Dreßler in die Schweiz ins Exil gegangen, wo er die Zürcher Zweigstelle zu einem eigenständigen Verlag ausbaute. Der Kontakt zwischen ihm und Nexø wurde 1937 wiederaufgenommen. Inzwischen lag auch vom 2. Band ein Übersetzungsmanuskript der beiden Dänemark-Emigranten Alfred Ostermoor und Alfred Bertolt vor, die Nexø offenbar aus der eigenen Tasche bezahlt hatte. Dreßler jedoch zögerte: »Das Manuskript muss eine sprachliche Ueberarbeitung erhalten«, schrieb er an Nexø (3. 11. 1937), der jetzt einen neuen Übersetzer ins Spiel brachte: »Bert Brecht hat mir gegenüber den Wunsch geäussert, er möge gern den dritten Band übersetzen.« (25. 1. 1938) Brecht gehe es wirtschaftlich nicht gut, er lasse auch fragen, »ob er nicht die stilistische Prüfung der zwei ersten Bände übernehmen darf«. Brecht prüfte und diagnostizierte: »Viele Sätze sind bis auf die Wurzel verfault.« (An Nexø, 25. 3. 1938) In Margarete Steffin fand er eine sprachkundige Co-Übersetzerin. Nexø drängte Brecht, »die ästhetische Verantwortung« zu übernehmen, und wünschte, »daß Du Deinen Namen darauf setzt, was die Unterbringung zweifellos bedeutend erleichtern wird« (18. 3. 1938). Brecht war einverstanden, allerdings müsse die Steffin auf dem Titelblatt zuerst genannt werden, »da ich, wie jedermann weiss, ja nicht Dänisch verstehe und da, wie ich weiss, die Hauptarbeit tatsächlich von Grete gemacht wird« (5. 4. 1938). Nexø war bereit, den Übersetzern das Honorar von 7000 Kronen selbst zu zahlen, wenn sie sich verpflichteten, die Arbeit bis Ende 1938 abzuschließen (an Brecht, 8. 4. 1938). Brecht und Steffin erledigten die Übersetzung aller vier Bände in zügigem Tempo. Erhalten ist jedoch nur der Text der ersten beiden Bände. Während der Arbeit notierte Brecht in seinem »Journal Dänemark« vom 25. Juli 1938: »Sie« – Nexøs »Erinnerungen« – »gefallen mir, trotz der Seelenzergliederungen und Moralismen, da noch Rohstoff darin steckt. Ein respektabler Proletarismus. Aber da sind schöne Stellen, wo die Solidarität der Besitzlosen geschildert wird.«

Das Ergebnis der Arbeit löste aber nicht eben Begeisterung aus, wie Nexøs Brief an Dreßler vom 10. Februar 1939 zu entnehmen ist: »Ich bin der Ueberzeugung, die Uebersetzung sei jetzt, nach viel Arbeit und viele Ausgaben brauchbar. Das die Stimmung des Originals sich nicht voll einfangen lässt, ist eine beklagenswerte, aber bei jeder Uebersetzung unvermeidliche Sache.« Ob Brecht der richtige Übersetzer und Lektor für Nexøs »Erinnerungen« war, darf bezweifelt werden. Zu verschieden waren beide in Stil und Sprachgestus. Brecht strebte in konzisen,

klaren Sätzen eine gedankliche Analyse an, während Nexøs »Erinnerungen« von einer übersprudelnden Erzähl-
freude getragen sind. Ausladende, verschlungene Satzkon-
struktionen prägen seine Prosa. Brecht appellierte an Verstand und Einsicht, Nexø an das Gefühl. Schon die Wahl
des deutschen Titels führte zu einem Dissens. Nexø
wünschte sich für den 1. Band, wie im Original, »Ein kleines Würmchen«, was Brecht mißfiel, dessen Vorschlag
»Armer Leute Kind« Nexø seinerseits nicht akzeptierte
(Nexø an Dreßler, 13. 1. 1939). Zudem griff der Verlags-
lektor der Büchergilde in die Übersetzung ein, worüber
sich Brecht gegenüber Dreßler empörte: »Wenn ich bei
meinen Originalarbeiten Standpunkte wie den Ihres Lek-
tors zu berücksichtigen hätte, dann würden sie ja schön
aussehen.« (23. 4. 1939). Auch Nexø nahm Korrekturen
vor, was zur Verbesserung des Manuskripts wenig beigetragen haben dürfte. Brecht ärgerte sich im obenzitier-
ten Brief an Dreßler (23. 4. 1939): »Was aber die Korrekturen im Manuskript betrifft, so hat Ihr Lektor Pech: Die
beanstandeten Änderungen stammen nicht von uns, sondern von Nexö. Was Ihrem Lektor ›stärker‹ erscheint, war
Nexö zu frei formuliert.« Schließlich lehnte die Büchergilde das Manuskript als unannehmbar ab. Damit war die
Zusammenarbeit zwischen Nexø und der Gilde ein für
allemal beendet.

Das Übersetzungsmanuskript gelangte nun nach Moskau, wo 1940, acht Jahre nach dem ersten Publikationsver-
such, die beiden ersten Bände der »Erinnerungen« unter
dem Titel »Eine Kindheit« im Verlag »Das Internationale
Buch« (Meshdunarodnaja Kniga) veröffentlicht wurden.
Von einem der Moskauer Exilzeitschrift »Das Wort« zum
Vorabdruck eingereichten Auszug konnte nur noch der
Abschnitt »Unter offenem Himmel« (1939, H. 3) erscheinen, dann wurde das Blatt eingestellt. Obwohl vereinbart,

zahlte »Das Wort« kein Honorar, was Brecht in einem Brief nach Moskau als »das schäbigste, was ich bisher in 15 Jahren literarischer Tätigkeit von irgendeiner Zeitschrift erlebt habe«, bezeichnete (an Fritz Erpenbeck, 25. 7. 1939).

Damit hatte es sein Bewenden, die Bände 3 und 4 der Moskauer Ausgabe kamen nicht mehr heraus. Den Grund hierfür erhellt ein Brief, den Nexø am 7. September 1944 aus Moskau an Dr. Singer, den Leiter der Stockholmer Filiale des Bermann-Fischer Verlags, sandte: »Die ersten beiden Bände erschienen 1940 und waren sofort ausverkauft, weil die Übersetzung aber von hier weilenden Schriftstellern sehr kritisiert wurde, gab es der Verlag auf, den dritten und vierten Band herauszugeben. Ich habe mit den betreffenden deutschen Schriftstellern – Joh. R. Becher, Willi Bredel u. a. – über die Übersetzung gesprochen und sie machen alle geltend, daß sie nicht gut ist: sie ist trocken, schematisch, ohne sprachliche Stimmung und Schönheit – von meinem Stil völlig abweichend.«

Verdruß bereitete nicht nur die Übersetzung, sondern auch die Bezahlung der Übersetzer. Nexø verabredete mit Moskau für Brecht und Steffin ein Honorar von 1000 Rubel in Valuta pro Band, insgesamt 4000 Rubel. Überwiesen wurden lediglich 1000 Rubel, wie sich Brecht aus dem finnischen Exil bei M. J. Apletin, dem stellvertretenden Vorsitzenden der Auslandskommission des Verbands der sowjetischen Schriftsteller, beschwerte (20. 11. 1940). Brecht war auf das Geld angewiesen, mit dem er die Weiterreise nach Amerika zu finanzieren gedachte. Ein Vierteljahr später wartete er in Helsinki noch immer auf das restliche Honorar (an Apletin, 4. 3. 1941).

In Moskau erschien auch eine russische Ausgabe. Allerdings machte die »Verlagsgenossenschaft Ausländischer Arbeiter in der UdSSR« einige Vorbehalte geltend. Nach der Begutachtung des 1. Bandes lobte man in einem Brief an Nexø vom 13. Mai 1936 die proletarische Intention. Doch wirkten die Betrachtungen und philosophischen Intermezzi störend. Das erste Kapitel sei völlig überflüssig. Das Werk, so hieß es weiter, sei als Entwicklungsroman angelegt. Der epische Horizont des Kindes vermöge jedoch ideologisch nicht zu überzeugen, weil der Leser das industrielle Kopenhagen des 19. Jahrhunderts nicht erleben könne. Nexø hätte gut daran getan, Gorkis Erinnerungen zu studieren, was ihn vor »ideologischen Fehlern« wie dem bedenklichen religiösen Sprachgebrauch bewahrt hätte. Gleichwohl sei man bereit, das Buch zu veröffentlichen. Nexø antwortete am 4. Juni, das Werk sei »streng autobiographisch« angelegt und habe mit einem Roman nichts gemein, weshalb der Vergleich mit Gorkis »Meine Kindheit« nicht stichhaltig sei. »Gorki schildert seine eigene Geburt, bei mir fängt die Schilderung erst mit dem Erwachen des eigenen Gedächtnisses an. Da ich durch die eigenen Erlebnisse das Wachstum eines proletarischen Menschen schildern will, ist es klar, daß die Welt in dem ersten Bande eben so eng ist, wie sie in einem kleinen Kinde sein muss, und erst allmählich erobert wird. Eben dieser Kampf und diese Eroberung ist ja das Wachstum.« Er erklärte sich bereit, über die Ausmerzung von Fehlern zu diskutieren, jedoch: »Destilliertes Wasser ist zwar rein von Bakterien, aber die Vitaminen sind auch zum Teufel gegangen.«

Kampf mit dem Chaos

In den »Erinnerungen« erzählt er von den Jahren der Kindheit und des Heranwachsens, Jahren, in denen naturgemäß der Opferstatus vorherrscht, was weniger schmerzlich ist als das Nachdenken über selbstverantwortete Entscheidungen. Nexø sieht sich aber, bei all den Problemen, unter denen er als junger Mensch litt, als Glückspilz. Schon daß er als Säugling überlebte, verdankte er einem glücklichen Zufall. Ein Glücksfall auch, daß er als Jüngling nach seinem famosen Mauersprung im Garten des Bornholmer Volkshochschulheims landete. Von den bitteren politischen Fehden, die er ausfocht, während er über seine Kindheit und Jugend schrieb, ist im Buch nicht viel zu spüren. Oder etwa doch?

In jenem Kapitel, das die »Verlagsgenossenschaft Ausländischer Arbeiter in der UdSSR« für überflüssig befand, denkt er, dessen Tagesjournalistik von Unsicherheit und Zweifeln frei war, darüber nach, »wie die Wahrheit eigentlich aussieht«. In seinem Leben sei er »hunderterlei Wahrheiten« begegnet. Doch die Wahrheit liege »in unendlich weiter Ferne! Um *die* Wahrheit zu finden, gibt es für den einzelnen wohl keinen anderen Weg, als sie zusammenzulügen – zu dichten! –, oder es von anderen besorgen zu lassen.« Über sich selbst wisse er wenig, vermöge er nichts zu finden, was er Wahrheit nennen möchte. »Die Unsicherheit im Verhältnis zu allen Dingen« komme aber dem Geist entgegen. »Die Welt wird größer, das Dasein reichhaltiger, vor allem aber schenkt sie einem etwas von jener Freiheit und Ungehemmtheit, die man sonst der Jugend zuschreibt.« Gleichsam erschrocken über die eigene Phantasie, setzt er ein »Manchmal jedenfalls!« hinzu.

Nexø charakterisiert sich als unsichere, labile Persönlichkeit. Wenn er Menschen treffe, die ein selbstzufriedenes Leben führten, frage er sich jedesmal, ob sie auch in ihrem Inneren so sicher seien, wie sie nach außen wirkten, oder »ob da nicht doch ein Wurm in der Tiefe nagt«. Im Rückblick sieht er sein Leben als Kampf mit dem Chaos. »Durch das ganze Leben hat mich das Gefühl verfolgt, ich sei gespalten in ein Ich, das niemand zur Verantwortung

ziehen konnte, so souverän erhaben war es über jeden
Zweifel und jede Kritik, und ein anderes Ich von schreck-
lich mißglückter Art, das ich in den Händen hielt und dem
ich eine Gestalt geben mußte.« Daß er »die Brocken zu-
sammenhalten konnte«, sei ihm selber unbegreiflich. Eine
Frau, die ihn gut kannte, habe einmal gesagt: »Du bist aus
lauter Torsos zusammengesetzt.«

Vom gespaltenen Ich und der Bändigung des Chaos ist
der Weg nicht weit zu Nexøs Kränklichkeit. Lange, bis er
sich den Vierzigern näherte, habe sich immer irgendein
Organ unangenehm bemerkbar gemacht. Kein Tag, an
dem er den eigenen Körper vergessen konnte. Die Krank-
heiten hätten ihm das Gefühl verliehen, daß er, »an einem
Faden zappelnd, über dem Abgrund hänge«, sie hätten ihn
isoliert. Nexøs Lebenswillen und Optimismus gelingt es
jedoch, den Befund ins Positive zu wenden. Kranke seien
Denker. Denken sei ein Krankheitsphänomen, Konsequenz der Störung des inneren Gleichgewichts, während
der Gesunde die Dinge nehme, wie sie sind. Nexø spricht
vom »verzweifelten Versuch, Frieden in sich zu stiften
zwischen all dem Unverträglichen, das in einem lebt«. Erst
als er fünfzig wurde, habe er es aufgegeben, im Krieg mit
sich selber zu leben. Mit fünfzig, wäre zu ergänzen, fand er
Halt und Zuversicht im Kommunismus und in der Sowjetunion, unter deren väterlichem Schutz er die »Brokken«
zusammenzuhalten vermochte. Mit fünfzig verfaßte er
jenen Essay »Kommunistischer Geist« (Kap. 5), in dem er
die Gesellschaft mit einem Organismus aus Millionen von
Zellen verglich. Während im gesunden Organismus, d. h.
in der kommunistischen Gesellschaft, die Zellen und Organe zusammenspielen, sind Harmonie und Gleichgewicht im kranken Organismus der kapitalistischen Welt
gestört. Genau dies, ein harmonisches Zusammenspiel der
Organe, war es, was Nexø für seine eigene, von Schmerzen

gequälte Person ersehnte. Auch seine literarische Mission deutet er vor diesem Hintergrund. Er fühle sich nicht als »Einzelfall«, sondern als »Ausdruck der größeren Hälfte der Menschheit«, als »Organ der Unterklasse«, und er mutet sich einiges zu, wenn er die »Erinnerungen« mit dem Satz ausklingen läßt: »Der Dichter hat eine große Verantwortung für die Menschheit – die größte, die überhaupt jemandem auferlegt ist.«

Siebzig werden ist nicht schwer ...

Und jetzt wurde er siebzig. Der 4. Band der »Erinnerungen« erhielt Kritikerlob, der Geburtstag des Autors aber verursachte Kopfzerbrechen. Vor zehn Jahren, zu Nexøs sechzigstem, hatte sich Ministerpräsident Stauning im vornehmen »Bellevue Hotel« in der Popularität des Arbeiterdichters gesonnt. Jetzt, da Nexø dem Zentralkomitee der DKP angehörte, stellte sich die Frage, wer denn da gefeiert werden sollte. Der Kommunist? Der Freund der Sowjetunion? Der Schriftsteller? Der Däne? Die Kommunisten versuchten den prominenten Genossen als Kandidaten für die Parlamentswahlen zu gewinnen, was dieser unter Hinweis auf sein Alter ablehnte. Im April fanden sich fünfzehn Personen in einem Festkomitee guter Freunde zusammen, das von der Direktorin des Gyldendal-Verlags Ingeborg Andersen und dem Vorsitzenden des Schriftstellerverbandes Hartvig Jacobsen angeführt wurde. Mit dem Schriftsteller Hans Kirk war ein einziger Kommunist in diesem Klub vertreten. Da der Wunsch der Kommunisten, statt des Banketts eine öffentliche Veranstaltung durchzuführen, beim Komitee der Freunde auf taube Ohren stieß, gründeten sie ihrerseits ein Festkomitee, dem 67 Personen angehörten. Nach einigem Hin und Her vereinbarten die beiden Komitees, Nexø zweimal zu feiern. Das Komitee der Freunde überließ den Geburtstag dem Komitee der Kommunisten und beabsichtigte, das Bankett einige Monate später nachzuholen. Zwei Tage vor dem Geburtstag überbrachte eine Abordnung des Komitees der Freunde einen in den Farben des Schriftstellerverbandes gebundenen Blumenstrauß. Als sich dann einige Monate später das Datum des Banketts näherte, hatte sich Nexø mit seinen Kommentaren zum finnisch-sowjetischen Winterkrieg derart ins Abseits manövriert, daß das Komitee den festlichen Anlaß absagte.

Zum Volksfest der Kommunisten strömten Tausende in das Freilufttheater Bellahøj. Kirk hielt die Festansprache. Nexø sei es gelungen, rief er der Menge zu, in den Seelen der kleinen Leute jenen Protest gegen die Unterdrücker zu wecken, der schließlich Sklaven zu Menschen mache. Der Sekretär des Gärtnereiarbeiterverbandes überbrachte die Glückwünsche der dänischen Arbeiter. Schließlich trat auch der Vorsitzende der KP Aksel Larsen ans Mikrofon. Der Rundfunk freilich verschwieg in seiner zehnminütigen Reportage die politische Botschaft der Veranstaltung. Das Parteiorgan »Social-Demokraten« brachte einen Leitartikel, der mit den Worten schloß: »Andersen Nexø hat immer am äußersten linken Flügel der Arbeiterbewegung gestanden. Er ist jetzt Kommunist. Im Laufe der Jahre hat er viele harte Worte gegen die Sozialdemokratie gesagt, genauso wie wir gegen die Partei, der er angehört. Dennoch wollen wir ihm heute huldigen als dem Dichter der Arbeiterklasse, der Pelle und Ditte geschaffen und damit dazu beigetragen hat, der Arbeiterklasse in harten Zeiten Selbstvertrauen und Lebensmut zu geben.«

Auch deutsche Dänemark-Emigranten, die Nexø durch sein Engagement bei der Roten Hilfe unterstützte, hielten eine Feierstunde ab. Glückwünsche kamen von Heinrich

Mann: »Die Proletarier überzeugen sich: da ist einer wie wir, hat erreicht, was wir erwerben sollen, das klare Wissen um unseren Zustand, unsere Bestimmung. Humanismus hören wir es nennen.« Anna Seghers würdigte Nexø auf einer Kundgebung des Schutzverbandes Deutscher Schriftsteller in Paris, Romain Rolland pries ihn als den größten Dichter des Proletariats seit Gorki. Brecht schickte aus dem schwedischen Exil das Nexø gewidmete Gedicht »Wie künftige Zeiten unsere Schriftsteller beurteilen werden«, auf Pergament geschrieben und mit den Unterschriften deutscher Schweden-Emigranten versehen: »Aber in jener Zeit werden gepriesen werden / Die auf dem nackten Boden saßen, zu schreiben / Die unter den Niedrigen saßen / Die bei den Kämpfern saßen. // Die von den Leiden der Niedrigen berichteten / Die von den Taten der Kämpfer berichteten / Kunstvoll. In der edlen Sprache / Vordem reserviert / Der Verherrlichung der Könige.« (Später unter dem Titel »Die Literatur wird durchforscht werden«.) Nach dem Geburtstag reiste Nexø für einen Monat in die Sowjetunion zur Erholung.

Krieg

Zwei Monate später, im August 1939, schlossen die Sowjetunion und Deutschland einen Nichtangriffsvertrag, den Hitler-Stalin-Pakt. Sie verpflichteten sich darin, zwischenstaatliche Konflikte friedlich zu lösen und im Kriegsfall Neutralität zu wahren. In einem geheimen Zusatzprotokoll (das sechs Jahre später bekannt wurde und in der Sowjetunion bis 1989 verleugnet wurde) grenzten Moskau und Berlin »für den Fall einer territorial-politischen Umgestaltung« ihre Einflußsphären in Osteuropa ab. Das Bündnis der Sowjetunion mit dem Erzfeind Deutschland machte viele Kommunisten und Sympathisanten ratlos. In Dänemark zerfiel der Kreis um die Zeitschrift »Kultur-kampen«.

Die Kommunisten erhielten neue Instruktionen aus Moskau. Kritik an Deutschland war fortan zu unterlassen, während England, Frankreich und die Sozialdemokratie zu Hauptfeinden erklärt wurden, die Dänemark in den Krieg verwickelten. Nexø kommentierte die Sensation zwei Tage nach ihrem Bekanntwerden in »Arbejderbladet« (26. 8. 1939) nach dem Motto, was Moskau tut, ist immer gut. Die Sowjetunion zerschlage Chamberlains Intrigenspiel mit den Nazis, dem zuletzt die Tschechoslowakei zum Opfer gefallen sei, durch »eine offene Vereinbarung«, wozu sie schon aus Selbstschutz genötigt sei, um nicht das nächste Opfer des Verrats zu werden. »Das Proletariat hat allen Grund, das Ereignis positiv zu betrachten.« Am 25. August unterzeichneten Großbritannien und Polen einen Hilfs-pakt. Am 1. September überfielen Hitlers Truppen Polen. Dänemark hatte bereits am 31. Mai 1939 mit Deutschland einen Nichtangriffspakt geschlossen.

Streit um Finnland

Das geheime Zusatzprotokoll des Hitler-Stalin-Pakts sprach Finnland der sowjetischen Interessensphäre zu. Am 7. Oktober erhob Moskau territoriale Ansprüche, die von Finnland zurückgewiesen wurden, worauf am 30. No-vember sowjetische Truppen den Angriff eröffneten. Im »Winterkrieg« leisteten die Finnen hartnäckigen Wider-stand, so daß Moskau im März 1940 einem Kompromiß-frieden zustimmte.

Für Nexø war Finnland, wo im Bürgerkrieg von 1918 die Weißen gesiegt hatten und die KP verboten war, ein reaktionärer Staat, gegen den er immer wieder polemisierte. 1936 engagierte er sich für den wegen Hochverrats zu Zwangsarbeit verurteilten finnischen Kommunisten Toivo Antikainen mit der Broschüre »Finnland – Land des politischen Terrors« (Stockholm 1936), die einen heftigen Wirbel auslöste. Antikainen, eine legendäre, verwegene Gestalt der kommunistischen Arbeiterbewegung, hatte 1919 in der Roten Armee gegen die britischen Interventionstruppen und 1921/22 in Karelien gegen weiße finnische Freischärler gekämpft. Jetzt, eine Woche nach Bekanntwerden der sowjetischen Forderungen, verspottete Nexø in »Arbejderbladet« (15. 10. 1939) die Sympathiewelle für Finnland, die Skandinavien erfaßte – drei Tage vor dem Treffen der nordischen Staatsoberhäupter und Außenminister in Stockholm, die dem »Bruderland« zwar ihre moralische Unterstützung zusicherten, mit deren militärischem Beistand die Finnen aber nicht rechnen konnten. Die Emotionen gingen hoch. Ein sozialdemokratisches Stockholmer Blatt sprach von einer »Schicksalsgemeinschaft«. Nexø sah das anders: »Das finnische Volk, dem Lenin nach dem Sieg des Bolschewismus in der Sowjetunion die Freiheit *schenkte*, durfte diese Freiheit nicht kosten.« Im Bürgerkrieg von den »Holzbaronen« niedergerungen, habe sich Finnland von dieser Niederlage noch nicht wieder erholt.

Finnland kam auch in der Zwischenkriegszeit nicht zur Ruhe. Mitglieder der faschistischen Lapua-Bewegung schreckten auch vor Mordanschlägen auf Kommunisten nicht zurück. Sie entführten 1930 den früheren liberalen Staatspräsidenten Kaarlo Ståhlberg und forderten sogar ein Verbot der Sozialdemokratie. Ein bewaffneter Marsch auf Helsinki konnte im Winter 1932 ohne Blutvergießen gestoppt werden. Die Lapua-Bewegung wurde verboten, die Führer wegen Aufruhrs zu milden Strafen verurteilt. Ihr Gedankengut beerbte die »Vaterländische Volkspartei«, die in den Reichtagswahlen 1936 vierzehn Mandate erhielt, drei Jahre später noch acht und in den Kriegsjahren 1939–1944 ein nazifreundliches Programm verfolgte. 1944 wurde sie nach dem finnisch-sowjetischen Waffenstillstand verboten. Nexø und mit ihm die dänischen Kommunisten betrachteten Finnland unter dem Blickwinkel des Klassenkampfes und der faschistischen Gefahr, während die skandinavische Öffentlichkeit bis hin zu den Sozialdemokraten um die staatliche Souveränität und nationale Identität des Landes bangte.

Zwei Wochen vor dem sowjetischen Angriff, an jenem 14. November 1939, an dem die finnische Verhandlungsdelegation Moskau mit leeren Händen verließ, stand Nexøs obenzitierter Artikel aus »Arbejderbladet« in der Moskauer Jugendzeitung »Komsomolskaja prawda«. Damit war ein Nerv getroffen. »Politiken« überschrieb die Frontseite sechsspaltig: »Schweigen der Sowjetunion zur Finnlandpolitik. Kaum militärischer Druck. Einziger russischer Kommentar wird von Martin Andersen Nexø geliefert.« Es errege »peinliches Aufsehen«, gab »Ekstrabladet« in einem Leitartikel zu bedenken, daß der »dänischstämmige Schriftsteller« Andersen Nexø den einzigen Kommentar geliefert habe, den die Russen für ihre Zwecke verwenden konnten. »Social-Demokraten« (30.11.1939) fand es »tief beschämend«, daß das russische Radio zur Rechtfertigung des Angriffs aus Nexøs Artikel zitierte und die Rote Armee ihre Attacke »mit dem dänischen Dichter Martin Andersen Nexø als Stabshornbläser« führe. Nexø versprach sich von Moskaus Vorgehen gegen Finnland und den sowjetischen Beistandsverträgen mit Estland, Lettland und Litauen eine günstige regionalpolitische Entwicklung: »Was die friedliche Säuberung rund um die Ostsee für die künftige Sicherheit Skandinaviens und besonders Dänemarks bedeutet, kann selbst ein Blinder sehen.« Später sprach er von Finnland als der »illegitimen Ecke Skandinaviens« und von der neuen Freiheit der baltischen Völker nach deren Einverleibung in die Sowjetunion (1940).

Nexøs Einwürfe irritierten und provozierten eine landesweite Pressekampagne. »Folkets Avis« setzte die Überschrift: »Martin Andersen Nexøs skandalöser Überfall auf Finnland. Die grenzenlose Frechheit des staatssubventionierten Dichters«. »Sorø Amtstidende« rief am Tag nach der Eröffnung der sowjetischen Offensive in einem Leitartikel dazu auf (1. 12. 1939), Nexøs Bücher zu verbrennen, »und wir fordern verantwortungsbewußte Bibliotheksbehörden auf, mit den Bibliotheksexemplaren ebenso zu verfahren«. »Kristeligt Dagblad« dagegen riet in einem Leitartikel unter der Überschrift »Über den Gebrauch von Streichhölzern« davon ab, den Teufel mit Beelzebub auszutreiben. »Scheiterhaufen und Feuer sind nicht eines freien Landes würdige Antworten auf die Verirrungen Andersen-Nexøs.« Am selben Tag berichteten die Zeitungen, die Leiterin von Peder Dams Bibliothek in Sorø habe Nexøs gesamte Produktion eigenhändig verbrannt. In einem Interview bekannte die Dame, sie habe damit nur ihre »menschliche Pflicht« gegenüber einem Land erfüllt, das sie liebe. Nexø jedoch beharrte auf seinem Standpunkt: »Dänemark, wie es heute ist, ich gestehe es offen, entlockt mir nicht allzu viele frohe Gefühle; der geistige Durchschnitt liegt auf einem gar zu tiefen Niveau.«

Umstrittenes Schriftstellerstipendium

Daß Nexø am 21. Dezember 1939 in »Arbejderbladet« Stalin aus Anlaß seines 60. Geburtstags als das Bollwerk gegen den Nazismus, das »Feldzeichen« und die »lichte Fahne« pries, machte die Sache nicht einfacher. »Folkets Avis«

zürnte: »Jetzt muß Schluß sein mit der dänischen Gut-
mütigkeit gegenüber dem Phänomen Andersen Nexø.«
Kommentatoren und Leserbriefschreiber forderten, Nexø
das Schriftstellerstipendium zu entziehen, worauf im Folketing von konservativer Seite ein entsprechender Antrag
eingebracht wurde. Eine Parlamentsdebatte über Nexø
stand bevor. Das von einem Anzeigenboykott bedrohte
»Arbejderbladet« sammelte Geld mit dem Slogan: »Andersen Nexøs Zeitung darf nicht zum Verstummen gebracht
werden.« In »Politiken« warnte der Polarforscher und
Schriftsteller Peter Freuchen die Abgeordneten davor, »unsere berühmte Liberalität mit Geldstrafen zu beflecken«
und die Redefreiheit offiziell zu unterbinden. »Arbejderbladet« veröffentlichte täglich Solidaritätsadressen von Ein-
zelpersonen, Parteisektionen und Betrieben. Schon wurden
Maßnahmen zum Schutz von Nexøs Haus vor Anschlägen
getroffen. Der ehemalige Unterrichtsminister J. Byskov
warnte in der Zeitung »Jyllands-Posten« davor, »Ehrengaben« an Zuchthauskandidaten zu verschenken. Das Stipendium, stellte Nexø richtig, sei keine Ehrengabe, sondern
ein Arbeitslohn, eine Entschädigung dafür, daß der Staat in
seinen Volksbibliotheken die schriftstellerische Produktion
gratis nutze. Die Parlamentsdebatte vom 17. Januar 1940
wurde zum Tag des konservativen Abgeordneten Kristen
Amby, der sich vehement von seinen Parteifreunden distanzierte. Die Demokratie dürfe sich nicht der Methoden der
Diktatur bedienen, redete ihnen der Pfarrer ins Gewissen.
Hierauf schlug der radikale Unterrichtsminister vor, den
Fall Nexø bis zur dritten Lesung des Haushalts zu vertagen
– und in dritter Lesung wurde das Stipendium stillschwei-
gend genehmigt. Enttäuscht war Nexø darüber, daß der
Schriftstellerverband während der ganzen Affäre in
Stummheit verharrte. In Island fand eine ähnliche Debatte
statt, als das Parlament im selben Jahr Halldór Laxness

wegen dessen antifinnischen Engagements das Stipendium von 5000 auf 1800 Kronen kürzte. Mit der Restsumme gründete der Gemaßregelte einen Fonds für vom Staat ökonomisch unter Druck gesetzte Autoren.

In den Genuß eines Schriftstellerstipendiums von damals 800 Kronen war Nexø erstmals 1909/10 gekommen, 1940 wurden 2400 Kronen bezahlt. Die Existenzgrundlage einer Durchschnittsfamilie lag 1940 laut Statistischem Amt bei einem Jahreseinkommen von 4665 Kronen. Neben den jährlich erneuerten Stipendien gewährte das Parlament auch einige »lebenslange Ehrengaben« von jährlich 3600 Kronen. Nexø kandidierte wiederholt erfolglos für eine solche Ehrengabe, zuletzt 1941.

Aus Nexøs Dankesbrief an Amby spricht sein blindes Vertrauen in die Sowjetunion als Sachwalterin der kleinen Leute. »Glauben Sie wirklich«, fragte er den konservativen Parlamentarier, »daß es ein Glück für den kleinen Mann wäre, wenn die Sowjetunion umzingelt und niedergerungen würde?« Gerade jetzt, da der kleine Mann damit begonnen habe, »sich gewisse Menschenrechte zu erkämpfen«, die ihm die »weltweit herrschenden Kreise«, die zu einem Aufmarsch gegen Moskau mobilisierten, wieder streitig machen wollten. An Ruth Berlau schrieb er: »Ruth! Wenn man etwas übers Wetter wissen will, klopft man aufs Barometer; bei Menschen sagt man nur das Wort ›Sowjetunion‹. Wie sie reagieren, daran erkennt man sie.«

Unter deutscher Besatzung

Am 9. April 1940 marschierten Hitlers Truppen in Dänemark ein. Auf Widerstand stießen sie nicht. Im faschistisch besetzten Europa nahm Dänemark eine Sonderstellung ein. Die Deutschen suchten die Zusammenarbeit mit den

Behörden und versprachen, sich nicht in dänische Angelegenheiten einzumischen und die territoriale Integrität des Landes zu respektieren. Dänemarks Agrarerzeugnisse waren für die deutsche Kriegswirtschaft wichtig. Bis zum 29. August 1943 wurde das Land von einer Koalition der »Zusammenarbeit« mit der Sozialdemokratie als Garantin der Stabilität regiert. Die ersten Kriegsjahre im »Musterprotektorat« waren eine goldene Zeit des Jazz, in den Revuen amüsierte man sich wie eh und je. Im März 1943 fanden sogar Parlamentswahlen statt, bei denen die Sozialdemokraten 45 Prozent der Stimmen erhielten.

Die Besetzung des Landes brachte die DKP in eine schwierige Lage. Außenminister Molotow gratulierte Berlin zum glücklich beendeten Feldzug, während das Regierungsorgan »Iswestija« am 11. April in einem Leitartikel betonte, Deutschland habe das Völkerrecht nicht verletzt, und die »Prawda« kommentarlos die deutsche Version der Aktion wiedergab. Der sowjetische Botschafter wies die Kommunisten an, auf Kritik an der Okkupationsmacht zu verzichten, da die Sowjetunion zu Deutschland freundschaftliche Beziehungen unterhalte. Nexø erklärte denn auch im Mai in einem Artikel mit Blick auf Deutschland, es bedeute ein »Versprechen für eine bessere Zukunft der Menschheit«, daß die Sowjetunion nicht doppelt und zehnfach strafe, »wie es der alte Rache- und Ehrenkodex verlangt«, sondern die Welt von Krieg und Rache befreien und auf den Weg zu »einträchtiger Arbeit« bringen wolle. Die Kommunisten konzentrierten sich auf den Kampf gegen die »Regierung der Zusammenarbeit« und die Verschlechterung der Lebensbedingungen der Arbeiter. Die Partei, der es gelang, einige kleinere Lohnstreiks zu organisieren, richtete ihr Geschütz gegen die Sozialdemokraten und die Führer der Gewerkschaftsbewegung. Im Mai 1940 beschlossene Krisengesetze, die u. a. einen von Preissteigerungen unabhängigen Lohnstopp festschrieben, der den Arbeitern 1940 eine Reallohnsenkung von 20 Prozent brachte, veranlaßten Nexø in »Arbejderbladet« zu einem fulminanten Angriff auf die Sozialdemokratie, deren »Führern und Unterführern« er »Verrat an der Arbeiterklasse« vorwarf. 200000 Menschen waren arbeitslos gemeldet, die Inflation nahm zu, die Reichen hamsterten, die Armen wurden ärmer. Allgegenwärtig war die Parole Staunings, das mahnende Wort des Königs: Ruhe und Ordnung bewahren. In der Sozialdemokratie machten sich auch Kräfte bemerkbar, die auf eine Verstärkung der Zusammenarbeit mit Deutschland drängten.

Da Freiluftveranstaltungen verboten waren, trat Nexø am 1. Mai 1941 in einer Halle in Kopenhagen als Hauptredner der kommunistischen Maikundgebung auf. »Wir haben« – rief er den Genossen zu – »den Zusammenbruch der Sozialdemokratie erlebt, wir haben gesehen, wie die Sozialdemokratie von innen her ausgehöhlt wurde, wie ein Käfer, der fremde Brut in sich trägt.« Mit der fremden Brut war der Kapitalismus gemeint. Nexø arbeitete am Erinnerungsroman »Morten der Rote«. Im Vorwort berichtet er von seinem Kriegsalltag. Flugzeuge donnern über das Haus. Auf dem Rasen spielt die kleine Tochter May. Verspätete Feriengäste radeln vorüber, Richtung Hauptstadt. Mitunter ruft ihm einer ein Schimpfwort über den Zaun zu. Im Radio erklingt »Näher, mein Gott zu dir!«. Die Landbevölkerung beteiligt sich nicht am gemeinsamen Gesang, der Kraft und Gemeinschaftsgefühl gibt, sondern geht ihren Geschäften nach. Abgemagerte, aber hellwache Genossen schauen bei Nexø herein. Gut, daß es die Sowjetunion gibt, sagt einer. Verfluchte Zeiten! Unsichere und hungrige Arbeitslose gehen auf dem Weg vorbei. Und an der Tür klingelt der Gendarm: Sind hier ein paar Subjekte gewesen?

Hinter Schloß und Riegel

Am 22. Juni 1941 überfiel Hitler die Sowjetunion. Damit war auch die Schonfrist für Dänemarks Kommunisten abgelaufen. Nexø döste an jenem Sonntag auf dem Liegestuhl in seinem Garten, als plötzlich zwei dänische Polizisten erschienen. Sie durchwühlten seine Papiere und führten ihn ab. Für die Verhaftung fehlte jede Rechtsgrundlage. In jenen Tagen ließ die Regierung Stauning 339 dänische Kommunisten festnehmen, etwa doppelt so viele, als die Deutschen verlangt hatten. Einige Wochen später beschloß das Parlament ein Gesetz, das kommunistische Vereinigungen und Tätigkeiten verbot. Die zwei Polizisten, die Nexø abgeholt hatten, brachten ihn in das Gefängnis von Frederikssund, wo er vier Tage später seinen 72. Geburtstag beging. Immerhin wurde ihm gestattet, einen Diwan von zu Hause in die Zelle zu stellen, wo er die Gärten an der Gefängnismauer roch. Den Himmel erblickte er nicht. In einem Brief an Stauning protestierte Peter Freuchen gegen die Verhaftung Nexøs, der seinerseits sein Mißfallen in einem Schreiben an Justizminister Eigil Thune Jacobsen bekundete. Auf eine Antwort wartete er vergeblich.

Nach dem Krieg berichtete er in aufgebrachter Stimmung von einem Besuch, den ihm der Anwalt des Schriftstellerverbands im Gefängnis abgestattet hatte. Demzufolge wurde Nexø aus seiner Zelle in die Wohnstube des Gefängnisverwalters geführt, wo ihm der Anwalt eröffnete, er sei gekommen, um »juristischen Beistand« zu leisten. Nexø erwiderte, er sei von Gewalttätern ohne gesetzliche Grundlage eingesperrt worden, weshalb »juristischer Beistand« ein lächerlicher Begriff sei. Er richtete an den Anwalt die Frage, ob er bereit sei, »mir zu helfen, die Freiheit zurückzuerlangen«. Der Anwalt habe hierauf den Kriminalbeamten, der das Gespräch überwachte, »äußerst höflich, fast servil gefragt: ›Erlauben Sie, daß wir diesen Punkt berühren, Herr Oberinspektor?‹« Als der Beamte nickte, habe der Anwalt erklärt, daß er für eine Freilassung keine Möglichkeit sehe, und Nexø geraten, sich mit Geduld zu wappnen. Danach habe er sich ein weiteres Mal vor dem Kriminalbeamten verbeugt und um die Erlaubnis gebeten, das Thema zu vertiefen, worauf Nexø einwarf, der Beamte werde schon selber eingreifen, wenn sich das Gespräch auf gefährliches Terrain bewege. Damit sei der Besuch beendet gewesen, das einzige Lebenszeichen des Schriftstellerverbandes während der Besetzungszeit.

Einige Wochen später wurde Nexø in die Krankenabteilung eines Kopenhagener Gefängnisses verlegt, danach in das Reichshospital. Im Gefängnis arbeitete er an »Morten der Rote«. An den Vorsitzenden der KP Aksel Larsen schrieb er: »Es macht Spaß, für seine Sache Propaganda zu treiben, während man in einer Zelle auf dem Rücken liegt und ein elektrisches Wärmkissen erhält und Massage […].« Da das Außenministerium der Presse die Berichterstattung über Verhaftungen und andere polizeiliche Maßnahmen untersagt hatte, brachte die KP zwei illegale Laufzettel über Nexøs Verhaftung in Umlauf. Vermutlich auf eine deutsche Intervention hin ließ man ihn am 6. September nach elf Wochen Haft frei – in Würdigung seines hohen Alters, seiner gebrechlichen Gesundheit und seiner literarischen Verdienste. Nexø weigerte sich jedoch, eine Erklärung zu unterschreiben, die ihn verpflichtet hätte, auf politische Kommentare zu verzichten und seinen Wohnort Stenløse nur mit Genehmigung der Polizei zu verlassen.

Der Gefängnisaufenthalt war Gift für die labile Gesundheit des alten Mannes. Am Neujahrstag 1942 klagte er gegenüber Ingeborg Petersen: »Die langen Wochen im Durchzug in der halbdunkeln Zelle setzten meinen schon in der Jugend von den Ärzten aufgegebenen Lungen zu; heute bin ich, zum erstenmal nach drei Wochen mit Schleim in den Lungen wieder auf den Beinen. Zugleich hatte meine Frau einen Rückfall, die Internierung setzte ihr gewaltig zu, seit Ende November hat sie im Reichshospital gelegen. Mitte Dez. ist sie wiederum operiert worden, und jetzt befindet sie sich auf dem Weg der Besserung.« Bis zum Sommer muß Nexø immer wieder das Bett hüten. Am Neujahrstag 1942 zog er eine bittere Bilanz: »das [vergangene] Jahr hat alles zerstört, meine Arbeit, unsere Ökonomie, unsere Gesundheit«.

Die Schriftstellerei war während der Besetzungszeit erheblichen Einschränkungen unterworfen, allein »Pelle« war im Buchhandel erhältlich. Als Nexø im Mai 1942 den Gyldendal-Verlag ermunterte, »Ditte« nachzudrucken, stellte die Direktorin Ingeborg Andersen eine Neuauflage von 5000 Exemplaren in Aussicht, fügte aber hinzu, man werde wegen Papiermangels die Produktion frühestens 1943 in Angriff nehmen können. Auch die von Nexø gewünschte Neuausgabe der »Erinnerungen« müsse auf 1943 verschoben werden. Daß Bücher anderer Autoren trotz Papiermangels in großer Zahl erschienen, machte ihn mißtrauisch, weshalb er anbot, das Papier persönlich zu beschaffen. Hierauf antwortete Andersen, die Entscheidung über den Druck von Nexøs Büchern werde »an höherem Ort« gefällt, womit die Zensurabteilung des Außenministeriums gemeint war. Der Verlag habe darauf keinen Einfluß. Auf weitere Nachfragen, wie es um seinen Fall an jenem »höheren Ort« bestellt sei, erhielt er hinhaltende Antworten. Zugleich bot ihm der Verlag einen Vorschuß an, wenn auch zu schlechteren Bedingungen als früher. Nexø ließ sich notgedrungen darauf ein. Inzwischen befand man sich im Sommer 1943. Nexø drängte, er wolle persönlich »höheren Orts« vorsprechen. Darauf teilte das

Außenministerium Ingeborg Andersen telefonisch mit, man habe gegen den Druck von »Ditte« keine grundsätzlichen Einwände, mache aber ein zurückhaltendes Auftreten zur Bedingung und verbiete jegliche Werbung. Andersen fand diese Einschränkung höchst bedenklich und schlug deshalb vor, den Roman in Satz zu geben, doch mit der Veröffentlichung bis 1944 zu warten. Nexø, der sich lebendig begraben fühlte, forderte den Verlag auf, den Roman sofort zu veröffentlichen. Andersen verwies jetzt auf »Elektrizitätsrestriktionen«, die die Arbeitsstunden in allen Abteilungen einschränkten, weshalb das Buch nicht vor 1944 produziert werden könne. Doch auch dazu kam es nicht. Die Neuauflage von »Ditte« wurde erst nach dem Krieg, im Herbst 1945, möglich.

Der radikale Außenminister Scavenius, der Deutschland gegenüber einen sehr vorsichtigen Kurs steuerte, war peinlich darauf bedacht, jede Provokation der Besatzer zu verhindern, um Dänemark unzerstört durch den Krieg zu lotsen. So unterband die Zensurabteilung des Außenministeriums 1942 den Versuch des Seminarlehrers und späteren Cambridge-Dozenten Elias Bredsdorff, Nexø ein Buch über John Steinbeck zu widmen. Einem Rundschreiben der staatlichen Bibliotheksaufsicht vom November 1942 zufolge verlangte das Justizministerium, die Ausleihe von deutschfeindlichen Schriften und von Büchern, die den Interessen des Landes schadeten oder kommunistische Propaganda enthielten, einzustellen. Auf einer beigegebenen Vorschlagsliste, die keinen Anspruch auf Vollständigkeit erhob, war von Nexø einzig das Rußlandbuch »Zwei Welten« von 1934 aufgeführt. Im März 1942 entzog das Folketing den drei kommunistischen Autoren Nexø, Kirk und Soya das Schriftstellerstipendium von 2400 Kronen, das ihnen jedoch auf Anordnung des Unterrichtsministeriums über illegale Kanäle weiter zuging.

Inhaftierung und Streichung des Stipendiums trugen Nexø zahlreiche Sympathiebekundungen ein. Besonders erfreut war er über den Brief des früheren konservativen Parteichefs John Christmas Møller, der im Oktober 1940 auf deutschen Druck aus der Regierung ausgeschieden war und im April 1942 nach London ins Exil ging, wo er als Vorsitzender des Dänischen Rates eine wichtige Rolle in der Widerstandsbewegung spielte. Der Dänische Rat war keine Exilregierung und kein Nationalkomitee, sondern eine in Abkehr von der »Zusammenarbeitspolitik« Kopenhagens entstandene private Organisation. Christmas Møller hatte im Foreign Office keinen starken Rückhalt. Im September 1942, als London noch immer auf die dänische Regierung setzte, gelang es ihm in einer seiner regelmäßigen Ansprachen auf der Welle der BBC, die Zensur zu überlisten und seine Landsleute zu Sabotageaktionen aufzurufen, während der sozialdemokratische Ministerpräsident Vilhelm Buhl am 2. September 1942 in seiner »Antisabotagerede« im Rundfunk die Bevölkerung aufforderte, Hinweise auf bevorstehende Sabotageaktionen gegen Firmen, die für die Deutschen arbeiteten, der Polizei zu melden.

Am 6. Juli 1941, wenige Tage nach Hitlers Überfall auf die Sowjetunion, wies die Komintern Dänemarks Kommunisten an, eine Einheitsfront aller antifaschistischen Kräfte unter der Losung »für Demokratie und nationale Freiheit« anzustreben, um danach alle Bevölkerungsschichten gegen die deutsche Besetzung zu mobilisieren. In diesem Sinne gründete der Vorsitzende der DKP Aksel Larsen gemeinsam mit Christmas Møller das illegale Blatt »Frit Danmark« (Freies Dänemark), dessen erste Nummer im April 1942 in einer Auflage von 5000 Exemplaren erschien. Im Frühjahr 1945 wurde die Zeitung in einer Auflage 144 000 Exemplaren verbreitet.

Im August 1942 verhandelten Churchill und – im Auftrag Roosevelts – W. A. Harriman in Moskau über gemeinsame Maßnahmen gegen Deutschland. Einige Wochen später, am 21. September, wies der Komintern-Chef Dimitroff den DKP-Vorsitzenden Larsen zu »äußerster Vorsicht gegenüber den Engländern« an. »Die Verbindung zu ihnen muß über Mittelsleute erfolgen. Keiner der aktiven führenden Genossen darf für diese Kontakte eingesetzt werden. Geben Sie keine Interna und Absichten preis. Materielle Hilfe können Sie von ihnen annehmen, doch gehen Sie keinerlei Verpflichtungen ein. Inhalt und Ausrichtung Ihrer Zeitung dürfen auf keinen Fall von den Engländern abhängig sein. Wahren Sie stets Ihre Unabhängigkeit, binden Sie sich nicht die Hände. Hüten Sie sich davor, daß englische Agenten in Ihre Parteistrukturen eindringen oder Parteimitglieder anwerben. Denken Sie daran, daß sie eine gefährliche Zersetzung in Ihre Reihen tragen können.«

Aus Dänemark vertrieben

Streiks und Sabotageaktionen strapazierten zunehmend die Nerven der Besatzer, wobei sich die DKP als wichtigster Akteur hervortat, während die Sozialdemokratie als tragender Pfeiler der Regierung ihre Skepsis gegenüber dem Widerstand nicht abzulegen vermochte, teils aus machtpolitischem Kalkül, teils weil ein demokratisches Mandat fehlte. Schließlich fand die Politik der »Zusammenarbeit« am 29. August 1943 ein jähes Ende. Als die Regierung eine Reihe von Forderungen nicht erfüllte und geschlossen zurücktrat, riefen die Deutschen den Ausnahmezustand aus und entwaffneten die dänische Armee. Die Marine versenkte sich selbst. Eine neue Regierung wurde nicht gebildet, die Deutschen übernahmen die Macht, doch blieb die Verwaltung in dänischen Händen. Auch für den 74jährigen Nexø begann mit diesem Tag ein neuer Lebensabschnitt – es sollte nicht der letzte bleiben. »Ich hatte das Glück, nicht zu Hause zu sein, als der Sensenmann am 31. August an meine Türe klopfte«, atmete er einen Monat später in einem Brief auf. Was sich an jenem 31. August, zwei Tage nach dem Rücktritt der Regierung, ereignete, erzählte später Frau Johanna Nexø dem Biographen Børge Houmann, wobei dahingestellt sei, was an der Geschichte wahr ist und was erfunden. Nexø und Frau Johanna saßen also am Nachmittag des 31. August in der Eisenbahn Richtung Stenløse. Der Schaffner musterte sie, ging weiter, kam nach der nächsten Station zurück und sagte: »Ich soll Sie von Stationsvorsteher Leth grüßen und Ihnen sagen, daß Sie nicht nach Hause gehen dürfen. Die Gestapo sitzt in Ihrem Haus und wartet auf Sie.« Nexø war davon wenig beeindruckt, er wollte unbedingt nach Hause. Auf dem Bahnsteig wurde er von Leth in Empfang genommen, der erzählte, fünf Gestapo-Schergen auf Motorrädern hätten Säcke voller Papiere aus dem Haus abtransportiert. Danach seien die Männer ins Wirtshaus verschwunden und hätten tüchtig getrunken. Zu Hause berichtete das Dienstmädchen, die Gestapo habe Nexø in Geiselhaft nehmen wollen, da der nazifreundliche Bäcker bedroht worden sei. Nexø griff zum Hörer, wählte die Nummer des Gestapo-Hauptquartiers in Kopenhagen und sagte: »Ich bin jetzt zu Hause. Sie können kommen.« Eine Stimme antwortete: »Nur mit der Ruhe, Opa! Wir bestimmen selber, wann wir kommen.« Johanna war entsetzt: »Aber Martin, was machst du da?« In Kleidern legten sie sich ins Bett. Um 5 Uhr früh wurden sie von Motorradlärm aus dem Schlaf gerissen. Vor dem Haus kurvten die Gestapo-Männer und fuhren wieder weg.

Jetzt endlich kam Nexø zur Besinnung und handelte

rational. Johanna löste den vereinbarten Alarm aus, und ein Krankenwagen holte ihren Mann ab. Gut möglich, daß die Besatzer kein Interesse daran hatten, den betagten Dichter ein weiteres Mal gefangenzusetzen, und es vorzogen, ihn außer Landes zu treiben. An einem Märtyrer lag ihnen nichts, erst recht nicht an einem kommunistischen. Nexø hielt sich im September als Schuhmachermeister Rasmussen in einem Krankenhaus auf, bevor er mit Johanna und der 5jährigen Tochter May am 3. Oktober gegen 23 Uhr Dänemark illegal verließ. Es war eine jener Nächte, in denen eine Armada von Fischerbooten und anderen Kleinfahrzeugen 7000 dänische Juden vor der Deportation nach Schweden rettete. Diese in der Geschichte des Holocaust singuläre Aktion war auch eine Konsequenz der sozialdemokratischen Politik der Zusammenarbeit. H. C. Hansen und Hans Hedtoft, die nach dem 29. August der informellen Führungstroika der Partei angehörten, erfuhren Ende September vom Schiffahrtsattaché der deutschen Botschaft, G. F. Duckwitz, von den Deportationsplänen und gaben ihr Wissen an die Mosaische Glaubensgemeinschaft weiter.

Nexøs Flucht war gut vorbereitet. Das Haus in Stenløse kam in die Obhut von Stationsvorsteher Leth, die Post wurde von der Anwaltssekretärin Eli Bahnsen sortiert, die auch Nexøs Finanzen regelte. Um die Briefzensur zu täuschen, korrespondierte er mit Frau Bahnsen unter dem Decknamen Tante Hanna in einem Mischmasch aus Dänisch und Schwedisch. In umständlichen Andeutungen erklärte er ihr, daß er den Schluß des Manuskripts des Erinnerungsromans »Morten der Rote« vergessen hatte und wo es zu finden sei. Der Brief wurde verstanden, und ein Verwandter Eli Bahnsens brachte die gewünschten Papiere nach Schweden.

Exil in Schweden ...

So war Martin Andersen Nexø als Flüchtling im Alter von 74 Jahren nach Schweden gelangt, wo er ein Jahr blieb. Kommunisten, die in dem neutralen Land Zuflucht suchten, landeten entweder im Gefängnis oder im Lager, danach wurde ihnen ein Aufenthaltsort in der Provinz zugewiesen. Familie Nexø stieg zunächst in einem Stockholmer Hotel ab, wo es »wahnsinnig teuer« war, bevor ihr eine Wohnung in Stockholm zur Verfügung gestellt wurde – drei Zimmer, Küche, Bad. Nach den Weihnachtsferien traten Ditte und Per-Vilhelm, die beiden größeren Kinder, in ein Internat ein, während die kleine Tochter May bei den Eltern blieb.

Das Leben im Exil kam in Gang. Nexø, der aus einem verdunkelten Land kam, fiel als erstes das Licht in den Straßen und Geschäften auf. Der Arbeiterschriftsteller Ivar Lo-Johansson überliefert in seinem autobiographischen Roman »Der Soldat« (1959) eine liebevoll ironische Reminiszenz. In seinem Heim trafen sich Nexø und ein Norweger, um über Krieg und Widerstand zu diskutieren. Für den Norweger existierte nur die norwegische Widerstandsbewegung. »›Es gibt keine Nationen mehr‹, entgegnete der Däne [Nexø] mit großer Geste. ›Es gibt nur Kapitalismus und Sozialismus. Die Welt ist rund, und der Sozialismus ist mein Vaterland.‹« Doch der Norweger blieb dabei: Sogar die Deutschen sagten, sie hätten von einer dänischen Widerstandsbewegung nichts bemerkt. Nexø, glühend rot im Gesicht, wollte aufbrechen. Lo-Johansson versuchte zu vermitteln, doch nun fielen die beiden Streithähne über ihn, den Schweden, her. Für die schwedische Einstellung zum Krieg hatten sie nur schnaubende Verachtung übrig. Im Sommer 1940 hatte das neutrale Land in ein Transitabkommen eingewilligt, das es

Deutschland ermöglichte, Soldaten und Kriegsmaterial über schwedisches Territorium in das okkupierte Norwegen zu befördern. Bei Hitlers Angriff auf die Sowjetunion im Juni 1941 erhielt eine deutsche Division die Erlaubnis, Schweden auf dem Weg von Nord-Norwegen zum Kriegsschauplatz zu durchqueren. Wichtig für die Kriegsmaschinerie des Dritten Reichs war auch der Zugang zum schwedischen Eisenerz.

Seit drei Jahren hatte Nexø keine Zeile mehr veröffentlicht. Im schwedischen Exil entfaltete er eine rege Aktivität. Vor Flüchtlingsgruppen und in Künstlerkreisen trat er als Redner auf. Er sprach am Parteitags-Fest der Kommunisten am 8. Mai 1944 und zu Lenins 20. Todestag am 21. Januar 1944. »Ihn gekannt zu haben ist eine hohe Auszeichnung«, sagte er stolz, die Verwirklichung des Bolschewismus sei »das größte und weitreichendste Ereignis der Menschheitsgeschichte«. Nexø profilierte sich als Hauptredner am Jahrestag der Oktoberrevolution und sprach in Stockholms Rathaus zum Gedenken an die Opfer der deutschen Machtübernahme in Dänemark vom 29. August 1943. In der kommunistischen Zeitung »Ny Dag«, die 1940 die deutsche Besetzung Dänemarks und Norwegens begrüßt hatte, war er regelmäßig präsent, oft mit Angriffen auf die dänische Sozialdemokratie. In Schweden wurde nach der Kriegswende von 1943 die Pressezensur schrittweise gelockert. Der Traditionsverlag Bonniers brachte die »Erinnerungen«, »Pelle« und »Ditte« heraus, der Verlag der schwedischen KP »Arbetarkultur« zwei Bände Novellen.

Kaum war Nexø in Stockholm eingetroffen, wurde er von Christmas Møller nach London eingeladen, wo er sich um Dänemarks Verhältnis zu Moskau kümmern könne. Nexø fand das Angebot verlockend, zögerte aber seines hohen Alters wegen. Ein nach Stockholm entsandter Vertreter des Dänischen Rats, den Christmas Møller angekündigt hatte, meldete sich jedoch nicht. Nexø mußte auch erfahren, daß eine dreiköpfige Delegation des Freiheitsrates in Stockholm mit Vertretern der Sowjetunion Kontakt aufgenommen hatte, ohne ihn einzubeziehen. Im (nicht mit dem privaten Dänischen Rat zu verwechselnden) Freiheitsrat waren die großen Widerstandsorganisationen vertreten – die DKP durch Nexøs späteren Biographen Børge Houmann. 1944 wurde der Freiheitsrat von den Alliierten als Führung des dänischen Widerstands anerkannt.

Nexø, Mitglied des ZK der DKP, brachte nicht mehr die Disziplin auf, sich den Beschlüssen einer Organisation unterzuordnen. Er gab sich in Stockholm gern als Repräsentant der Partei aus, was zu einer Rivalität zwischen ihm und Alvilda Larsen führte, die Mitglied des einstigen Politbüros gewesen war und die Arbeit der nach Schweden emigrierten dänischen Kommunisten koordinierte. Zu der illegalen Parteileitung in Dänemark hatte er keinen Kontakt, zu seinem Leidwesen kannte er nicht einmal deren Zusammensetzung. Als Alvilda Larsen Gerüchte von einem bevorstehenden Umzug Nexøs nach London zu Ohren kamen, führte sie mit ihm ein Gespräch. Danach berichtete sie Børge Houmann (10. 2. 1944), der der illegalen Parteileitung angehörte, sie habe »dem Alten« geraten, in Schweden zu bleiben. Christmas Møllers Einladung habe ihm geschmeichelt, und er habe erwogen, sie anzunehmen. In London würde Nexø aber nicht als Schriftsteller, sondern als Kommunist betrachtet werden. Seine Einstellung zum nationalen Kampf sei derart, daß er sich rasch mit den anderen Vertretern des Widerstands überwerfen würde. »Wir sehen nicht den geringsten politischen Wert darin, ihn nach London hinüberzubringen.« Als sie Nexø erklärte, er dürfe die Londoner Pläne nicht in eigener Regie betreiben, sei er wütend geworden Mit Leif

Gundel, Christmas Møllers Sekretär, korrespondierte er über die Entwicklung nach dem Krieg. Er befürwortete die Verstaatlichung der dänischen Schifffahrt, wobei er sich Gundel gegenüber als Repräsentant der DKP in Schweden ausgab, bis Alvilda Larsen auch davon erfuhr und einschritt.

Am 26. Juni 1944 feierte Nexø seinen 75. Geburtstag. Der Verlag »Arbetarkultur« präsentierte unter dem Titel »Mot ljuset« (»Zum Licht«) eine Festschrift mit 37 Beiträgen. Gewerkschaften und verschiedene andere Organisationen sammelten für eine »Ehrengabe der Volksbewegung«. Nexø leitete die 1500 Kronen weiter an die dänische Widerstandsbewegung. Ein Komitee von Dänen, Schweden und Norwegern, in dem vielerlei politische Schattierungen vertreten waren, bereitete die Feier vor. Im Volkspark Skansen herrschte Volksfeststimmung, Nexø spürte gar eine »Volksfront-Stimmung«. Ihn freuten die 500 Grüße, die er erhielt. Die kommunistische Zeitung »Ny Dag« veröffentlichte Glückwünsche u. a. von Thomas Mann, Upton Sinclair und dem Dompropst von Canterbury Hewlett Johnson. Die »Wärme«, der er begegnete, deutete er in einem Brief an Christmas Møller als »Sieg der Demokratie, nicht wie sie vor dem Nazismus war, sondern der reifen Demokratie, die kommen wird, wenn der Krieg zu Ende ist«. Madame Alexandra Kollontai, Moskaus Botschafterin in Schweden, war Nexøs Tischdame. Seine Dankesrede begann er mit der hintergründig-witzigen Geschichte eines Schneiders, der klein von Wuchs war, was ihm großen Kummer bereitete. Eines Nachts träumte er, eine Fee habe ihn besucht und ihm versprochen, einen Wunsch zu erfüllen. Der Schneider wünschte, größer zu werden. Als er am nächsten Morgen erwachte, stieß er mit Kopf und Füßen gegen das Bettgestell. »O Frau, o Frau«, rief der Schneider, »mein Wunsch ist in Erfüllung gegangen, ich bin größer geworden, jetzt fülle ich das ganze Bett aus.« Die Frau betrat das Zimmer, warf einen Blick auf ihren Mann und sagte: »Unsinn, Mann, du liegst doch quer im Bett!« Danach nahm Nexø eine von dem Bildhauer Odd Hilt im Auftrag der schwedischen KP geschaffene Büste in Empfang. Hilt berichtete später in einem Brief an Børge Houmann (30. 5. 1969): »Ich hatte mein Arbeitszimmer 5 Treppen hoch in Sundbyberg außerhalb von Stockholm. Welch ein Anblick, wie Nexø, eine dicke Zigarre im Mund, die Treppen nahm, seine 8–9jährige Tochter an der Hand.« Dabei hatte ihm ein Leben lang seine schwache Lunge zu schaffen gemacht.

Zwei Monate später änderte sich die Stimmung schlagartig. Nexø hielt am 17. August 1944 auf der Delegiertenversammlung der Stockholmer Metallarbeiter eine Rede, in der er sagte, der dänische Kampf werde zur Hauptsache von den Kommunisten geführt, während sich die Führer der reformistischen Arbeiterbewegung den Deutschen anbiederten. Zwei Tage später begann »Ny Dag« die Veröffentlichung des Erinnerungsromans »Morten der Rote«, in welchem Nexø ein düsteres Bild von Dänemarks Sozialdemokratie malt. Er folgte dem Kurs der DKP, die den Erfolg der Streikwelle von 1943 zur Bildung einer Einheitsfront »von unten« zu nutzen versuchte und der sozialdemokratischen Führung Anpassungswille und Defätismus vorhielt. Die sozialdemokratische Stockholmer »Morgon-Tidningen« warf nun die Frage auf, ob Nexø, der »den Helden und Märtyrer spiele«, als Gast des Landes nicht auch gewisse Verpflichtungen habe. Nexø antwortete, Schweden und der schwedischen Arbeiterbewegung sei nicht gedient, wenn jene Männer, die den Kampfwillen der dänischen Arbeiter abgewürgt hätten – die Sozialdemokraten –, von den Schweden zu Rettern des dänischen Volkes stilisiert würden. Ein Gast habe sich ordentlich aufzuführen und keine

Lügen über die Zustände in seiner Heimat zu verbreiten. Freilich sei es falsch, den Begriff »Gast« auf ihn als Flüchtling anzuwenden. Hierauf fragte der Kommentator von »Morgon-Tidningen«, ob »der Kerl total die Besinnung verloren« habe. In sozialdemokratischen Blättern loderte eine kurze, aber heftige Debatte auf über »das Recht des Ausländers auf das freie Wort« und über »Nexøs Fälschungskampagne«. Am 15. September erklärte die sozialdemokratische Presse die Debatte für beendet.

... und in Moskau

Am 23. November verließen die Nexøs Schweden. Sie flogen nach Helsinki, wo sie von einer sowjetischen Militärmaschine abgeholt und nach Leningrad gebracht wurden. Neunhundert Tage lang, bis zum 22. Januar 1944, war die Stadt von deutschen Truppen belagert und ausgehungert worden. Die Tragödie von Leningrad forderte mindestens 630 000 Opfer. Auch Nexøs Übersetzerin Anna Wassiljewna Hansen war verhungert. »Wie hier gelitten und gekämpft, gestorben – und im Tode noch gesiegt worden ist, übersteigt jede Vorstellung«, notierte Nexø. Im älteren Dänisch bedeute Brot »Ein Leben«, im Deutschen spreche man von einem »Laib Brot«. Vor einem halben Menschenleben hatte er in Granada die Brot- und Hungergeschichte »Eine Frauenrevolution« geschrieben (Kap. 2). Jetzt schloß sich der Kreis, wenn er von einer Leningrader Bekannten berichtete, die in ihrer Not ihre goldene Uhr gegen einen Brotlaib eintauschte. Der Mann, von dem sie das Brot hatte, lief ihr hinterher, gab ihr die Uhr und forderte das Brot zurück. Die Frau war zu schwach, um weiterzulaufen, sonst wäre sie mit dem Brot geflüchtet. In der nächsten Straße trat ein anderer Mann mit einem Brot aus der

Haustür. Auch ihm bot die Frau für das Brot die Uhr an. Doch eine Hand kam zuvor und entriß dem Mann das Brot. Der Mann schrie, Menschen eilten herbei und hieben auf den hungrigen Räuber ein. Der warf sich zu Boden, rollte sich zusammen und aß gierig, ohne sich um die Prügel zu kümmern.

Am 7. Dezember trafen die Nexøs in Moskau ein, wo sie die letzten Kriegsmonate als Gäste des Sowjetischen Schriftstellerverbandes verbrachten. Einige Tage nach der Ankunft hielt Nexø eine kurze Rundfunkansprache, die in 28 Sprachen ausgestrahlt wurde. »Ich bin froh, in einem Lande zu sein, wo ich wieder frei zu der kämpfenden Menschheit sprechen kann. Und stolz bin ich, hier zu weilen als Gast eines Volkes, dessen Kraft und Freiheitswille wir es in der Hauptsache verdanken, daß die Menschheit sich von der Nazipest befreit. Von hier aus wird die Menschheit mit geistigen Vitaminen versehen, hier ist schon die Sonne der Freiheit aufgegangen, von hier aus strahlt die Morgenröte schon über die übrige Welt. Aus allen diesen Gründen bin ich froh, hier zu sein.« Mit dem Moskauer Rundfunk vereinbarte er eine wöchentliche Radioansprache, samstags 6.45 Uhr Moskauer Zeit war sein Sendetermin. Gerne wäre er das Moskauer Pendant zu Christmas Møller geworden, der sich von London aus an die Dänen wandte. Doch Christmas Møller hatte seine Schwierigkeiten, und Nexø hatte sie erst recht.

Die Familie war in einem von Moskaus schönsten Hotels, dem nach der Jahrhundertwende in der Nähe des Bolschoi-Theaters gebauten Metropol, untergebracht, das im Krieg neben dem berüchtigten Hotel Lux für Emigranten reserviert war. Februar und März 1945 mußte Nexø wegen Magenbeschwerden im Kreml-Krankenhaus zubringen. In Moskau hatte er seine Eigenwilligkeit zu zähmen. Die sowjetische Führung hatte nach dem deutschen Überfall erkannt, daß die patriotische Mobilisierung wirkungsvoller als die sozialistische war. Nexø hatte diesen Schwenk nicht mitgemacht. In einem Brief vom 7. Januar 1945 an den Chefredakteur der kommunistischen Zeitung »Ny Dag« in Stockholm, Gustav Johansson, klagte er darüber, wie wenig Beachtung die Repräsentanten kleiner Länder fänden, was er als Folge des »imperialistischen Geistes« deutete. Für einen westeuropäischen Revolutionär werde es schwierig, wenn die bürgerliche Demokratie sakrosant sei, Nationalismus und Patriotismus tabuisiert und die Augen davor verschlossen würden, daß es etwas Größeres gebe, womit er die Weltrevolution meinte. In Moskau den richtigen Ton zu treffen sei nicht einfach. So wollte er in einer Rundfunkansprache, wie er später erzählte, der Millionen Rotarmisten und Zivilisten gedenken, die ihr Leben geopfert hätten, »damit wir andern leben können«. Der Beitrag wurde nicht ausgestrahlt. In einem kriegführenden Land, erklärte man, unterhalte man sich ebenso ungern über Kriegsopfer wie im Haus eines dänischen Selbstmörders über den Strick.

Am 3. Juni 1945 kehrten Nexø und seine Familie nach Dänemark zurück. Seit seiner Flucht in der Nacht des 3. Oktober 1943 waren anderthalb Jahre vergangen. Als er im Kopenhagener Hafen an Land ging, standen Widerstandskämpfer Spalier. Während er dänischen Boden betrat und der jubelnden Menge zuwinkte, bemerkte er: »Ja, jetzt habt ihr uns wieder. Und jetzt sollt ihr fürwahr den Kurs umlegen!«

Kapitel 10
Rastloses Alter

Der Heimkehrer, der während der Okkupation in Dänemark keine Bücher, auch keine Nachauflagen, veröffentlichen konnte, war im Sommer der Befreiung ein umjubelter Dichter und gefeierter Däne – der »Krieger im Purpur des Ostens«, wie ihn ein Kritiker nannte. Widerstandskämpfer beschützten sein Haus rund um die Uhr vor Racheanschlägen alter Nazis, »zum Ärger der Bauern, denen das närrisch vorkommt – ein Schriftsteller«, seufzte Nexø in einem Brief an seinen schwedischen Kollegen Josef Kjellgren.

Tagsüber arbeitete er an seinen »Erinnerungsromanen«, abends hielt er Vorträge über den Sozialismus und die Sowjetunion, die im Krieg die schwerste Last getragen hatte. »Eine einstündige Rede ist an und für sich ein Kraftakt, sie soll aber zu einem Zeitpunkt gehalten werden, da alle anderen den Feierabend genießen. Na, dann schluckt man ein paar Digitalis-Pillen, bevor man sich auf den Weg macht – und es klappt. Digitalis ist eine gute Hilfe – schützt die Pumpe.« (An Otto Rung, 19. 7. 1945) Es war drückend heiß in jenem Sommer, doch »baden kann ich nicht, um Seeland herum treiben Leichen und losgerissene Körperteile im Wasser, und es ist infiziert«, klagte er am selben Tag Josef Kjellgren.

Im Oktober sollte gewählt werden. Vorläufig bildeten die Parteien, die im Krieg die Geschäfte geführt hatten, und Vertreter der Widerstandsbewegung, auch der Kommunisten, eine Koalition unter dem Sozialdemokraten Vilhelm Buhl. Sozialdemokratische Vertrauensleute in den großen Betrieben befürchteten Schlimmes. Ob es der Partei gelang, den Vormarsch der Kommunisten, die im Krieg Respekt erworben hatten, aufzuhalten? Die beiden Arbeiterparteien verhandelten sogar über einen Zusammenschluß, wenn auch erfolglos. Im August verabschiedete der sozialdemokratische Parteitag ein Programm, das die Verstaatlichung von Versicherungen, Banken und Teilen der Industrie versprach. Dennoch verlor die Partei in den Wahlen achtzehn Mandate an die DKP, die zum erstenmal in der dänischen Parlamentsgeschichte als ernstzunehmende Kraft auftreten konnte. Da die Verheißungen des sozialdemokratischen Programms den traditionellen linksliberalen Koalitionspartner irritierten, wurde das Land die nächsten zwei Jahre von einem bürgerlichen Kabinett geführt.

Im Sommer, während Sozialdemokraten und Kommunisten über eine gemeinsame Zukunft nachdachten, wurde einmal mehr Geburtstag gefeiert, es war Nexøs 76.! Das DKP-Blatt »Land og Folk«, das sich zur drittgrößten Zeitung des Landes entwickelt hatte, lud in den Volkspark ein. »Politiken« schätzte die Zahl der Geburtstagsgäste auf 70 000. Rote Fahnen flatterten neben dänischen Flaggen. Die Liste der Redner war erschöpfend und lang. Aksel Larsen, Chef der KP und Minister ohne Portefeuille, pries Nexøs Dichtung als »Symbol der Einheit der Arbeiterbewegung zum Nutzen des ganzen dänischen Volkes«. (Larsen hatte 1942 im Gestapo-Verhör, was erst später bekannt wurde, die Namen von hundert Widerstandskämpfern verraten.) Kopenhagens Oberbürgermeister H. P. Sørensen – als Chefredakteur von »Social-Demokraten« einst Nexøs erbitterter Kontrahent – wünschte, daß der Jubilar den Zusammenschluß der Arbeiterparteien noch erleben möge. Dieser erste Auftritt eines prominenten

Sozialdemokraten auf einer kommunistischen Großveranstaltung bewegte Nexø, wie er in einem Dankesbrief an
den »lieben, alten Freund« gestand. Reden hielten auch der
Geschäftsführer des Druckerverbandes, ein Kriegssabo-
teur, ein Literaturprofessor, der Moskauer Repräsentant
der dänischen Widerstandsbewegung und der norwegische
Schriftsteller Arnulf Øverland, der auf der Rückkehr aus
dem Konzentrationslager Sachsenhausen in Kopenhagen
Station machte. Schließlich bestieg Nexø persönlich die
Tribüne, um, anders als die Parteiredner, vor einem zu
engen Bündnis der Arbeiterparteien zu warnen. Sozialdemokraten und Kommunisten sollten zusammen wachen
und arbeiten, rief er der Menge zu, sich aber keinesfalls in
ein gemeinsames Bett legen. Er erinnerte an den Oktober
1943 und die Flucht nach Schweden. Als Preis für den
Transport über den Öresund habe er 2000 Kronen ausge-
handelt. Während der Überfahrt habe ihm der Fluchthel-
fer den doppelten Betrag abgeknüpft, da die Taxe für die
Beförderung von Kommunisten eben höher sei – eine Darstellung, die der Matrose Charles Albinus Nielsen in
einem Brief an Nexø vehement bestritt (23. 7. 1945). Im
übrigen war der Preis für den mit der Todesstrafe bedroh-
ten Transport von Widerstandskämpfern über den Öresund höher als jener für den Transport von Juden. Zum
Abschluß des Festes wurde der Jubilar von jungen Sabo-
teuren auf den Schultern und im goldenen Stuhl unter dem
Gesang der Menge zu einem wartenden Auto getragen.
Der Kommunist und Patriot Nexø war zum Symbol des
Widerstands und der Freiheit geworden.

Die Generalversammlung des Schriftstellerverbandes
ernannte ihn per Akklamation zum Ehrenmitglied. Seine
Bücher wurden gedruckt und auch gekauft. In nur fünf
Wochen stellte er unter dem Titel »Briefe an einen Lands-
mann« einen Band mit Aufsätzen, Radioansprachen und

Essays zusammen. Gleichzeitig las er Korrektur zu »Morten der Rote« und zur Neuauflage von »Ditte Menschenkind«, die nach Jahren des Hinhaltens und Wartens endlich erscheinen konnte. Die Hoffnungen auf »Gesammelte Werke« im Gyldendal-Verlag zerschlugen sich allerdings rasch.

Nexø erwarb ein teures Landhaus in Holte, einem von Wäldern und Seen umgebenen Villenort, den die Bahn mit dem sechzehn Kilometer entfernten Kopenhagen verband. »Das Haus liegt hoch«, schwärmte er in einem Brief an den deutschen Literaten Ernst Preczang vom 5. April 1947, »hat viel Sonne und einen geräumigen Garten.« In Stenløse habe man zwar billig gewohnt, »aber die Bauernschaft war uns feindselig und drohten damit, mich zu erschiessen. Das war in 38, 39, 40.« Das Haus in Stenløse wurde verkauft.

Der rote Morten

Der Sommer der Befreiung ging zu Ende. Noch im Stockholmer Exil hatte Nexø den »Erinnerungsroman« »Morten der Rote«, halb Autobiographie, halb Fiktion, abgeschlossen. Mit »Die verlorene Generation« (1947) und »Jeanette« (postum 1957) setzte er die Reihe später fort. Nexø knüpft in »Morten der Rote« an den »Pelle«-Roman an und führt die beiden Hauptfiguren, Kollegen und Kontrahenten zugleich, durch den Ersten Weltkrieg. Die Chronologie des Buches ist freilich verzwickt, da Nexø die politische Handlung mit Episoden aus seiner ersten Ehe würzt, die die Jahre 1898 bis 1912 umspannte.

»Morten der Rote« gelangte als Nexøs Beitrag zum Wahlkampf eine Woche vor den Wahlen in den Handel. Pelle, einst mit Sympathie bedacht, ist inzwischen zum Schreckbild eines reformistischen Sozialdemokraten geworden, zum Verräter par excellence. Nach dem Vorbild des 1942 gestorbenen Thorvald Stauning modelliert, steht er für den Sozialdemokraten, der, zum Staatsmann aufgestiegen, die Interessen der Arbeiter mit jenen der Kleinbürger verwechselt, während Morten, das Alter ego des Autors, als aufrechter Kommunist die reine Lehre verkündet und die politisch korrekte Position verkörpert. Vor einem halben Jahrhundert, 1901, war es zur ersten Konfrontation zwischen Nexø und Stauning gekommen. Damals hatte er den sozialdemokratischen Führern vorgeworfen, sie lehrten die Arbeiter zu hassen, statt sie, auch in puncto Kultur und Bildung, in die Reihen des Mittelstands zu heben, worauf ihm der junge Parteikassierer Stauning Unkenntnis der Sozialdemokratie und Ignoranz entgegenhielt. 1929, als die Sozialdemokratie Nexøs 60. Geburtstag feierte und vereinnahmte und Stauning in Cutaway und Zylinder beim Dejeuner in einem mondänen Hotel auftrat, waren sich die zwei Männer am nächsten. Im »Morten«-Roman nun hat Pelle, einst couragierter und charismatischer Streikgeneral, nahezu alle Individualität verloren und ist zum reinen Symbolträger degradiert worden. Morten begegnet ihm nach einer von der Polizei niedergeknüppelten Antikriegsdemonstration. Auf Mortens Vorhaltungen entgegnet Pelle, man müsse Ordnung halten und dazu eigne sich am besten die Bulldogge. Und weiter: »Komm doch lieber mit mir in die Bodega; wir genehmigen uns ein Glas Wein und einen Schwatz, aber keine Politik, daß du es weißt!«

Pelle gibt sich auch als Mann der Ordnung, als sich Morten für einen aus der Gewerkschaft ausgeschlossenen Arbeiter einsetzt: »Du bist kein Politiker, Morten, du wirst zu leicht weich ums Herz.« Schon im Vorwort betont Nexø den Gegensatz zwischen den zweckrationalen Sozialdemokraten und dem offenen und ehrlichen Kommunisten: »Pelle vertraute den Massen nicht, er glaubte, man dürfe ihnen nicht alles offenbaren, dafür seien sie nicht reif genug, abgesehen davon, daß man sich in die Karten gucken ließe. Morten hingegen wollte alle Macht und Verantwortung den Massen geben, er wollte die kleinen Leute teilhaben lassen.«

Der kalte Krieg zog herauf. Am 5. März 1946 beschwor Winston Churchill einen eisernen Vorhang, der sich über den Kontinent, von Stettin an der Ostsee bis nach Triest an der Adria, gesenkt habe und Europa in zwei Hälften teile. Die westlichen Länder forderte er auf, eine Front gegen den Sozialismus zu bilden. Daß der Kommunist Nexø einen Monat später erstmals in den Genuß der nicht mit dem Schriftstellerstipendium zu verwechselnden staatlichen »Ehrengabe« von 3600 Kronen gelangte, verdroß den konservativen Abgeordneten Oberstleutnant Carl Georg Bartholdy so sehr, daß er unter der Überschrift »Speichelleckerei oder – ?« in »Kristeligt Dagblad« die rhetorische Frage stellte, ob Nexø die Spucke wieder zurückgenommen habe, »die er über unser Vaterland spie, als er Dänemarks Staub von den Füßen schüttelte, um im verheißenen Sowjetrußland zu wohnen«. Kein anderer Schriftsteller des 20. Jahrhunderts habe sich so herabsetzend über Dänemark geäußert wie eben – Martin Andersen Nexø.

Ein weiteres Jahr verging, und die Sozialdemokraten gewannen neun der zwei Jahre zuvor an die Kommunisten verlorenen achtzehn Parlamentsmandate zurück. Ein sozialdemokratisches Minderheitskabinett unter Hans Hedtoft kam an die Macht. Wichtigstes politisches Thema wurde Dänemarks Stellung in der West-Ost-Auseinandersetzung. »Wir werden unser Land in keinen Block einbinden«, versprach Hedtoft im Januar 1948. »Wir sind Mitglied der Vereinten Nationen und werden unsere Pflicht als nordisches Land erfüllen.« Dann aber änderte sich die

Stimmung grundlegend. Am 25. Februar 1948 nutzten in der Tschechoslowakei die Kommunisten den Rücktritt bürgerlicher Minister zur Errichtung einer Alleinherrschaft. Presse, Rundfunk und Verwaltung wurden gleichgeschaltet. Der zunächst als Außenminister in der Regierung verbliebene parteilose Jan Masaryk wurde am 10. März tot unter dem Fenster seiner Dienstwohnung im Czernin-Palast aufgefunden. Ob sich der Sohn des Staatsgründers das Leben genommen hatte, ob Masaryk ermordet worden war, ist nie mit letzter Sicherheit aufgeklärt worden. Für den Westen jedenfalls war der Prager Fenstersturz ein Fanal. Im Folketing sprach Außenminister Gustav Rasmussen Worte des Gedenkens. Am selben Tag hielt Dänemarks Kommunistische Partei in Kopenhagen eine Großveranstaltung ab, auf der auch Nexø das Wort ergriff. Dem Verstorbenen sei es schwergefallen, die Balance zu halten, führte er aus. Seine Sympathien und seine Freunde hätten ihn westwärts gezogen, während ihm seine Ehrlichkeit gebot, dem Willen des Volkes zu folgen. Dieser Zwangslage habe er sich nur durch Selbstmord entziehen können. Nexø nutze den Auftritt vor dem zahlreichen Publikum zu einem kräftigen Seitenhieb gegen die »sozialdemokratischen Schleicher«, die sich den Interessen des Kapitals unterordneten und zugleich den Massen zulächelten.

Die Rede provozierte heftige Reaktionen. »Andersen Nexø verhöhnt Masaryk«, empörte sich die sozialdemokratische Presse, die in Nexøs Eitelkeit den Kern des Übels vermutete. Nach dem Erfolg von »Pelle« habe ihm »die herzlich-kameradschaftliche Anerkennung der demokratischen Sozialisten« nicht mehr genügt, argumentierte ihr Hauptstadt-Korrespondent. Deshalb habe er »die grenzenlose Anbetung« und den »fremdartigen Führerkult« der Kommunisten gesucht. In jenen Kreisen, »wo man für eine solche Größe Verwendung hat«, sei Nexø zum »Halbgott«

erhoben worden, in Wirklichkeit sei er ein »Dichter im Verfall«. Als der Schriftstellerverband in einer Resolution die Entwicklung in der Tschechoslowakei, namentlich die Einschränkung der Redefreiheit, beklagte, legte Nexø die noch junge Ehrenmitgliedschaft entrüstet nieder und trat aus dem Verband aus.

Jetzt veranlaßte ihn die sozialdemokratische Politik erst recht zu heftigen Ausbrüchen, was ein Holländer zu spüren bekam, der ihn Ende 1948 als sozialdemokratischen Parteigenossen ansprach. Nexø antwortete mit einem scharfen Offenen Brief, der in zahlreiche Sprachen übersetzt und sogar auf Esperanto veröffentlicht wurde. Als Sozialdemokrat tituliert zu werden, empfinde er als Beleidigung, ereiferte er sich. Gewiß, er sei es gewesen, als die Partei die Interessen der kleinen Leute vertrat, doch als sie sich verkaufte, sei er Kommunist geworden. »Aus Reinlichkeitsgefühl bin ich es, aus Anstandsgefühl. Und weil ich mich für die Entwicklung der Sozialdemokratie schäme.« Zunächst habe er davon geträumt, im Bruderzwist zu vermitteln, bald sei ihm aber klargeworden, daß die Spaltung der Arbeiterbewegung nicht in gegensätzlichen Anschauungen, sondern im moralischen Verfall der einen Partei gründe. Dänemarks sozialdemokratische Regierung folge den Direktiven des Marshallplans und schmälere den Lebensstandard der kleinen Leute, die sie mit Steuern belaste und in die Arbeitslosigkeit treibe. Sie führe das Land ins Mittelalter zurück, obwohl in der Sowjetunion eine Gesellschaft gedeihe, in der Taugenichtse froh seien, in Frieden ihre Arbeit verrichten zu dürfen, ohne andere Menschen auszubeuten. Doch die dänischen Sozialdemokraten überredeten ihre Landsleute, dieses Land zu bespucken.

Dänemarks Integration in die westliche Hemisphäre führte auch zu einer Neuorientierung der Sozialdemokratie, die die planwirtschaftlichen Versprechen ihres Nach-

kriegsprogramms ad acta legte. Was die Partei jetzt anstrebte, war ökonomisches Wachstum, Vollbeschäftigung,
soziale Sicherheit, die Demokratisierung der Arbeitswelt
und eine konjunkturregulierende Wirtschaftspolitik. Da es
der Regierung nicht gelang, ein skandinavisches Vertei-
digungsbündnis mit Norwegen und Schweden zu schmieden, trat Dänemark im April 1949, gegen die Stimmen der
Kommunisten und der Linksliberalen, der Nato bei. Auch
viele sozialdemokratische Wähler hatten gegen diese Entscheidung ihre Vorbehalte.

Rußland ruft

Zwei Monate später reiste Nexø auf Einladung des Sowjetischen Schriftstellerverbandes nach Rußland, um an den
Feiern zu Puschkins 150. Geburtstag teilzunehmen. Bei
der Ankunft auf dem Moskauer Flughafen erklärte er
einem Journalisten der Nachrichtenagentur Reuters, er
habe beim Eintreffen der Einladung zu seiner Frau gesagt:
»Unsere Mutter ruft uns, wir müssen kommen.« Auf dem
Puschkinfest im Bolschoi-Theater am 6. Juni sprach er von
dem größten »Glück« seines Lebens, »als eine Art Adop-
tivkind von diesem Volk angenommen worden zu sein, das
proletarisch ist und zugleich die Avantgarde der Menschheit darstellt und das den verlogenen westeuropäischen In-
dividualismus durch die Ehrung der Persönlichkeit ersetzt
hat«. Wie nirgends sonst auf der Welt werde in der Sowjetunion das Talent anerkannt. »Hier, im Sowjetland, verehrt
das Volk seine Dichter und die anderen großen Gestalten
und feiert sie in Dankbarkeit für ihr Wirken.«

Drei Tage später druckte die »Prawda« einen Artikel
über Puschkin, in dem Nexø – laut dem Durchschlag seines deutschen Manuskripts – bemerkte: »An Hand seiner

Dichter ist das russische Volk herangewachsen zu seiner jetzigen Groesse. Es lernte zwar nicht das in buergerlicher Auffassung allein seligmachende, lesen zu koennen, lernte aber dafuer im Gedaechtnis zu behalten – und zu denken. Die Lesefaehigkeit hat bis jetzt nicht die Daenkfaehigkeit der breiten Schichten Westeuropas befoerdert; mit einem Augiasstall gefuellt von buergerlichem Propagandamist und gefaelschten Ueberlieferungen sind ihre Vorstellungen oft zu vergleichen; es fordert eine Herkulesarbeit diesen geistigen Saustall wieder sauber zu machen.«

Nexøs Moskauer Ausfälle brachten, wie nicht anders zu erwarten, die dänische Presse in Wallung. »Der Saustall! Der sowjetische Schriftsteller dänischer Herkunft Andersen Nexø bejubelt die Sowjetunion als Kulturstaat Nr. 1 und charakterisiert die westlichen Länder, also auch Dänemark, als geistigen Saustall«, war etwa zu lesen. Verschiedene Zeitungen erinnerten daran, daß Nexø aus der Staatskasse eine Ehrengabe von jährlich mittlerweile 4800 Kronen bezog. Der konservative Abgeordnete Aksel Møller, der dem Finanzausschuß des Folketing angehörte, erklärte am 18. Juni 1949, eine Woche vor Nexøs achtzigstem Geburtstag, der Zeitung »BT«, der Dichter wäre gut beraten, auf die Ehrengabe zu verzichten. Am folgenden Tag ließ der Finanzausschuß verlauten, es bleibe Nexøs »Taktgefühl« überlassen, ob er die Zuwendung weiterhin akzeptieren wolle oder nicht. Er wollte.

Während Nexøs Treue zu dem Land, das ihm im Krieg Asyl gewährt hatte, unerschütterlich war, übte beispielsweise sein isländischer Kampfgefährte Halldór Laxness bereits 1952, vier Jahre vor Chrustschows Enthüllungen, in dem Wikingerroman »Die glücklichen Krieger« (»Gerpla«) implizite Kritik am Stalinismus. Eine Hauptrolle in diesem Roman spielt der norwegische Missionskönig Olaf Haraldsson (995–1030), der uns bereits 1919 begegnet ist, als sich Nexø auf dem 1. Kongreß der Sozialistischen Arbeiterpartei zur Revolution bekannte (Kap. 5). Damals zitierte er Olaf »den Heiligen«, von Laxness despektierlich »der Dicke« genannt, als Heilsbringer herbei und empfahl der Partei als Parole Verse aus Bjørnsons Gedichtzyklus »Arnljot Gelline«, in dem König Olaf ebenfalls prominent auftritt. Bjørnsons Olaf beantwortet die Frage der Bauern, wie jene sich verhalten müßten, die sich ihm anschließen wollten, mit den lapidaren Versen: »›Fallen vor Christi Angesicht, verlieren euer Gut und alle, die ihr habt lieb.‹ Die Bauern griffen zu den Waffen und folgten.«

Während Nexø den Gefolgschaftsdienst als Muster der revolutionären Parteiarbeit preist, schildert Laxness *seinen* Olaf als Mordbrenner, unter dessen Gewaltherrschaft die Bevölkerung leidet. In Laxness' Szenario spielt auch ein Dichter mit, der Olaf als Idol verehrt und Leib und Leben riskiert, um in seinen Dienst zu treten. Als er am Abend vor der Schlacht zu Olaf vorgelassen wird, offenbart sich ihm dieser als erbärmlicher Wicht. Laxness, der sich in den dreißiger Jahren genauso vorbehaltlos wie Nexø mit der Sowjetunion identifiziert und die Moskauer Schauprozesse gepriesen hatte, nutzte den fiktionalen Text zur Selbstkritik, während er gleichzeitig, Schulter an Schulter mit Nexø, im Weltfriedensrat kämpfte, der im Sinne der sowjetischen Politik agierte. Dieser Roman sei sein »tragischstes Buch«, bekannte er. »Ich habe es unter großen Schmerzen geschrieben. Die Parallelen sind offensichtlich. Wir wollen nie die Dichter und Helden vergessen, die sich in Stalins und Hitlers Spuren bewegten.«

Demgegenüber laufen Nexøs »Erinnerungsromane« auf fortgesetzte Bestätigung hinaus, als hätte er sich immerzu vergewissern müssen, den richtigen Weg gewählt zu haben. Er verharrte in der Position der gläubigen Verehrung des Missionskönigs. Die Entstehung der Sowjetunion hielt er für »das Grösste, das stattgefunden hat, jedenfalls in den vergangenen 2000 Jahren, vielleicht überhaupt« (an Walter A. Berendsohn, 11. 11. 1948). Zum erstenmal in der Menschheitsgeschichte seien »die elementarsten Gerechtigkeitsforderungen« verwirklicht worden (an Jørgen Bukdahl, 30. 10. 1948). Als Stalin starb, pries er den Diktator in der Berliner »Täglichen Rundschau« (10. 3. 1953), dem Organ der Sowjetischen Militäradministration, unter der Überschrift »Wir alle danken ihm!« als geistigen Erben Lenins, dessen Pläne er nicht nur verwirklicht, sondern auch bereichert habe. Nexø hatte sich entschieden, ohne Wenn und Aber, Zweifel ließ er nicht zu. Mit achtzig hatte er ohnehin ein Alter erreicht, in dem sich kaum einer mehr in Frage stellt.

Das Volksfest zu seinem 80. Geburtstag am 26. Juni 1949, das 50000 Männer und Frauen in den Kopenhagener Volkspark lockte, 20000 weniger als zu seinem 76. Geburtstag im Sommer der Befreiung, fiel auf einen kühlen Tag. Anders als 1945, als Nexø als Held des Widerstands und »Krieger im Purpur des Ostens« gefeiert wurde, waren diesmal keine dänischen Flaggen gehißt. Gewerkschaftsfahnen flatterten neben den Fahnen kommunistischer Parteisektionen. Eine Festschrift »von Freunden und Kampfgenossen« entbot die Grüße sozialistischer Prominenz, von Halldór Laxness, Pablo Picasso, Paul Eluard bis zu Johannes R. Becher, von Politikern wie Wilhelm Pieck und Otto Grotewohl bis zu Mátyás Rákosi, Hertha Kuusinen und anderen. Auf den ersten Seiten der Publikation prangte ein Huldigungsartikel Thomas Manns, der Nexø als »Dänemarks Stolz« und »ganz Europas moralisches Eigentum« pries, was der konservativen Kopenhagener Zeitung »Berlingske Tidende« die verblüffte Frage entlockte, ob der Autor der »Buddenbrooks« Kommunist geworden sei. Eine Absage erteilte den Herausgebern der

Sekretär des greisen George Bernard Shaw. Mr. Shaw, so ließ er wissen, habe von Nexø noch nie gehört und auch nichts von ihm gelesen. Geburtstage alter Männer belustigten die Gäste, machten den unglücklichen Opfern jedoch den Garaus. »Land og Folk« brachte gleich zwei Sondernummern heraus, und sogar der große Steuermann Mao Tse-tung war mit einem Glückwunschtelegramm an den »großen dänischen revolutionären Dichter und großen Vorkämpfer der Weltdemokratie und des Friedens« zur Stelle. Laut dem Mitorganisator Børge Houmann war die Feier ein »militanter Anlaß«, der nicht allein Nexø galt, sondern auch dem Kampf gegen die Nato. Die Zeitung »BT« verhöhnte die Veranstaltung in einem Leitartikel als »Fest im Saustall«.

Während im Friedenssommer 1945 der sozialdemokratische Oberbürgermeister H. P. Sørensen auf Nexøs Geburtstagsfeier vom Stolz der Kopenhagener auf den Sohn ihrer Stadt gesprochen hatte, ließ der Magistrat diesmal einen Empfang im Rathaus platzen. Zeit nahm sich der Oberbürgermeister jedoch für einen andern Gast. Drei Tage nach Nexøs Geburtstag berichtete »Politiken« von einem bevorstehenden »kleinen Kopenhagener Ereignis«. Ein Wiener Zirkusdirektor werde »in Begleitung seines fünf Tonnen schweren Elefanten Babi« auf der Rathaustreppe von Oberbürgermeister H. P. Sørensen empfangen.

Fluchtpunkt DDR

Auch im östlichen Teil Deutschlands, der zum Fluchtpunkt von Nexøs letzten Lebensjahren wurde, beschäftigten sich Spitzenpolitiker intensiv mit dem Geburtstag. Das im Januar 1949 eingesetzte Politbüro des Zentralkomitees der Sozialistischen Einheitspartei Deutschlands besprach das bevorstehende Ereignis auf einer Reihe von Sitzungen. Im Januar hatte der Parteivorstand der SED das Prinzip der Besetzung aller Gremien mit derselben Anzahl von Sozialdemokraten und Kommunisten aufgehoben, die SED sollte sich zu einer »Partei neuen Typs, zu einer marxistisch-leninistischen Kampfpartei« entwickeln, was ganz im Sinne Nexøs lag. Im Sommer 1948 war an der Parteihochschule der SED Stalins KPdSU-Geschichte zur Pflichtlektüre avanciert, auf deren Lehren die Vermittlung des Marxismus-Leninismus fortan gründen sollte.

Am 30. Mai 1949 nahm der Deutsche Volksrat den Entwurf einer Verfassung an. Vierzehn Tage später, am 14. Juni (SAPMO-Barch, DY 30/IV/2/2/27), genehmigte das Politbüro zu Nexøs Geburtstag einen Empfang »mit etwa 140 Personen«. Das Politbüro beauftragte seine Mitglieder bzw. Kandidaten Lehmann, Ackermann, Steinhoff und Wandel, als Geburtstagsgeschenk ein Gemälde zu kaufen, und nahm sodann Kenntnis vom Programm. Die vorgesehene Festmusik, Beethovens Fünfte Symphonie, wurde durch Tschaikowskis Ouvertüre »1812« ersetzt, was nicht überrascht, wenn man bedenkt, daß die Fünfte mit jenem berühmten ta-ta-ta-taa beginnt, dem Kriegssignet der inzwischen als Feindsender betrachteten BBC, während in Tschaikowskis, von Napoleons gescheitertem Rußland-Feldzug inspirierter Komposition die Marseillaise vom Kanonendonner niedergerungen wird. Der Empfang für Nexø fand am 17. Juli im Festsaal der Deutschen Wirtschaftskommission statt. Die Gästeliste wurde angeführt von den beiden Vorsitzenden der SED, Wilhelm Pieck und Otto Grotewohl, dem Stadtkommandanten von Berlin, Generalmajor Alexander Kotikow, und den prominenten Exilrückkehrern Anna Seghers, Johannes R. Becher und Arnold Zweig.

Das Politbüro beschloß am 26. Juli, Nexøs Dankesschreiben an Grotewohl und Pieck im »Neuen Deutschland« (31. 7.) zu veröffentlichen (SAPMO-Barch, DY 30/IV 2/2/35). Von nirgendwo seien so viele Glückwünsche eingetroffen wie aus dem fortschrittlichen Deutschland, schwärmt der Jubilar, namentlich von Schulen und Betrieben. »Und all diese Liebe und Wärme, weil ich für das selbstverständliche Recht der breiten Schichten eingetreten bin, weil ich von dem deutschen Volk gesagt habe, was jeder denkende Mensch eigentlich sich selbst sagen müßte: alle Völker besitzen gute und weniger gute Eigenschaften, und die weniger guten Eigenschaften herrschen in gewissen Perioden vor«, besonders wenn »Gangster aus Eigensucht die Führung an sich gerissen haben«.

Nie habe »das einfache Volk« die Gelegenheit gehabt, »seine wirklich guten Eigenschaften zu zeigen«, weil es sich immer für die elementarsten Ansprüche habe schlagen müssen. Mit dem »einfachen Volk« spielte Nexø auf die noch nicht klassenbewußten Besitzlosen an, »den Menschen selbst«, wie es im Vorwort zu »Pelle« heißt, der sich, »nackt, ausgerüstet nur mit Gesundheit und Appetit«, zum Dienst des Lebens melde. »Es mußte eine neue Zeit kommen, wo alles, was erforderlich war, damit sie Anteil haben konnten – Herzensgüte, Solidarität – siegte«, hatte er im »Pelle«-Roman prophezeit. War diese Zeit jetzt im Anzug? Erst »seit der Oktoberrevolution« – schreibt Nexø an Pieck und Grotewohl – »haben ständig wachsende Teile der Menschheit ihre wirklich guten Eigenschaften zeigen können«. Und dann gibt er eine kurze Definition dessen, was er als gut versteht, die der Redakteur des »Neuen Deutschland« als Überschrift für den Brief wählte: »Gut ist, was progressiv ist, was die Entwicklung fördert«. Das deutsche Volk müsse man »liebgewinnen und an seine Zukunft glauben, wenn man sieht, wie es unter den richtigen Bedingungen, wie bei euch in der Ostzone, vorwärtsgeht«.

Nexø bekräftigt in dem Brief sein Bekenntnis zum »neuen Menschen«, das er 1920 in dem Essay »Kommunistischer Geist« abgelegt hatte. Wie sich in einem gesunden Organismus kein Organ auf Kosten eines anderen ausbreite, hatte er damals erklärt, so unterwerfe sich in der kommunistischen Gesellschaft der einzelne selbstlos dem Ganzen und leiste für dessen Unterhalt den ihm zumutbaren Beitrag, wofür er seinen Bedürfnissen entsprechend unterhalten werde. Nexøs »neuer Mensch« hatte Grundtvigsche Wurzeln. »Der Gottesgedanke« – hatte er in den »Erinnerungen« bemerkt – beginne dort, »wo der Mensch anfängt, sich mit Gott die Verantwortung zu teilen«. Von da aus war der Schritt zum Sozialismus nicht mehr weit: »Heute nehmen wir das Ganze auf uns. Der neue Mensch beginnt hier!«

Erkennbar wird einmal mehr Nexøs vorbehaltlose Identifikation mit der Partei, wenn er Pieck und Grotewohl ergeben erklärt, er sei »stolz und froh über Eure Freundschaft und Liebe, weil Ihr an der Spitze der menschlichsten Bewegung vor allen anderen Bewegungen steht, der Bewegung, die diese Kräfte leitet und gut leitet, sichtbar leitet, weil Ihr und Eure Partei das irregeführte und desorganisierte deutsche Volk den Weg in eine friedliche, arbeitsfrohe Zukunft führt [...]«. Nexøs abstraktes Aufbau-Pathos erhob die Menschen über ihre entbehrungsreiche Gegenwart und gab ihnen den Glauben an die Zukunft zurück, an Frieden und Fortschritt – eine affektive Beschwörung, die das Seelenvakuum der verlorenen Volksgemeinschaft ausfüllte.

Später reiste Nexø nach Greifswald, um dort die Ehrendoktorwürde der Universität und den Ehrenbürgerbrief der Stadt in Empfang zu nehmen. Die Auszeichnung ging auf die Anregung des Politbüros vom 8. März 1949 zurück, wonach Schritte einzuleiten seien, um Andersen

Nexö anläßlich seines 80. Geburtstags den Ehrendoktor einer deutschen Universität zu verleihen (SAPMO-Barch DY 30/IV/2/2/8). Im September begab er sich, erschöpft und erledigt, zur Kur nach Bad Elster ins Erzgebirge. Einen Monat später schrieb er an Børge Houmann, er habe noch keinen Fuß vor die Tür gesetzt: »Meine Beine weigern sich, mich zu tragen, die Nächte habe ich im Bett und die Tage auf dem Diwan zugebracht. Nur gestern wurde es so weit besser mit der Lähmung und dem Ischias, daß ich auf den Rathausbalkon hinauskonnte und einige Worte aus Anlaß des großen Tages sagte.« (14. 10. 1949) Mit dem großen Tag meinte er den 7. Oktober, die Gründung der Deutschen Demokratischen Republik, für Nexø der Auftakt der eigentlichen und endgültigen deutschen Revolution. In Bad Elster empfing er den sächsischen Ministerpräsidenten Max Seydewitz, der ihn mit seiner Familie nach Dresden einlud, wo er es im Gästehaus der Regierung so gut hat, wie es »mein Herz nur begehren kann«. Nexø war fest davon überzeugt, daß in der DDR eine Gesellschaft im Entstehen war, in der der Unterklasse endlich Gerechtigkeit widerfuhr.

Wichtig war für ihn zunächst die Befriedigung der materiellen Bedürfnisse. Deshalb ermahnte er im November 1949 in einer seiner wenigen kritischen Stellungnahmen den »Kulturbund zur demokratischen Erneuerung Deutschlands«, ein entschiedeneres Interesse für die Fragen des Magens zu bekunden. Nur wenn die Preise in den Lebensmittelläden gesenkt und die Rationen größer würden, begriffen die Menschen, daß sich die Gesellschaft in ihrem Sinne entwickele. Allerdings, so sagte er mit kritischem Unterton, erblicke er im Saal statt Gewerkschaftsabordnungen viele Doktoren. Er selber sei jetzt auch ein Doktor, was ihn nur wenig beeindrucke. Dem Arbeiter-und-Bauern-Staat empfahl er, Freunde nicht mit Doktorhüten, sondern mit dem noch zu schaffenden Titel »Sohn des Volkes« zu ehren, den zu tragen ihm Vergnügen bereiten würde.

Nexø bereiste das Land, hielt Vorträge und lebte auf. »Wenn du wüßtest, wie die Menschen mich hier in den befreiten Ländern mögen und welche Forderungen sie an mich als Autor stellen, so verständest du mich. Sie bombardieren mich förmlich mit Vertauenserklärungen und Einladungen«, schreibt er an einen Freund in Dänemark (an K. K. Nicolaisen, 2. 1. 1950). Die Menschen in der DDR, ihre Unternehmungslust, ihre Opferbereitschaft, ihre Kreativität und ihr Interesse für Frieden und Fortschritt imponierten ihm. »Es ist ein Vergnügen, mit den Menschen hier zu reden.« Und weiter: »Als ich 1947 zum ersten Mal durch dieses Deutschland fuhr, waren die Menschen auf der Straße, sie waren unterwegs und auf der Suche. Heute hat jeder seinen bestimmten Bezirk gefunden, jeder ist nach dem neuen Gesetz angetreten und tut an seinem Platz, was er eben kann. Ich sprach zu den Arbeitern in Böhlen, in der Maxhütte, bei der Zellwolle Schwarza und im Elektromotorenwerk Wernigerode, um nur einige der großen Betriebe zu nennen. Ich kann nur sagen: die demokratische Ordnung hat gesiegt. Sie ist da und wird sich weiter durchsetzen!« In Kinder- und Altenheimen, in Schulen und Fabriken hielt er Vorträge über sich selbst, das neue Deutschland, die Zukunft. Wie einst im jungen Sowjetrußland wurden Kinderheime und zahlreiche Betriebe nach ihm benannt. Trotz seiner Skepsis gegenüber akademischen Ehrungen ließ er sich einen zweiten Ehrendoktorhut aufsetzen, diesmal von der Leipziger Universität.

Zwei Monate nach der Verleihung der Ehrendoktorwürde wurde er in Ungarn, Rumänien und Bulgarien als »der große Dichter des Proletariats« empfangen, worauf er seinerseits mit Lob nicht geizte: »Wir brauchen dringend das Beispiel eines so freien Landes wie Ungarn.« Die Reise in den Osten bot dänischen Provinzblättern den Anlaß zu einem makabren Nachruf. Unter der Überschrift »Todesfall« wurde bekanntgegeben, der Schriftsteller Martin Andersen Nexø sei geistig gestorben. Übriggeblieben sei »ein seniler Alter«, ein »Greis, der in geistesverwirrtem Zustand in östlichen Regionen umherirrt und behauptet, er sei der große Martin Andersen Nexø«.

Die Fronten waren verhärtet, die Sprache unerbittlich. Polemiken und Invektiven, die an die Stelle sachlicher Auseinandersetzung traten, flogen hin und her. Argumentiert wurde wenig. In der dänischen Öffentlichkeit war Nexø längst zur Unperson geworden. So fehlte sein Name sowohl auf einer Liste von zehn Autoren, die das Außenministerium zur Übersetzung empfahl, als auch in einem Dänemark-Handbuch für Ausländer aus dem Hause »Politiken«. Er vermochte die Angriffe nicht wegzustecken, es fiel ihm schwer, mit dem Gefühl, in der Heimat nicht geliebt zu werden, zurechtzukommen. Man wolle ihn aus Dänemark wegekeln, klagte er seiner schwedischen Verlegerin. In den kapitalistischen Ländern lasse der Verkauf seiner Werke nach, während seine Titel in der DDR seit Kriegsende die stolze Gesamtauflage von 700000 Exemplaren erreicht hätten und in Polen allein von »Morten der Rote« 150000 Exemplare abgesetzt worden seien. Im Stockholmer Kriegsexil hatte er die deutschen Rechte an einigen seiner Bücher gegen einen Vorschuß von 10000 Kronen an den Bermann-Fischer Verlag veräußert. Als Bermann-Fischer nach dem Krieg mit der Herausgabe zögerte, konnte Nexø die Rechte wieder zurückerwerben und sie dem Ostberliner Dietz-Verlag unter seinem Leiter Fritz Schälicke anvertrauen, »der sich danach sehnt, meine Bücher herauszugeben« (an Walter A. Berendsohn, 30. 8. 1947).

Im Sommer 1951 verließ er Dänemark und mietete ein Haus in Radebeul bei Dresden. Der Plan, in die DDR umzuziehen, hatte ihn seit einiger Zeit beschäftigt. An Michail Apletin, den stellvertretenden Vorsitzenden der Auslandskommission des Sowjetischen Schriftstellerbandes, schrieb er: »Wir haben einen guten Winter gehabt, waren einen Monat zur Kur in Karlovy Vary (Karlsbad) im sowjetischen Sanatorium und wohnten sonst in Weisser Hirsch oberhalb Dresden. Zwei Winter hinter einander haben wir dort verbracht, und der Aufenthalt hat uns derart gut bekommen, daß wir uns entschlossen haben, nach dort im Herbst zu übersiedeln und nur die drei Sommermonate in Dänemark zu verbringen. Ich kann die neun [übrigen] Monate des Jahres das Klima hier nicht vertragen, bin ständig erkältet und von Gicht geplagt, so daß ich zu keiner Arbeit komme.«

Der Umzug wurde auf den 14. August 1951 festgelegt, und das Politbüro beauftragte die Staatliche Kunstkommission, den prominenten Zuwanderer offiziell zu begrüßen und sich um ihn zu bemühen (SAPMO-Barch, DY 30/IV 2/21/156). Erneut flammte in Dänemark die Polemik auf. »Social-Demokraten« titulierte ihn spöttisch Andersen Radebeul. »Endlich frei!« überschrieb »Politiken« eine Karikatur, die den Umsiedler mit verzerrten Gesichtszügen zeigt, während Friedenstauben ihm Körner von der Hand picken und im Hintergrund bewaffnete Uniformierte vor Gitterzäunen patrouillieren. Nexø, der die zwanziger Jahre am Bodensee verbracht hatte, war neugierig auf das Leben in Deutschland unter den neuen Verhältnissen. Im Juni 1951 gab das Zentralkomitee der SED die Devise »Von den Sowjetmenschen lernen heißt siegen lernen« aus, und ein Jahr später verkündete die 2. Parteikonferenz der SED die Parole vom beschleunigten »Aufbau des Sozialismus«, die den Ausbau der Schwerindustrie forcierte und zu einer Verknappung des Warenangebots führte.

Schon zwei Monate nach dem Umzug nach Radebeul, im Oktober 1951, empfing Nexø in der Berliner Staatsoper aus der Hand des Präsidenten der DDR, Wilhelm Pieck, gemeinsam mit Bertolt Brecht, Anna Seghers u. a. den Nationalpreis der Republik I. Klasse, die höchste Auszeichnung der DDR auf dem Gebiet der Kunst und Literatur. In einem Brief an Pieck, den das »Neue Deutschland« veröffentlichte, bedankte er sich: »Wenn man ein langes Leben hindurch für das schlichte Volk gekämpft hat und von oben immer Undank dafür einheimste, ist es schön im hohen Alter in einem Lande zu kommen, wo nicht nur die kleinen Leute die Arbeit schätzt, die man hinter sich hat, aber wo die hohe Leitung derselbe Meinung ist, wo Volk und Regierung eine Seele sind.« Zwei Jahre später beantwortete er der »Jungen Welt« die Frage, ob er Pieck (den er als Emigrant in Moskau getroffen hatte) persönlich kenne: »Ja, so wie ich Lenin kannte – aus seiner Tätigkeit!« Er habe Pieck »einmal ganz kurz die Hand gedrückt, aber es genügte, um zu fühlen, daß seine Natur wüchsig war wie die Eiche. Ihr wißt, daß die Eiche später als alle anderen Bäume ausspringt, damit die Pflanzen unter ihr Licht und Luft kriegen und gedeihen können.«

Streit ohne Ende

Ein weiteres Mal stellte die konservative Presse Dänemarks die staatliche »Ehrengabe« in Frage. Anfang 1952 erklärte Nexø der Ostberliner »Täglichen Rundschau«, nach Dänemark könne er nur zurückkehren, falls sich die dortigen Verhältnisse verbesserten. Über dem Land liege ein dicker Nebel, der ihn an das Zeitalter der Pest denken lasse. Das Dresdener Klima behage ihm. Wo für die Zukunft der Menschheit gekämpft werde, fühle er sich zu Hause. Dort wolle er seinen Lebensabend verbringen.

Das große Haus in Holte, das Nexø vor dem Umzug veräußert hatte, wurde jetzt von einem Freundeskreis zurückgekauft. An Nexøs 83. Geburtstag wurde der »Martin Andersen Nexø Fonds« ins Leben gerufen, dessen Zweck die Erhaltung des Hauses war. Der Fonds wurde durch Beiträge von Gewerkschaften und linken Organisationen gespeist, vergab Legate, förderte junge Künstler und verlieh auch einen Andersen-Nexø-Preis, den z. B. Laxness 1955 erhielt, im selben Jahr wie den Nobelpreis. Dieser Fonds, der als Antwort auf die unablässigen Debatten um Nexøs »Ehrengabe« verstanden werden konnte, bedeutete für manchen etablierten Politiker eine Herausforderung. Ein Wort von hoher Warte schien also angezeigt. Der sozialdemokratische Finanzminister H. C. Hansen ging in einer Rede, in der er Dänemarks Beitritt zur Nato rechtfertigte und die Volksdemokratien als »echte Diktaturen« angriff, auch auf den Fall Nexø ein: »Regelmäßig«, so ärgerte er sich, »besudelt er Dänemark im östlichen Ausland mit bewußten Übertreibungen und Verdrehungen.« Einem sowjetischen Literaturlexikon habe er gar erklärt, er sei aus Dänemark vertrieben worden. »Wir zucken mit den Schultern und fragen uns, ob das kommunistisches Pflichtgefühl ist oder Senilität.« Mit dem Nexø-Preis wolle man den alten Mann, »nach den Schrammen der jüngsten Zeit, ein wenig aufpolieren. Feine Leute – auch einige meiner Parteigenossen – bilden ein feines Komitee, das diesen Preis vergibt. Ein anderes Komitee wird Nexøs Haus in eine Ehrenwohnung und ein Museum verwandeln. Ein feines Komitee ist das. Und man greift sich an den Kopf und fragt, ob gescheite Leute mit Universitätsausbildung wirklich so beschränkt sein können, daß sie den

Unterschied zwischen Ehrlichkeit und Schieberei nicht kennen. Ob sie sich wirklich für jede Nummer der Kommunisten zur Verfügung halten müssen? Ob ihnen der Unterschied zwischen Toleranz und demütiger Unterwerfung wirklich nicht bekannt ist? [...] Wo Toleranz zum Kratzfuß vor dem Feind der Freiheit wird, verwandelt sie sich in Dummheit. Der Freiheit gegenüber – den Grundrechten, die sie uns gibt – dürfen wir uns nicht gleichgültig verhalten.«

Nexø, der ein Leben lang in der politischen Opposition agitiert hatte, war in ein Land gezogen, in dem eine politische Opposition nicht vorgesehen war. In der DDR wurde er als Dichter und Anwalt der Arbeiterklasse und des Friedens zur Institution. Schon als er noch in Dänemark wohnte, lud ihn der Rat der Stadt Leipzig ein, zu Goethes 200. Geburtstag eine Ansprache zu halten. Er sagte »mit großer Freude« zu, mußte dann aber aus gesundheitlichen Gründen verzichten, während Thomas Mann zur Goethe-Feier in Weimar willkommen geheißen wurde. Nexø hatte im August 1948 in Wrocław (Breslau) am »Weltkongreß der Intellektuellen für den Frieden« zusammen mit 500 »Geistesschaffenden«, darunter Picasso, Léger und Eluard, teilgenommen. Es war ein Kongreß der Polarisierung mit Alexander Fadejews Generalangriff auf die westliche Kultur, insbesondre die »Schreibtischhyäne« Sartre. Nexø hatte in seiner Ansprache den Kollegen empfohlen, sich mehr mit den Problemen der Arbeiter statt mit jenen der Intelligenzler zu beschäftigen. Er gehörte dem vom Kongreß eingesetzten Komitee zur Verteidigung der Kulturen an, aus dem zwei Jahre später der Weltfriedensrat hervorging.

Anfang 1952 zog Nexø mit seiner Familie von Radebeul auf den Weißen Hirsch, eine Villengegend bei Dresden, um: »Hier hab' ich es sehr gut. Essen und anderes ist reichlich vorhanden, und die Miete ist billig. Die Villa, in der ich wohne, liegt auf der Bergseite oberhalb von Dresden; sie liegt nach Süden, hat viel Sonne und Aussicht über die Elbe und das Hochland auf der gegenüberliegenden Seite.« (An Georg Hansen, 4. 4. 1952) Ein Jahr später, am 10. Mai 1953, ernannte ihn die Stadt Dresden zu ihrem Ehrenbürger. Ein Platz im Zentrum erhielt seinen Namen, das Haus auf dem Weißen Hirsch wurde ihm als Ehrenwohnung auf Lebenszeit überlassen.

In Dresden hatte Nexø auch ein Nachleben. Von 1959 bis 1989 verlieh der Rat der Stadt alljährlich an Nexøs Geburtstag, dem 26. Juni, an Dresdner Kulturschaffende den »Martin-Andersen-Nexö-Kunstpreis«. Im November 1954, einige Monate nach seinem Tod, erhielt die Oberschule in Blasewitz seinen Namen, was 1991 wieder aufgehoben wurde, bis zehn Jahre später, im Juni 2001, die Rückbenennung in »Martin-Andersen-Nexö-Gymnasium Dresden-Blasewitz« erfolgte. Seit 1960 steht vor der Schule ein von Rudolf Löhner geschaffenes Denkmal. Noch heute trägt in Dresden-Räcknitz eine Straße Nexøs Namen.

Dresden hatte für Nexø seit je einen besonderen Klang, hatte doch der Dresdner Kleinverlag Moewig & Höffner vor einem halben Jahrhundert als erster den Mut gehabt, eines seiner Bücher übersetzen zu lassen. Das Honorar hatte er damals, wir erinnern uns, persönlich abgeholt. Dresden war auch Thema seines ersten Deutschland-Artikels. Gerade fünfzehn Eisenbahnstunden von Kopenhagen war die Stadt entfernt und doch – wie anders. »Und früh am Morgen, wenn die Straßenreiniger die Schläuche an allen Hydranten anschließen, um die Straßen sauber und frisch zu spülen, fallen einem Höker Hansen und Kneipenwirt Svendsen daheim ein, man sieht sie mit einer Wasserkanne in der Hand aus ihren Kellerlöchern auftauchen; sie bespritzen den Bürgersteig so vorsichtig, als wäre es Weihwasser« (»Politiken«, 7. 9. 1902).

In seiner Dresdner Dankesrede bekannte der frischgebackene Ehrenbürger, daß er sich in Dänemark in der Zwischenkriegszeit wie ein Verfolgter, ein Emigrant im eigenen Land gefühlt habe und mehrmals den Wohnsitz wechseln mußte. Jetzt, als alter Mann, habe er nicht mehr die Kraft, um gegen die 300 Zeitungen zu kämpfen, die ihm wie ein Rudel Hunde ständig um die Beine strichen. Als er sich in Dresden niederließ, sei er in sein eigentliches Vaterland gezogen. Er sei im »verheißenen Land« angekommen.

Martin Andersen Nexø starb am Abend des 1. Juni 1954. Sein Leichnam wurde in der Halle des Rathauses aufgebahrt, die drei Wochen später mit einem Fest zu seinem 85. Geburtstag hätte eingeweiht werden sollen. Der Chef der dänischen KP Aksel Larsen und fünf Vertreter des Zentralkomitees der SED hielten die erste Ehrenwache. An der Gedenkveranstaltung am 4. Juni im Großen Haus des Dresdener Stadttheaters sprachen das Politbüromitglied Heinrich Rau, Aksel Larsen, der Schriftsteller Willi Bredel und Dresdens Oberbürgermeister Walter Weidauer, den Nexø in den dreißiger Jahren als Dänemark-Emigranten kennengelernt hatte. Die DDR ehrte den Verstorbenen mit einer Briefmarke. Einige Jahre vor seinem Tod soll er, so Henrik Yde, von sowjetischer Seite das Angebot einer Bestattung an der Kreml-Mauer erhalten haben, wofür sein Biograph Børge Houmann allerdings keinen Nachweis finden konnte. Doch Nexø wollte nicht in Moskau, er wollte in dänischer Erde bestattet sein. Eine Ehrenkompanie der Volkspolizei eskortierte den Sarg zum Bahnhof.

Dänemarks Kommunistische Partei richtete in Kopenhagens größtem Lokal die Gedenkfeier aus. An der Bahre trauerten Diplomaten der kommunistischen Länder und Mexikos. Der dänische Staat war nicht vertreten. Der Reden waren viele. Die konservative »Berlingske Tidende« atmete auf, weil Nexø »für uns nicht ein so schwieriges Problem wurde wie für die Norweger Knut Hamsun«, der als bedeutendster Schriftsteller des Landes im Krieg die deutschen Okkupanten unterstützt hatte. Die sozialdemokratische Presse schrieb über den großen Dichter, der zum Propagandisten wurde. Der Schriftsteller Tom Kristensen betrachtete ihn in der Nachfolge Gorkis: »Wir stehen vor der eigenartigen Tatsache, daß niemand vor Maxim Gorki und Martin Andersen Nexø die Welt der Besitzlosen ausgemessen und uns so eindringlich vom ›blühenden Geist‹ des kleinen Mannes und der Solidarität des Stadtproletariats erzählt hat, obwohl über die Armut so lange geschrieben wird, wie es Literatur gibt. Eine ganz andere Sache ist es, ob die Politik, für die sich beide entschieden, den ›blühenden Geist‹ bewahren wird.«

Nexøs Grab schmückt ein Block aus Bornholmer Granit.

Anhang

Zeittafel

1869	26. Juni: Martin Andersen wird im Kopenhagener Arbeiterviertel Christianshavn als viertes von elf Kindern des Steinhauers Hans Jørgen Andersen geboren. Die Mutter, Mathilde Andersen, hat deutsche Vorfahren.
1871	Die Familie zieht in eine Sozialwohnung des Ärztevereins im Stadtteil Østerbro.
1877	Die Andersens übersiedeln nach Bornholm, woher Martins Vater stammt. Dieser findet Arbeit in einem Steinbruch im Fischerort Neksø.
1878	Der Vater beginnt mit dem Bau eines eigenen Hauses, das die Familie 1882 bezieht. Martin hilft beim Hausbau, er arbeitet im Steinbruch und als Hütejunge.
1883	Konfirmation, danach Anstellung als Dienstmann auf einem Bauernhof.
1884–1889	Nach einer Schuhmacherlehre in Rønne, die er erfolgreich abschließt, schlägt er sich mit Gelegenheitsarbeiten durch.
1889–1891	besucht er als Internatsschüler die Winterkurse der Bornholmer Volkshochschule. In den Sommermonaten arbeitet er, u. a. als Handlanger beim Bau der Kirche im bornholmischen Østermarie.
1891–1893	Besuch der traditionsreichen Volkshochschule in Askov an der Grenze zu Deutschland. Im Winter 1892/93 wohnt er bei der Dichterwitwe Mathilde Molbech im Haus »Spatzennest«.
1893/94	Ab Mai unterrichtet Martin Andersen an einer Privatschule in Odense. Als erste literarische Arbeit wird am 10. Juli die Skizze »St. Hansabend auf Bornholm«, gezeichnet H. Andersen, in der Provinzzeitung »Fyns Tidende« veröffentlicht. Nach dem Ausbruch einer Tuberkulose erholt er sich bei Frau Molbech.
1894	Juli–September: Erste Veröffentlichung unter dem Schriftstellernamen Martin Andersen Nexø: Die fiktiven Reisebriefe »Nach und in Australien!« erscheinen in »Illustreret Familieblad« in Kristiania.

1894–1896 Nexø bricht zu seiner ersten Reise nach Italien und Spanien auf. Seine Reisebriefe erscheinen u. a. in »Bornholms Tidende«.

1896/97 Lehrerstellvertretung an der Volkshochschule in Mellerup. Er verliebt sich in die fünfzehneinhalbjährige Bauerntochter Margrethe Thomsen.

1897/98 Absolviert einen staatlichen Lehrerkurs in Kopenhagen.

1898 5. August: Nexø heiratet die 17jährige schwangere Margrethe. Der Ehe entstammen zwei Töchter, Anna und Mathilde. Unter dem Titel »Schatten« erscheint in einem Kleinverlag sein erstes Buch, ein Erzählungsband.

1898-1901 Unterrichtet an Gregersens Realschule in Kopenhagen, nachts schreibt er Romane.

1899 Der Roman »Sühne« erscheint.

1900 Der Roman »Eine Mutter« und ein weiterer Erzählungsband werden veröffentlicht.

1901 Nexø entschließt sich, den Lehrerberuf aufzugeben und künftig als »freier Schriftsteller« zu leben. Der Roman »Familie Frank« erscheint. Gleichzeitig schreibt Nexø als »freier Mitarbeiter« für die Zeitung »København« und für »Politiken«, das bevorzugte Blatt der kritischen Intelligenz.

1902 Der Roman »Überfluß« liegt vor.

1902/03 Nexø fährt zum zweitenmal nach Italien und Spanien. Seine Beobachtungen und Erfahrungen dokumentiert er in dem Reisebuch »Sonnentage« (1903). Der Verlag Moewig & Höffner in Dresden veröffentlicht mit dem Roman »Sühne« zum erstenmal die deutsche Übersetzung eines Nexøschen Werkes.

1904 Nexø erwirbt das Landhaus »Morgenröte« in Espergærde und nimmt seine Mutter in den Haushalt auf. Hier schreibt er den Arbeiterroman »Pelle der Eroberer«, sein Hauptwerk, das 1906–1910 im Kopenhagener Gyldendal-Verlag in vier Bänden erscheint: »Kindheit«, Lehrjahre«, »Der große Kampf« und »Die Morgenröte«.

1910 2. Dezember: Nexø reist nach Berlin, wo er Kontakte im sozialdemokratischen Milieu knüpft.

1911 Ab 3. Januar 1911 erscheint »Pelle« als Fortsetzungsroman im sozialdemokratischen Zentralorgan »Vorwärts« und danach in zahlreichen sozialdemokratischen Provinzblättern. Ab Sommer wird der Roman auch im Feuilleton des Kopenhagener »Social-Demokraten« gedruckt. Nexø tritt der Sozialdemokratischen Partei Dänemarks bei, der er bis 1918 angehört.

1912	Januar: Als Sonderkorrespondent berichtet er für »Social-Demokraten« aus Berlin von den Reichstagswahlen. Die deutsche Buchausgabe des »Pelle« erscheint im Insel-Verlag. 14. November: Nexø verläßt die Villa »Morgenröte« und mietet eine Wohnung. Die Ehe mit Margrethe Thomsen wird geschieden.
1913	6. Juli: Nexø erklärt in einer Rede auf einem Volksfest: »Der Parlamentarismus hat gegenüber der Arbeiterbewegung versagt.« 29. November: Nexø heiratet Margrethe Frydenlund Hansen, eine selbstbewußte Frau, die ein Lehrerinnenseminar absolviert hatte; aus der Ehe gehen fünf Kinder hervor: Storm, Inge, Morten, Rolf, Oluf.
1914	Der Ausbruch des Ersten Weltkriegs zerstört den Traum von der internationalen Arbeitersolidarität. Nexø gesteht, die »Macht des Sozialismus überschätzt« zu haben. Dänemark ist neutral. Einige Wochen nach Kriegsbeginn beziehen Nexø und seine zweite Frau die Villa »Morgenröte«. Auch die Mutter lebt wieder mit im gemeinsamen Haushalt.
1914/15	wird der »Pelle«-Roman, dessen teure Originalausgabe sich nur schleppend verkauft, von einem Außenseiterverlag in einer Billigausgabe und einer Auflage von 70 000 Exemplaren zum Bestseller gemacht. Nexø tritt als Kompagnon in die Klavierfabrik des Genossen Andreas Christensen ein.
1915	Nexø wird Vizepräsident des Dänischen Schriftstellerverbandes.
1917	Februar / März: Nexø reist erneut für »Social-Demokraten« nach Deutschland. Den »Burgfrieden« der SPD mit Kaiser, Militär und Kapital bewertet er positiv; eine Spaltung der Partei sei nicht zu befürchten. August: Rückzug aus dem Vorstand des Schriftstellerverbandes, da sein Versuch, die Verbandsarbeit vor allem auf die ökonomischen Interessen der Mitglieder auszurichten, scheitert. Etwas später tritt er aus dem Verband aus. 20. November: Der erste Band des Romans »Ditte Menschenkind« wird ausgeliefert, dessen fünfter und letzter Band 1921 erscheint. Dezember 1917: Nexø begibt sich, ohne Familie, für vier Monate nach Deutschland: »lebe überhaupt, als ob ich zwanzig wäre«.
1918	5. Juni: Ansprache auf dem Grundgesetzfest der Sozialdemokraten von Hillerød: »Die Völker haben in unserem demokratischen Zeitalter keinen größeren Einfluß.«

| 1918 | November: Bruch mit der Sozialdemokratie: »Den Geist des Kompromisses habe ich nie begriffen.«
12. Dezember: Bekenntnis zur Revolution auf einer Veranstaltung der Sozialistischen Arbeiterpartei Dänemarks: »Wenn die Sklaven nicht mehr Sklaven sein wollen, dann stimmen sie darüber nicht ab, sondern sprengen ihre Sklavenfesseln!« |
|------|------|
| 1919 | 26.–28. Januar: 1. Kongreß der Sozialistischen Arbeiterpartei, den Nexø als Parteiloser betritt und als Mitglied der Parteileitung verläßt.
Februar: Vierwöchige Vortragstournee für die Partei.
Juni: Nexøs 50. Geburtstag findet wenig Beachtung.
Für den sowjetischen Spitzendiplomaten Maxim Litwinow, der im November zu Gesprächen mit einem englischen Parlamentarier in Kopenhagen eintrifft, mietet Nexø ein Haus in Espergærde. Er spricht sich gegen die Beteiligung der Sozialistischen Arbeiterpartei an den Parlamentswahlen aus. Des endlosen Streites zwischen den revolutionären Gruppierungen müde, reist er nach Bayern, wo er sich vor allem in Herrsching am Ammersee bis April 1920 aufhält. |
| 1920 | Der Essay »Kommunistischer Geist« erscheint im Mitteilungsblatt des dänischen Kommunistischen Lehrerclubs. |
| 1921 | Nexø wird die Einreise nach Deutschland verweigert.
Oktober: Das Einreiseverbot wird auf Initiative von Rudolf Breitscheid und Walther Rathenau aufgehoben. Nexø wird von der deutschen Verfassungsschutzbehörde observiert. Dezember: Der Präsident des kurz zuvor gegründeten internationalen PEN-Clubs, John Galsworthy, trägt ihm die Mitgliedschaft an. |
| 1922 | 12. August–22. Dezember: Erste, fünfmonatige Reise nach Sowjetrußland. Nexø und George Grosz, sein Begleiter, mit dem er sich jedoch bald überwirft, sollen im Auftrag Willi Münzenbergs ein Buch über Rußland schreiben. Sie betreten Lenins Reich in Murmansk im hohen Norden. In Russisch-Karelien führt Nexø Gespräche mit dem Vorsitzenden des Rates der Volkskommissare Edvard Gylling, bei dem er auch wohnt. In Moskau unterhält er sich mit Volkskommissar Lunatscharski und Lenins Frau Nadeshda Krupskaja über Bildungsfragen. Kurzes Händeschütteln mit Lenin. In Samara besucht er das nach ihm benannte Kinderheim für Opfer von Bürgerkrieg und Hungersnot. Verschiedene Projekte, so etwa die Ansiedlung dänischer Bauern am Onegasee, erweisen sich als unrealistisch. |

1923   Der euphorische Reisebericht »Dem jungen Morgen zu« erscheint.

Nexø wird Vorsitzender der dänischen Sektion des Internationalen PEN-Clubs.

9. November: Trifft mit Grethe, den fünf Kindern und seiner Mutter in Unteruhldingen am Bodensee ein, womit sein fast sieben Jahre dauernder Aufenthalt in der Region beginnt. Tritt in die Kommunistische Partei Deutschlands ein.

1924   17. September: Beginn des Fortsetzungsabdrucks von »Ditte Menschenkind« im Kopenhagener »Social-Demokraten«.

Oktober: Die zweite Ehe wird geschieden. Nexø läßt sich in Konstanz nieder, wo er für den linksgerichteten Verlag Oskar Wöhrle arbeitet, den er finanziell unterstützt. Haus »Morgenröte« in Espergærde wird verkauft.

1925   20. März: Heiratet in dritter Ehe die 21jährige deutsche Beamtentochter Johanna May; aus der Ehe gehen drei Kinder hervor: Ditte, Per-Vilhelm und May. Am Tag der Eheschließung erreicht ihn die Nachricht vom Bankrott des Wöhrle-Verlags. Sieben Jahre wird es dauern, bis die Schulden aus diesem Engagement getilgt sind. Die erhoffte Hilfe der KPD bleibt aus. Nexø tritt aus der Partei aus.

Sommer: Die Neuvermählten begeben sich auf Hochzeitsreise nach Dänemark.

Anfang August: Kauf eines unmittelbar am Bodensee gelegenen alten Bauernhauses in Allensbach. Die Mutter zieht in ein Kopenhagener Altenheim.

1925–1929   Profiliert sich in Deutschland, insbesondere an Volkshochschulen, als populärer Redner: »Man muß doch sein Brot holen, wo es dem guten Gott gefällt, es hinzulegen.« Seine Themen sind die dänische Volkshochschule, die Arbeiterkultur und »die Kindheit des Dichters«, letzteres bildet den Keim seiner »Erinnerungen«. Auf politische Agitation verzichtet er. Er nähert sich der SPD an, ohne in die Partei einzutreten.

1929   Der Bauernroman »Im Gottesland« erscheint.

26. Juni: Die dänische Sozialdemokratie als Siegerin der Parlamentswahlen feiert in Anwesenheit des Ministerpräsidenten Thorvald Stauning Nexøs 60. Geburtstag im großen Stil.

Juli: Nexø unterzeichnet gemeinsam mit deutschen Kommunisten einen Aufruf gegen Kriegsvorbereitungen, in dem es heißt: »Der Weltimperialismus arbeitet mit Hilfe der Sozialdemokraten daran, die Sowjetmacht einzukreisen.« Er erwirbt ein Haus in Hillerød, nahe Kopenhagen, das er am 1. März 1930 mit seiner Familie bezieht.

1930 Nexø distanziert sich explizit von der Sozialdemokratie.

1931 8. August: Der Staatsverlag für Belletristik lädt ihn in die Sowjetunion ein.

9. September – 4. Oktober: Zweite Rußland-Reise, in deren Verlauf er 10 000 Kilometer zurücklegt. Nach Dänemark zurückgekehrt, nutzt er eine Vortragstournee, um die sowjetischen Verhältnisse in den leuchtendsten Farben zu schildern.

1932 Frühjahr: Letzte Vortragsreise durch Deutschland und Österreich vor der Machtübernahme der Faschisten.

28./29. August: In Amsterdam tagt der kommunistisch ausgerichtete Antikriegskongreß, auf dem Nexø als Redner auftritt. Im Vorfeld dieses Kongresses hat er sich, von Henri Barbusse ermuntert, für die Gründung eines dänischen Antikriegskomitees eingesetzt.

September: Der erste Band der »Erinnerungen«, auf Anregung der Büchergilde Gutenberg verfaßt, erscheint.

1933 Für das von Willi Münzenberg herausgegebene »Braunbuch über Reichstagsbrand und Hitlerterror« (Basel 1933) schreibt er den Aufsatz »Der deutsche Faschismus«. Nach Hitlers Machtübernahme bleibt ihm der so wichtige deutsche Markt verschlossen.

März: Bruch mit dem Kopenhagener »Social-Demokraten«.

14. / 15. April: Rede auf dem »Skandinavischen Arbeiterkongreß gegen den Faschismus« in Kopenhagen: »Antifaschismus ist Sozialismus«.

Unter Nexøs Vorsitz bildet sich ein dänisches »Hilfskomitee für die Opfer des Nazismus«, das schon bald in einem finanziellen Fiasko endet. Danach engagiert er sich in der »Roten Hilfe«, die kommunistische Flüchtlinge betreut.

Sommer: Dritte Reise in die Sowjetunion, von der er in dem Buch »Zwei Welten« (1934) berichtet. Besuch des von 120 000 Strafgefangenen erbauten Weißmeer-Ostsee-Kanals. Nexø: Ohne die Tscheka »bestünde vielleicht das neue Rußland nicht mehr, jedenfalls nicht auf so hohem moralischem Niveau«.

1934 Mai: Vierte Reise in die Sowjetunion. Karl Radek begrüßt Nexø in der »Iswestija« als »den Schuhmacher, der nicht bei seinen Leisten blieb«. Erholungsaufenthalt in einem

Sanatorium in Kislowodsk im Kaukasus. Kritik am links-intellektuellen Standpunkt Heinrich Manns.

17. August: Erster Allunionskongreß der Sowjetschriftsteller. Nexø, der in Karl Radeks Grundsatzreferat nur am Rande erwähnt wird und sich übergangen fühlt, reist vorzeitig ab. Sowjetische Zweifel an seiner Zuverlässigkeit.

Antidänische Äußerungen nach der Rückkehr rufen in der dänischen Presse einen Proteststurm hervor. Nexø wird von seinem Wohnort vertrieben. »Social-Demokraten« vom 6. Dezember: »Die Arbeiterklasse in Hillerød nimmt ohne Wehmut Abschied von Herrn Andersen Nexø.«

1935   1. Februar: Die Familie bezieht ein kleines Haus am billigen Ende von Dänemarks reichster Gemeinde Gentofte bei Kopenhagen, anderthalb Jahre später zieht sie nach Stenløse bei Kopenhagen. Nexø regt die Gründung der Vereinigung »Freisinniger Kulturkampf« an, die als eine kulturelle Volksfront Linksintellektuelle und Kommunisten zusammenführen soll. Sie zerfällt 1939, nach Bekanntwerden des Hitler-Stalin-Paktes.

Juni: Auf dem Ersten Internationalen Schriftstellerkongreß zur Verteidigung der Kultur in Paris wirft Nexø in seiner Rede den Schriftstellern Europas Versagen angesichts der faschistischen Gefahr vor.

Herbst: Aufenthalt auf der Krim im Sanatorium des ZK in Kharaks.

1936   Die geplante Verfilmung von Pelles Jugend durch die sowjetische Organisation Meshrapom wird nicht realisiert.

1937   Januar: Auf Einladung des Vorsitzenden der Komintern, Georgi Dimitroff, besucht Nexø den zweiten antitrotzkistischen Moskauer Schauprozeß, den er am Tag nach der Verkündung der Todesurteile in der »Prawda« als faires Verfahren preist.

27. Februar: Treffen mit Dimitroff.

24. März: Gesuch um Aufnahme in Dänemarks Kommunistische Partei. Nexø baut im Juni dank sowjetischer Honorare sein Haus um und richtet eine Zentralheizung ein.

30. Juni – Juli: Teilnahme am Zweiten Internationalen Schriftstellerkongreß zur Verteidigung der Kultur in Paris, Valencia und Madrid.

1938   Wahl in das Zentralkomitee der DKP (Dänemarks Kommunistische Partei). Im Spanischen Bürgerkrieg erhält eine Kompanie seinen Namen: »Größte Ehrenbezeigung meines Lebens.« Er wird Vorsitzender des Verbandes der Freunde der Sowjetunion.

1939 Juni: Gyldendal liefert den vierten und letzten Band der »Erinnerungen« aus. Bertolt Brecht und Margarete Steffin übersetzen das Werk, doch erscheinen nur die ersten beiden Bände.

26. Juni: In Vorbereitung auf den 70. Geburtstag bilden sich zwei Komitees, das »Komitee der Freunde« und das Komitee der Kommunisten, die sich auf keine gemeinsame Feier verständigen können.

26. August: Nexø begrüßt den Hitler-Stalin-Pakt.

15. Oktober: Er verspottet die in Skandinavien vorherrschenden finnlandfreundlichen Emotionen im finnisch-sowjetischen Konflikt.

14. November: Als die sowjetische Presse zur Rechtfertigung des Überfalls auf Finnland auch Zitate Nexøs anführt, greift ihn die dänische Presse scharf an. Im Parlament wird sein Schriftstellerstipendium in Frage gestellt, letztlich aber bewilligt.

1940 9. April: Nach der Okkupation Dänemarks gratuliert Außenminister Molotow der deutschen Führung.

Mai: Nexø attackiert die Sozialdemokraten wegen der von der Regierung beschlossenen Krisengesetze, die für die Arbeiter mit erheblichen Einschränkungen verbunden sind.

1941 22. Juni: Nexø wird wie zahlreiche andere Kommunisten am Tag des deutschen Überfalls auf die Sowjetunion von dänischen Polizisten ohne jede Rechtsgrundlage verhaftet.

6. September: Freilassung nach elf Wochen Haft.

1942 März: Das Parlament streicht Nexøs Schriftstellerstipendium, das er auf Anordnung des Unterrichtsministeriums über inoffizielle Kanäle weiter erhält.

1943 29. August: Nach dem geschlossenen Rücktritt der dänischen Regierung übernehmen die Deutschen die Macht und verhängen den Ausnahmezustand.

31. August: Nexø entgeht dem Zugriff der Gestapo und versteckt sich in einem Spital.

3. Oktober: Flucht nach Schweden in einer jener denkwürdigen Nächte, als 7000 dänischen Juden die Flucht über den Öresund gelang. In der schwedischen Öffentlichkeit betätigt sich Nexø mit Reden und Artikeln im kommunistischen Sinne.

1944 26. Juni: Feier des 75. Geburtstags im Stockholmer Volkspark Skansen bei Volksfeststimmung. Nexø hat die

sowjetische Botschafterin Alexandra Kollontai als Tischdame.

14. August: Die Stockholmer kommunistische Zeitung
»Ny Dag« beginnt den Vorabdruck des Erinnerungsromans »Morten der Rote«.

17. August: Nach einer Rede auf der Delegiertenversammlung der Stockholmer Metallarbeiter mit heftigen
Ausfällen gegen die dänische Sozialdemokratie wird in
der schwedischen sozialdemokratischen Presse disku-
tiert, ob er »als Gast« die Redefreiheit mißbrauche.

23. November: Die Familie Nexø verläßt Schweden in
Richtung Moskau, wo sie am 7. Dezember eintrifft und
die letzten Kriegsmonate als Gäste des Sowjetischen
Schriftstellerverbandes verbringt. Über Radio Moskau
richtet sich Nexø regelmäßig an dänische und norwegische Hörer.

1945	Februar/März: Nexø liegt mit Magenbeschwerden im Kreml-Krankenhaus. Juni: Rückkehr in sein Haus in Stenløse. September: Nexø verkauft das Haus und erwirbt eine Villa in Holte bei Kopenhagen. Der Erinnerungsroman »Morten der Rote«, halb Auto-biographie, halb Fiktion, erscheint.
1946	Die Firma Nordisk Film A/S verfilmt »Ditte Menschen-kind« mit Tove Maës in der Hauptrolle. Regie: Bjarne Henning-Jensen. Der Film wird 1947 auf dem Filmfesti-val in Venedig gezeigt.
1947	Nexø besucht zum erstenmal seit 1933 Deutschland. Der Dietz-Verlag in Berlin beginnt die Herausgabe der Ge-sammelten Werke. In Dänemark erscheint der Erinne-rungsroman »Die verlorene Generation«.
1949	Anläßlich des 80. Geburtstags Verleihung der Ehren-doktorwürde der Universitäten Greifswald und Leipzig, Ehrenbürger der Stadt Greifswald. 7. Oktober: Gründung der Deutschen Demokratischen Republik.
1949/50	Während der Wintermonate Aufenthalt in Dresden.
1951	Mit der Familie Übersiedelung von Dänemark nach Radebeul bei Dresden. Später erhält Nexø eine Ehren-wohnung auf dem Weißen Hirsch in Dresden. 7. Oktober: Zusammen mit Bertolt Brecht, Anna Seghers u. a. wird Nexø vom Präsidenten der DDR Wilhelm Pieck mit dem Nationalpreis I. Klasse für Kunst und Literatur ausgezeichnet.

1952	In Dänemark wird der »Martin-Andersen-Nexø-Fonds« gegründet.
1953	10. Mai: Verleihung der Ehrenbürgerschaft der Stadt Dresden; gleichzeitig wird ein Platz im Zentrum Dresdens nach ihm benannt. Ehrenmitglied der Akademie der Künste der DDR.
1954	1. Juni: Martin Andersen Nexø stirbt in Dresden, er wird auf dem Assistenz-Friedhof im Kopenhagener Stadtteil Nørrebro beigesetzt.
1957	Postum erscheint der Erinnerungsroman »Jeanette«, redigiert von dem Nexø-Biographen Børge Houmann und dem Schriftsteller Hans Kirk.
1980	Der literarische Nachlaß wird nach der diplomatischen Anerkennung der DDR durch Dänemark von der Akademie der Künste in Berlin an die Königliche Bibliothek in Kopenhagen übergeben.
1985	Der erste Band des »Pelle«-Romans wird durch das Fernsehen der DDR verfilmt. Regie: Christian Steinke.
1988	Der erste Band des »Pelle«-Romans wird in einer aufwendigen 160minütigen dänisch-schwedischen Co-Produktion verfilmt – dem bis dahin teuersten dänischen Filmprojekt. Regie: Bille August. Drehbuch: Bille August unter Mitarbeit von Per Olov Enquist und Bjarne Reuter. Mit Max von Sydow (Lasse) und Pelle Hvenegaard (Pelle). Der Film erhält die Goldene Palme von Cannes, einen Oscar für den besten ausländischen Film und zwei europäische Felix-Preise.
1999	In einer Leserumfrage der Zeitung »Politiken« nach dem »dänischen Buch des Jahrhunderts« erreicht »Pelle der Eroberer« unter 50 Titeln den vierten Platz.

Literaturverzeichnis

Werke

Gesammelte Werke in Einzelbänden. Hrsg. im Auftrag der Deutschen Akademie der Künste zu Berlin. 10 Bände, Aufbau-Verlag: Berlin und Weimar 1966–1979. – Die Zitate aus Nexøs Werken sowie aus seinen Briefen, von denen es keine deutsche Ausgabe gibt, wurden für die vorliegende Biographie neu übersetzt. Wo Nexø deutsch schreibt, folgt die Wiedergabe der jeweiligen Quelle mit ihren Sprachfehlern und Inkorrektheiten.

Eine den »Gesammelten Werken in Einzelausgaben« vergleichbare dänische Edition liegt nicht vor. In jüngster Zeit sind von Henrik Yde sorgfältig kommentierte Neueditionen einzelner Werke in der Reihe »Danske Klassikere« von »Det Danske Sprog- og Litteraturselskab« erschienen:

Erindringer (Erinnerungen). 1999, in Zusammenarbeit mit Peter Gornitzka.

Pelle Erobreren (Pelle der Eroberer). 2002.

Soldage (Sonnentage). 1995.

Auf dänisch liegen außerdem vor:

Artikler og taler (Artikel und Reden). 3 Bände. Hrsg. von Børge Houmann. København 1954/55.

Vejen mod ljuset. Udvalgte noveller og artikler. Hrsg. von Jørgen Aabenhus. København 1979 (Der Weg zum Licht. Ausgewählte Novellen und Artikel).

Briefe

Breve 1890–1954 fra Martin Andersen Nexø. Hrsg. in 3 Bänden von Børge Houmann. København 1969–1972.

Jakob Hansens breve til Martin Andersen Nexø. Hrsg. von Børge Houmann. København 1981 (Jakob Hansens Briefe an Martin Andersen Nexø).

Venskab og revolution. Martin Andersen Nexø og Marie Nielsens venskab og politiske virke 1918–24. København 1990 (Freundschaft und Revolution. Martin Andersen Nexøs und Marie Nielsens Freundschaft und politisches Wirken 1918–1924).

Bibliographie und Biographie

Houmann, Børge: Martin Andersen Nexø. Bibliografi – med indled-
ning og biografiske noter på dansk og tysk. Århus 1961 (Martin
Andersen Nexø. Bibliographie – mit einer Einleitung und biogra-
phischen Anmerkungen auf deutsch und dänisch).

Houmann, Børge: Talt og skrevet om Martin Andersen Nexø
1899–1964. Århus 1967 (Gesprochen und geschrieben über Martin
Andersen Nexø 1899–1964).

Haugan, Jørgen: Alt er som bekendt erotik. København 1998 (Alles
ist, wie bekannt, Erotik).

Houmann, Børge: Martin Andersen Nexø og hans samtid.
1869–1954. 3 Bände. København 1981–1988 (Martin Andersen
Nexø und seine Zeit. 1869–1954).

Yde, Henrik: Det grundtvigske i Martin Andersen Nexøs liv. 2 Bände.
København 1991 (Das Grundtvigsche in Martin Andersen Nexøs
Leben).

Literatur über Nexø
auf deutsch, englisch und französisch

Berendsohn, Walter A.: Martin Andersen Nexös Weg in die Weltliteratur. Berlin 1949.

Gemzøe, Anker: Das Marginale ins Zentrum! Geschichtliche
und literarische Spannungsfelder im Werke Martin Andersen
Nexøs. In: Robert Bohn, Michael Engelbrecht (Hrsg.): Weltgeltung und Regionalität. Nordeuropa um 1900. Frankfurt am Main
1992.

Glienke, Bernhard: Problematische Proletarier. »Pelle der Eroberer«
als Roman und Film. In: Robert Bohn, Michael Engelbrecht
(Hrsg.): Weltgeltung und Regionalität. Nordeuropa um 1900.
Frankfurt am Main 1992.

Hammer, Franz: Martin Andersen Nexö. Sein Leben in Bildern. Leipzig 1963.

Houmann, Børge: 60 Jahre mit Martin Andersen Nexö. In: Nordeuropa. Studien. Sonderreihe der Wissenschaftlichen Zeitschrift der
Ernst-Moritz-Arndt-Universität Greifswald, 15, 1982.

Ingwersen, Faith and Niels Ingwersen: Quests for a Promised Land.
The Works of Martin Andersen Nexø. Contributions to the Study
of World Literature 8. Westport, Connecticut 1984.

Kosmalla, Erika: Probleme des Übergangs vom kritischen zum sozialistischen Realismus im Schaffen Martin Andersen Nexös.
Greifswald 1965.

Kosmalla, Erika: Das Deutschlandbild in der Publizistik Martin Andersen Nexøs von der Jahrhundertwende bis zum Ersten Weltkrieg. Nordeuropa. Studien. Sonderreihe der Wissenschaftlichen Zeitschrift der Ernst-Moritz-Arndt-Universität Greifswald, 19, 1985.

Kosmalla, Erika: »Det bødes der for« – Martin Andersen Nexö und der »moderne Durchbruch«. Nordeuropa 22, 1988.

Kosmalla, Erika: Die Übersetzung als Rezeptionsbarriere – dargestellt am Beispiel von Martin Andersen Nexös »Erinnerungen«. Nordeuropa. 27, 1990.

Kosmalla, Erika: »Wenn Du einmal ein Dichter wirst …« Zur frühen Rezeption Martin Andersen Nexös in Deutschland. Nordeuropa 18, 1984.

Le Bras-Barret, Jacqueline: Martin Andersen Nexø. Écrivain du prolétariat. Paris 1969.

Mayer, Hans: Pelle der Eroberer und Morten der Rote. Über zwei Romane von Martin Andersen Nexö, in: Ders.: Vereinzelt. Niederschläge. Kritik – Polemik. Pfullingen 1973.

Nicolaisen, K. K.: Martin Andersen Nexö. Eine literarische Skizze. Konstanz 1923.

Literatur über Nexø auf dänisch

Bogen til Martin Andersen Nexø fra venner og kampfæller. 26. juni 1949. København 1949 (Das Buch für Martin Andersen Nexø von Freunden und Kampfgenossen. 26. Juni 1949).

Gemzøe, Anker: Pelle Erobreren. En historisk analyse. København 1975 (Pelle der Eroberer. Eine historische Analyse).

Houmann, Børge: Drømmen om en ny verden. Martin Andersen Nexø og hans forhold til Sovjetunionen. Århus 1957 (Der Traum von einer neuen Welt. Martin Andersen Nexø und sein Verhältnis zur Sowjetunion).

Houmann Børge: Martin Andersen Nexø og børnene i Samara. Århus 1967 (Martin Andersen Nexö und die Kinder in Samara).

Houmann, Børge: Nu – eller aldrig. Et manuskript og nogle breve der belyser Martin Andersen Nexøs revolutionære virke i 1919. Århus 1969 (Jetzt – oder nie. Ein Manuskript und einige Briefe, die Martin Andersen Nexøs revolutionäres Wirken im Jahre 1919 beleuchten).

Houmann, Børge: Den unge mands egne papirer. Martin Andersen Nexø 1896. Århus 1970 (Des jungen Manns eigene Papiere. Martin Andersen Nexø 1896).

Houmann, Børge: Mellem London og Moskva. Træk af Martin Andersen Nexøs ophold som emigrant i Sverige 1943/44. Århus 1977

(Zwischen London und Moskau. Zu Martin Andersen Nexøs Aufenthalt als Emigrant in Schweden 1943/44).

Houmann, Børge (Hrsg.): Omkring Pelle Erobreren. København 1975 (Über Pelle den Eroberer).

Houmann, Børge: Skarntyder og tidsler. Martin Andersen Nexø under den kolde krig. Århus 1979 (Schierlingskraut und Disteln. Martin Andersen Nexø im kalten Krieg).

Nordica – Tidsskrift for nordisk teksthistorie og æstetik 11, 1994. Eine Aufsatzsammlung zu Nexøs 125. Geburtstag:

Bredsdorff, Elias: Danmarks store proletarforfatter (Dänemarks großer proletarischer Schriftsteller).

Harild, Poul: Nexø og Neksø. Om Martin Andersen Nexø og hans barndomsby (Nexø und Neksø. Über Martin Andersen Nexø und seinen Heimatort).

Gjesing, Knud Bjarne: I det åndelige ingemandsland – om Martin Andersen Nexøs tidlige forfatterskab (Im geistigen Niemandsland – über Martin Andersen Nexøs frühe Verfasserschaft).

Koefoed, H. A.: Martin Andersen Nexøs bornholmernoveller (Martin Andersen Nexøs Bornholmer Novellen).

Glienke, Bernhard: Kunstens København. Om storby-perceptionens æstetik i Det moderne gennembrud og i Martin Andersen Nexøs »Pelle Erobreren« (Kopenhagen der Kunst. Über die Ästhetik der Großstadt-Perzeption im Modernen Durchbruch und in Martin Andersen Nexøs »Pelle der Eroberer«).

Gundlund Jensen, Lisbeth: Urolige sjæle i arbejderbevægelsens århundrede – Pelle og Nexø i tilbageblik og nutidig belysning (Unruhige Seelen im Jahrhundert der Arbeiterbewegung – Pelle und Nexø im Rückblick und in gegenwärtiger Beleuchtung).

Kosmalla, Erika: Martin Andersen Nexø og Tyskland (Martin Andersen Nexø und Deutschland).

Bech Rasmussen, Torben: Da Nexø giftede sig med proletariatet (Als Nexø sich mit dem Proletariat verheiratete).

Yde, Henrik: Nexø-arkiverne på Det kongelige Bibliotek (Die Nexø-Archive der Königlichen Bibliothek).

Henning-Jensen, Astrid: Filmatiseringen af »Ditte Menneskebarn« (Die Verfilmung von »Ditte Menschenkind«).

Steinke, Christian: »Pelle der Eroberer« – ein Film des DDR-Fernsehens.

Nissen, Kaj: En teaterdramatisering af »Ditte Menneskebarn« (Eine Bühnendramatisierung von »Ditte Menschenkind«).

Büchert, Aage: Utopi og virkelighed – Kooperationsideen i Danmark før 1. Verdenskrig – baggrunden for »Pelle Erobrerens« IV. bind (Utopie und Wirklichkeit – die Genossenschaftsidee in

Dänemark vor dem 1. Weltkrieg – Hintergrund von »Pelle der Eroberer«, Band IV).

Christiansen, Niels Finn: Nexø og Socialdemokratiet – Socialdemokratiet og Nexø (Nexø und die Sozialdemokratie – die Sozialdemokratie und Nexø).

Thing, Morten: Nexø, politik og religion (Nexø, Politik und Religion).

Finnemann, Niels Ole: Var Nexø socialist? (War Nexø Sozialist?)

Yde, Henrik: Martin Andersen Nexø – an introduction.

Rønning, Helge: Martin Andersen Nexø. In: Torben Brostrøm/ Mette Winge (Red.): Danske digtere i det 20. århundrede. Bd. 1. København 1980 (Martin Andersen Nexø. In: Dänische Dichter im 20. Jahrhundert).

Sonstiges

Abret, Helga: Albert Langen. Ein europäischer Verleger. München 1993.

Bang, Gustav: Den socialistiske Fremtidsstat. København 1903 (Der sozialistische Zukunftsstaat).

Borgbjerg, F. J. und C. E. Jensen: Socialdemokratiets Aarhundrede. Fremstillinger af Arbejderbevægelsens Historie fra Revolutionen 1789 indtil vore Dage. København 1904 (Das Jahrhundert der Sozialdemokratie. Darstellungen der Geschichte der Arbeiterbewegung von der Revolution 1789 bis in unsere Tage).

Bosch, Manfred: Bohème am Bodensee. Literarisches Leben am See von 1900 bis 1950. 2. Auflage. Lengwil 1997.

Braunbuch über Reichtagsbrand und Hitlerterror. Vorwort von Lord Marley. Basel 1933.

Brecht, Bertolt: Werke. Große kommentierte Berliner und Frankfurter Ausgabe. Hrsg. von Werner Hecht u. a. Berlin und Weimar / Frankfurt am Main 1988–2000.

Dimitroff, Georgi: Tagebücher 1933–1943. Hrsg. von Bernhard H. Bayerlein. Übersetzt von Wladislaw Hedeler und Birgit Schliewenz. Berlin 2000.

Dimitroff, Georgi: Kommentare und Materialien zu den Tagebüchern 1933–1943. Hrsg. von Bernhard H. Bayerlein und Wladislaw Hedeler unter Mitarbeit von Birgit Schliewenz und Maria Matschuk. Berlin 2000.

Dwars, Jens-Fietje: Abgrund des Widerspruchs. Das Leben des Johannes R. Becher. Berlin 1998

Feuchtwanger, Lion: Moskau 1937. Ein Reisebericht für meine Freunde. Mit einem Nachwort von Joseph Pischel. 2. Auflage, Berlin 1993.

Frisch, Hartvig: Pest over Europa. Bolschewisme – Fascisme – Nacisme indtil 1933. København 1933 (Pest über Europa. Bolschewismus – Faschismus – Nazismus bis 1933).

Gross, Babette: Willi Münzenberg. Eine politische Biographie. Mit einem Vorwort von Arthur Koestler. Stuttgart 1967.

Grosz, George: Rußlandreise 1922. In: Der Monat, Berlin, Mai 1953.

Hildermeier, Manfred: Geschichte der Sowjetunion 1917–1991. Entstehung und Niedergang des ersten sozialistischen Staates. München 1998.

Hoffmann, Ludwig / Curt Trepte: Exil in Skandinavien. In: Ludwig Hoffmann, Rudolf Hirsch, Birgid Leske, Marion Reinisch, Hansjörg Schneider, Curt Trepte: Exil in der Tschechoslowakei, in Großbritannien, Skandinavien und in Palästina. Leipzig 1980.

Jacques, Norbert: Mit Lust gelebt. Roman meines Lebens. Hamburg 1950.

Jensen, Bent: Danmark og det russiske spørgsmål 1917–1924. Dansk Ruslandspolitik fra bolsjevikkernes magterobring til anerkendelsen af det bolsjevikkiske regime de jure. Århus 1979 (Dänemark und die russische Frage 1917–1924. Dänische Rußlandpolitik von der Machteroberung der Bolschewiken bis zur De-jure-Anerkennung des bolschewistischen Regimes).

Jensen, Bent: Stalinismens fascination og danske venstreintellektuelle. 2. reviderede udgave. København 2002 (Die Faszination des Stalinismus und dänische Linksintellektuelle).

Jensen, Johannes V.: Den gotiske renæssance. København 1901 (Die gotische Renaissance).

Kirchhofff, Hans / Johan T. Lauridsen / Aage Trommer (Hrsg.): Gads leksikon om dansk besættelsestid 1940–1945. København 2002 (Gads Lexikon der dänischen Besetzungszeit 1940–1945).

Kraft, Ole Bjørn: Fascismen. Historie, Lære, Lov. København 1933 (Der Faschismus. Geschichte, Lehre, Gesetz).

Kropotkin, Pjotr: Gensidig Hjælp. København 1906 (Gegenseitige Hilfe).

Laxness, Halldór: Skáldatími. Reykjavík 1963 (Zeit zu schreiben).

Lenin, Wladimir I.: Staat und Revolution. Die Lehre des Marxismus vom Staat und die Aufgaben des Proletariats in der Revolution. Berlin 1918.

Lo-Johansson, Ivar: Soldaten. Självbiografisk berättelse. Stockholm 1959 (Der Soldat. Autobiographische Erzählung).

Mann, Heinrich: Der Haß. Deutsche Zeitgeschichte. Nachwort von Jürgen Haupt. Frankfurt am Main 1987.

Mauthner, Fritz: Spinoza. Ein Umriß seines Lebens und Wirkens. Dresden 1921.

Mittenzwei, Werner: Das Leben des Bertolt Brecht oder Der Umgang mit den Welträtseln. 2 Bände. 2. Auflage, Frankfurt am Main 1989.

Mortensen, Klaus P. (red.): Uden for murene. Fortællinger fra det moderne gennembruds København. København 2002 (Außerhalb der Mauern. Erzählungen vom Kopenhagen des modernen Durchbruchs).

Müller, Reinhard: Menschenfalle Moskau. Exil und stalinistische Verfolgung. Hamburg 2001.

Pontoppidan, Henrik: Lykke-Per. København 1898–1904 (Hans im Glück).

Schiller, Dieter, unter Mitarbeit von Regine Herrmann: Kulturelle Tätigkeit deutscher Künstler und Publizisten im französischen Exil 1933. In: Dieter Schiller, Karlheinz Pech, Regine Herrmann, Manfred Hahn: Exil in Frankreich. Leipzig 1981.

Schulze, Hagen: Kleine deutsche Geschichte. München 1996.

Sternburg, Wilhelm von: Lion Feuchtwanger. Ein deutsches Schriftstellerleben. Berlin 1994.

Thing, Morten (Hrsg.): Guldet fra Moskva. Finansieringen af de nordiske kommunistpartier 1917–1990. København 2001 (Das Gold aus Moskau. Die Finanzierung der nordischen kommunistischen Parteien 1917–1990).

Weiss, Peter: Ästhetik des Widerstands. Frankfurt am Main 1988.

Zehl Romero, Christiane: Anna Seghers. Eine Biographie. 2 Bände, Berlin 2000/2003.

Archivmaterial wurde der Quelle »Sitzungen des Politbüros« der Stiftung Archiv der Parteien und Massenorganisationen der DDR im Bundesarchiv, Berlin, entnommen.

Die Abbildungen stellte uns freundlicherweise die Stiftung Archiv der Akademie der Künste, Berlin, zur Verfügung.

Personenregister

Aakjær, Jeppe 100, 166
Abramowitsch, Raphael 204 f.
Abret, Helga 191
Abusch, Alexander 181
Ackerknecht, Erwin 180, 185, 191
Ackermann, Anton 284
Alexandrine von Mecklenburg-Schwerin, Frau von König Christian X. 115
Alfons XII. 61
Amby, Kristen 251 f.
Andersen, Alsing 221
Andersen, Hans Christian 174, 236
Andersen, Hansine, Schwester 15
Andersen, Hans Jørgen, Vater 7, 10–20, 22 f., 26, 36 f., 50, 53, 68 f., 72, 156
Andersen, Ingeborg 244, 257 f.
Andersen, Mathilde, Mutter 7, 10–20, 26, 36 f., 47, 68 f., 103, 172 f., 180
Antikainen, Toivo 248
Apletin, M. I. 240, 290
Appelt, Rudolf 216
Aragon, Louis 234
Arnljot Gelline 121, 281
August, Bille 68

Bahnsen, Eli 262
Balestrieri, Postdirektor 41
Balestrieri, Antonietta 41 f.
Bang, Gustav 67

Bang, Herman 8–10, 72 f.
Bang, Nina 116
Barbusse, Henri 189, 194, 202
Bartholdy, Carl Georg 276
Becher, Johannes R. 183, 232, 240, 282, 284
Beethoven, Ludwig van 284
Begtrup, Holger 35
Berendsohn, Walter A. 282, 289
Berger, Ferdinand 161
Berlau, Ruth 252
Bertolt, Alfred 237
Bjørnson, Bjørnstjerne 24, 26, 54, 86, 121, 183, 188, 191, 232, 281
Blicher, Steen Steensen 174
Bloch, Ernst 74, 227
Bloch, Jean-Richard 234
Bøgh, Erik 10
Bohr, Niels 213
Bolgann, Georg 177, 179 f., 191 f.
Borgbjerg, F. J. 67, 88 f., 187
Bosch, Manfred 176
Brandes, Edvard 50, 53
Brandes, Georg 9, 38, 50, 55, 121, 144 f.
Braun, Otto 197
Brecht, Bertolt 213, 218, 227, 236-240, 246, 291
Bredel, Willi 210, 240
Bredsdorff, Elias 258
Bregendahl, Marie 115
Breitscheid, Rudolf 170
Breton, André 222
Broby-Johansen, Rudolf 203

Brodersen, Anders Pedersen 30 f.
Bucharin, N. I. 228
Buchwald, Reinhard 181
Buhl, Vilhelm 259, 271 f.
Bukdahl, Jørgen 282
Byskov, P 251

Cavling, Henrik 59
Chamberlain, Arthur Neville 247
Chamson, André 234
Chaplin, Ch. Sp. 170
Christensen, Anders 163
Christensen, Andreas 106
Christensen, Chr. 140
Christensen, Marie 126 f.
Christian IX. 8 f., 100
Christian X. 254
Christmas Møller, John 259, 264–266, 269
Chruschtschow, Nikita S. 280
Churchill, Winston 260, 276
Cour, Poul la 33

Dante Alighieri 100
Davies, Joseph 227
Dickens, Charles 48
Dimitroff, Georgi 216, 226, 233, 260
Döblin, Alfred 183, 185
Dollfuß, Engelbert 209
Dos Passos, John 195
Dreiser, Theodore 195, 210
Drejer, I. P. 24
Dreßler, Bruno 236–239
Droste-Hülshoff, Annette von 169
Duckwitz, G. F. 262
Duncker, Hermann 137, 218
Dymschitz, Alexander 212

Ebert, Friedrich 168
Einstein, Albert 195
Éluard, Paul 282, 293
Enquist, Per Olov 68

Erpenbeck, Fritz 240
Estrup, J. B. S. 8
Ewald, Johannes 38

Fadejew, Alexander 293
Feuchtwanger, Lion 226–228, 230
Foverskov, Alfred 30
Franco, Francisco 234
Freuchen, Peter 251, 255
Freud, Sigmund 144
Frisch, Hartvig 187, 197

Galsworthy, John 141 f.
Gide, André 210, 222, 224, 228
Goethe, Johann Wolfgang 97, 293
Goldschmidt, Meïr Aron 9, 29
Gorki, Maxim 170, 193, 195, 206 f., 210–212, 217, 241, 246, 296
Gregersen 50
Gregor, Gastwirt 170
Greulich, Hermann 172
Grieg, Nordahl 225, 235
Grimm, Hans 190
Gropius, Walter 183
Grosz, George 146–154, 159, 183
Grotewohl, Otto 282, 284–286
Grundtvig, N. F. S 27–31, 76, 85, 91, 124, 141, 148, 160–162, 181, 183, 187 f., 221, 286
Gundel, Leif 265 f.
Gylling, Edvard 145 f., 152 f., 224 f., 229
Gysi, Klaus 212

Hamsun, Knut 211, 296
Hansen, Anna Wassiljewna 268
Hansen, Georg 294
Hansen, H. C. 262, 292
Hansen, J. P 23
Hansen, Jakob 47
Harriman, W. A. 260

Hartmann, J. W. 176
Hašek, Jaroslav 211
Haugan, Jørgen 35, 44
Hedebol, Peder 96
Hedtoft, Hans 214, 262, 276
Heiberg, Johan Ludvig 48
Henningsen, Poul 220
Herder, J. G. 27, 29, 91
Herløv, Rasmus 107
Hermann, Arbeiter 95
Hertwig, Hugo 185
Herzfelde, Wieland 210, 237
Hilferding, Rudolf 179
Hilt, Odd 267
Hindenburg, Paul von 209
Hitler, Adolf 168, 197, 202, 218,
    220 f., 226, 233, 246 f., 252,
    255, 259, 281
Hoffgaard 15
Hoffmann, Kai 224 f.
Hoffmeyer 237
Holberg, Ludvig 28
Hørup, Ellen 217
Houmann, Børge 56, 110, 160,
    261, 265, 267, 283, 287, 295
Hugo, Victor 70
Hurmevaara, Herman 146 f.

Illés, Béla 188
Iltis, Hugo 184
Ingemann, B. S. 75
Iversen, Herbert 96

Jacobsen, Eigil Thune 255
Jacobsen, Hartvig 244
Jacques, Norbert 177
Jensen, C. E. 67
Jensen, Jens 67
Jensen, Johannes V. 58 f., 96, 186
Johannes Paul II. 41
Johansson, Gustav 270
Johnson, Hewlett 266
Johst, Hanns 190
Jonow 150

Jørgensen, Aage 134
Jørgensen, Jørgen 220 f.
Jørgensen, Oskar 114 f.
Joyce, James 210

Kamban, Guðmundur 211
Kapp, Wolfgang 138
Karawkina, D. 217
Kaestner, Paul 184
Kaestner, Frau 184
Kern, Karl 228, 230
Kierkegaard, Søren 7
Kirk, Hans 244 f., 258
Kirkeby, Anker 157 f.
Kirow, Sergej 223
Kjellgren, Josef 271
Kjøller, Andreas Julius 22 f., 32
Kjøller, Jeppe Jørgen 22 f.
Knauf, Erich 237
Kobetzki, M. 139
Koefoed, C. A. 153
Kolbenheyer, Erwin Guido 190
Kollontai, Alexandra 188, 266
Kollwitz, Käthe 146
Kotikow, Alexander 284
Kraft, Ole Bjøn 196
Krestinski, Nikolai 176
Kreuger, Ivar 194
Kristensen, Tom 296
Kropotkin, Pjotr 88
Krupskaja, Nadeshda 160 f., 215
Kuljabko 217
Kuusinen, Hertha 282
Kuusinen, Otto W. 164 f.

Lagerlöf, Selma 33
Lang, Fritz 183
Langen, Albert 190 f.
Larsen, Aksel 245, 256, 259 f.,
    272, 295
Larsen, Alvilda 265 f.
Laxness, Halldór 183 f., 196, 228,
    251 f., 280–282, 292
Léger, Fernand 293

Lehmann, Helmut 284
Lenin, Wladimir I. 88 f., 92, 110, 121 f., 138, 140, 143, 146, 148, 152 f., 155 f., 158–161, 193, 227, 248, 264, 282, 291
Leth 261 f.,
Liebknecht, Karl 120
Lindbæk, Lise 225
Litwinow, Maxim 136 f., 139
Litwinow, Frau 136
Löhner, Rudolf 294
Lo-Johansson, Ivar 263
Longo, Bartolo 41 f.
Lukács, Georg 98 f., 176, 195
Lunatscharski, A. W. 139, 161
Lund, Sigvard 234
Luxemburg, Rosa 120

Madsen, Frederik Emil 162 f.
Malraux, André 234
Mann, Heinrich 195, 207 f., 227, 245 f.
Mann, Thomas 266, 282 f., 293
Mannerheim, C. G. 120
Mao Tse-tung 283
Marley, Lord 200
Marx, Karl 121, 131, 133 f., 198, 222
Masaryk, Jan 277
Masaryk, T. G. 277
Matteotti, Giacomo 219
Matthiasen, Heinrich 105 f.
Mauthner, Fritz 169–172
Mayer, Hans 72, 102
Michaëlis, Karin 213
Møller, Aksel 280
Molbech, Chr. K. F. 33 f., 37
Molbech, Mathilde 33–37, 40, 45, 47 f., 51, 53
Molbech, Mathilde (Tochter) s. Snabbe
Molotow, Wjatscheslaw 205, 253
Mortensen, Chr. Fr. 14, 17, 19

Mühsam, Erich 110, 139, 170
Mühsam, Kreszentia (Zenzl) 110, 139, 149
Munch, Peter R. 219
Munch-Petersen, Arne 203 f.
Münzenberg, Willi 146 f., 176, 196, 200
Mussolini, Benito 220, 226

Nansen, Fridtjof 147
Nansen, Peter 49, 68, 105
Napoleon I. 284
Negrin, Juan 234
Nexø, Anna Andersen, Tochter 51
Nexø, Ditte Andersen, verh. Nexø Sørensen, Tochter 263
Nexø, Johanna Andersen, geb. May, dritte Ehefrau 172 f., 175–177, 214 f., 261–263, 268–270, 279, 293
Nexø, Margrethe, geb. Thomsen, erste Ehefrau 46–51, 53 f., 81, 83, 87, 101–103, 105, 172
Nexø, Margrethe (Grethe) Andersen, geb. Frydenlund Hansen, zweite Ehefrau 103–105, 107, 110, 113 f., 135, 167 f., 172, 174, 186
Nexø, Mathilde Andersen, verh. Korst, Tochter 51
Nexø, May Andersen, verh. Hahn, Tochter 19 f., 262 f.
Nexø, Per-Vilhelm Andersen, Sohn 263
Nexø, Storm Andersen, Sohn 107
Nicolaisen, K. K. 184, 288
Nielsen, Charles Albinus 273
Nielsen, Marie 112 f., 117, 120, 128, 137 f., 162, 166, 173, 178, 230
Noske, Gustav 120
Nussimow 193

O'Grady, James 136
Olaf Haraldsson, norw. König 121, 280 f.
Olaussen, Eugène 140
Orlowa, M. A. 215
Ostermoor, Alfred 218, 237
Øverland, Arnulf 273

Papen, Franz von 197
Paz, Magdalena 222
Pérez, Alfonso Molina 65 f., 156
Petersen, Axel 126
Petersen, Ingeborg 256
Petersen, Witwe 35 f.
Picasso, Pablo 282, 293
Pieck, Wilhelm 282, 284–286, 291
Pio, Louis 11
Piscator, Erwin 183, 214, 220
Pjatakow, Georgi 226
Pontoppidan, Henrik 71 f., 93, 180
Povlsen, Hans 189
Preczang, Ernst 274
Proust, Marcel 210
Pürschel, Victor 213
Puschkin, Alexander 226, 279

Radek, Karl 139, 210–212, 216, 226 f.
Rákosi, Mátyás 282
Rasmussen, Gustav 277
Rasmussen, Sophus 90
Rathenau, Walther 145, 170 f.
Rau, Heinrich 295
Rimbaud, Arthur 222
Rodtschenko, Alexander 207
Rolland, Romain 195, 210, 246
Roosevelt, Franklin D. 260
Rung, Otto 47, 91, 190, 271
Rørdam, Valdemar 186

Sabroe, Peter 100, 127
Sacco, Nicola 145

Salvemini, Gaëtano 222
Sartre, Jean-Paul 293
Scavenius, Erik 258
Schäfer, G. 93
Schälicke, Fritz 289
Schiller, Friedrich 181
Schollenbruch, Dr. 170
Schollenbruch, Erika 170
Schrøder, Charlotte 34
Schrøder, Ludvig 31, 33
Secher, Valdemar 138, 184 f.
Seghers, Anna 222, 246, 284, 291
Serge, Victor 222
Seydewitz, Max 287
Shaw, G. B. 210, 283
Silone, Ignazio 227 f.
Sinclair, Upton 195, 210, 266
Singer, Dr. 240
Sinowjew, G. J. 138, 150, 157, 226 f.
Skjoldborg, Johan 98, 110, 184
Snabbe, Mathilde, geb. Molbech 34, 45, 51
Snabbe, Niels Christian 45
Søiberg, Harry 138, 186
Sørensen, H. P. 197 f., 272 f., 283
Sokolnikow, Grigori J. 226 f.
Solowjow, W. 192
Soya, Carl Erik 258
Spinoza, Baruch de 169
Ståhlberg, Kaarlo 248
Stalin 205, 207, 215, 221, 228, 246 f., 250, 281 f., 284
Stauning, Thorvald 55, 57, 67, 100, 104 f., 111, 115 f., 119 f., 178, 187 f., 195–197, 209, 218 f., 244, 254 f., 275
Steffin, Margarete 238, 240
Steinbeck, John 258
Steinhoff, Carl 284
Steincke, K. K. 209, 219
Steinke, Christian 68
Stilmark, R. 215–217

Thoma, Ludwig 170
Thomassen, Ejnar 211
Treitschke, Heinrich von 40
Tretjakow, Sergej M. 216
Trier, Ernst 38
Trotzki, Lew 92, 140, 143, 226
   bis 228, 230 f.
Tschaikowski, Pjotr I. 284

Umb, Jan 163 f.
Undset, Sigrid 174

Vanzetti, Bartolomeo 145
Velde, Th. H. van de 174
Viktor Emmanuel III. 145
Vind, Olaf 29

Wandel, Paul 284
Wehner, Herbert 232
Weidauer, Walter 295
Weiss, Peter 225
Wells, H. G. 148
»Williams, Mr.« 43
»Williams, Mrs.« 43 f.
Wirth, Joseph 170
Wöhrle, Oskar 173–176
Wyschinski, Andrej J. 226, 228

Yde, Henrik 16, 295

Zörgiebel, Karl 189
Zola, Émile 71
Zweig, Arnold 284